KANT

Marcio Tadeu Girotti

KANT

E O
FIM DA
MODERNIDADE:
OS SONHOS DE UM VISIONÁRIO

Editora
IDEIAS &
LETRAS

DIREÇÃO EDITORIAL:
Marlos Aurélio

COMISSÃO EDITORIAL:
Avelino Grassi
Edvaldo Araújo
Fábio E.R. Silva
Márcio Fabri dos Anjos
Mauro Vilela

COPIDESQUE:
Thiago Figueiredo Tacconi

REVISÃO:
Ana Aline Guedes da Fonseca de Brito Batista

DIAGRAMAÇÃO:
Érico Leon Amorina

CAPA:
Vinícius Abreu

© Ideias & Letras, 2015.

EDITORA
**IDEIAS &
LETRAS**

Rua Tanabi, 56 – Água Branca
Cep: 05002-010 – São Paulo/SP
(11) 3675-1319 (11) 3862-4831
Televendas: 0800 777 6004
vendas@ideiaseletras.com.br
www.ideiaseletras.com.br

Dados Internacionais de Catalogação na Publicação (CIP)
(Câmara Brasileira do Livro, SP, Brasil)

*Kant e o fim da modernidade: os sonhos de
um visionário* / Marcio Tadeu Girotti.
São Paulo-SP: Ideias & Letras, 2015.

ISBN 978-85-65893-72-5

1. Filosofia alemã 2. Kant, Immanuel, 1724-1804 -
Crítica e interpretação I. Título. II. Série.

14-12389
CDD-193

Índices para catálogo sistemático:

1. Kant : Filosofia alemã 193
2. Kantismo : Filosofia alemã 193

Aos meus pais Tadeu Marcos e Inês Maria.
À minha esposa Vivian.

Sumário

Prefácio – 11

Nomenclaturas, abreviaturas e citações das obras no original em alemão – 15

Siglas das obras nas citações do original em alemão – 18

Datação das reflexões – 20

Introdução – 23

Contextualização histórico-conceitual – 29

1– O Kant pré-crítico e crítico: considerações acerca do período pré-crítico e a distinção entre o "jovem Kant" e o "Kant maduro" – 59

1.1 – Algumas orientações da filosofia kantiana.............. 73
1.1.2 – Cronologia e subperíodos dos
   escritos pré-críticos 78
1.1.3 – A década de 1760 e a crítica ao
   racionalismo: considerações 80

1.2 *Único argumento possível* e a prova da existência de Deus: crítica ao dogmatismo – 84

1.2.1 – Plano da obra 84
1.2.2 – Sobre o argumento ontológico de Descartes e Leibniz: apresentação 91
1.2.3 – A crítica ao argumento ontológico 97

1.3 *Grandezas negativas*: plano da obra – 111

1.3.1 – *Grandezas negativas* e a possível aproximação com o *Único argumento possível* 125
1.3.2 – Prelúdio à Revolução Copernicana 132
1.3.3 – Crítica aos dogmáticos: aproximação entre *Grandezas negativas* e *Sonhos* 138
1.3.4 – As possíveis relações entre *Único argumento possível*, *Grandezas negativas* e *Sonhos* 142
1.3.5 – Uma leitura de *Sonhos de um visionário* 148
1.3.6 – Considerações 153

2– Contextualização de *Sonhos de um visionário* como escrito de cunho crítico – 157

2.1 – As opiniões acerca de *Sonhos* como escrito de cunho crítico 159
2.2 – Análise da obra *Sonhos de um visionário*: apontamentos 167
2.3 – Swedenborg e a metafísica 168
2.4 – A experiência como limite para o conhecimento: os limites da razão 176

2.5 – Considerações acerca do comércio psicofísico: *Crítica*, *Sonhos* e *Dissertação de 1770* 186
2.6 – *Único argumento possível*, *Sonhos* e *Crítica da razão pura*: uma tentativa de aproximação 195
2.7 – Considerações acerca de *Sonhos* como um escrito de cunho crítico 199

3– As consequências de *Sonhos* para os escritos posteriores a 1766: a questão do espaço em 1768 e 1770 – 201

3.1 – Introdução 201
3.2 – A problemática do espaço: apontamentos............ 205
3.3 – A *Dissertação de 1770*: plano da obra.................. 219
3.4 – A novidade da *Dissertação de 1770* e a aproximações entre as problemáticas..................... 225

4– Síntese da investigação: o período pré-*Crítica da razão pura* – 239

5– Considerações finais – 249

Referências bibliográficas – 255

Complementação bibliográfica – 261

Prefácio

O pensamento de Kant é comumente dividido pelos historiadores da filosofia em duas etapas: uma chamada "pré-crítica", que abarca todo pensamento de juventude do filósofo, e outra chamada "crítica", relacionada ao pensamento kantiano de maturidade. Tal compartimentação do pensamento kantiano é muito útil para fins pedagógicos, além de ser bastante esclarecedora, uma vez que apresenta a filosofia crítica kantiana em sua gestação, apontando claramente para uma radical mudança de rumos do pensamento kantiano tardio com relação aos temas e problemas abordados nos textos das primeiras décadas.

Entretanto, embora em certo sentido, correta e útil, a divisão do pensamento kantiano em "crítico" e "pré-crítico" não de todo clara, nem isenta de problemas. Isso porque não existe, em primeiro lugar, uma linha demarcatória muito precisa separando essas duas fases do pensamento kantiano. Não é uma única tese nem uma única tomada de posição aquilo que determinará a chamada "virada crítica", mas um conjunto de problemas que vão gradativamente se colocando ao filósofo na medida em que aprofunda cada vez mais suas reflexões acerca dos temas de sua época: a possibilidade de conhecimento pela pura razão, a natureza do espaço e sua relação com a física, o método da matemática, o conflito das faculdades... são todos problemas fundamentais para o pensamento kantiano de juventude e será a conjunção desses problemas que levará Kant a propor suas teses críticas mais fundamentais: aprioridade do espaço e tempo, os papéis da sensibilidade e do entendimento na constituição do objeto e a consequente impossibilidade de haver conhecimento por parte da pura razão.

Dado esse estado de coisas, qualquer tentativa de reconstrução histórico-conceitual da filosofia de Kant que busque investigar as origens da filosofia crítica e a transição de uma filosofia ainda ligada diretamente aos universos teóricos de Descartes e Leibniz, até uma filosofia que se intitulará transcendental, deverá levar em conta que não há um fio condutor muito fixo e visível operando essa "evolução" intelectual. Há sim um caminho tortuoso, cheio de idas e vindas, típicas de uma mente inquieta que se volta para vários temas simultaneamente, que muda de opinião frequentemente, que altera o foco de sua atenção a cada nova obra vinda de Berlin ou de Paris, ora versando sobre física e cosmologia, ora sobre os métodos sintético e analítico, ora sobre a natureza das mônadas, ora sobre questões morais.

No entanto, apesar dessas dificuldades que encontramos no estudo da filosofia pré-crítica, é fato que a segunda metade da década de 1960 será decisiva para o surgimento da filosofia kantiana de maturidade, e uma obra que claramente enuncia a virada surgirá anos depois: *Sonhos de um visionário*. Seja pelo "tom" da obra, escrita com um humor ferino que beira o sarcasmo e uma contundência na exposição dos argumentos, seja pelas próprias teses e argumentos objetivamente apresentados, *Sonhos* aparece no cenário da filosofia kantiana como uma tomada de posição radical contra o modelo de filosofia leibno-wolffiano do qual Kant era ele próprio um herdeiro direto. Kant busca não só refutar, mas também "desmoralizar" o que ele chama de "filosofia das escolas", mostrando os absurdos que surgem quando levamos seu modelo e seu método filosóficos às últimas consequências. Kant prenuncia já uma de suas teses críticas fundamentais: nossa incapacidade cognitiva de termos acesso a entidades transcendentes, e mais especificamente, aos *espíritos*.

O livro de Marcio Girotti que aqui apresentamos é um interessantíssimo exame de *Sonhos de um visionário*, na medida em que busca apresentar a obra, por um lado, em sua organicidade argumentativa e conceitual própria e, por outro, vinculá-la ao seu contexto histórico apropriado, tanto no que se refere ao ambiente metafísico no qual ela foi gestada, quanto no que diz respeito aos desdobramentos futuros da filosofia kantiana. Nesse sentido, o livro deixa de ser (o que já seria muito relevante) tão somente um estudo sobre uma obra da juventude kantiana, mas é também um material muito esclarecedor sobre vários aspectos que envolvem a filosofia kantiana e sobre boa parte dos problemas que habitaram o universo conceitual de Kant. Isso porque um trabalho de filosofia não pode se limitar (que me perdoem os estruturalistas) a simplesmente reconstruir e clarificar as teses de uma obra filosófica em sua "pureza" argumentativa e conceitual, o que somente se pode conseguir considerando a obra "internamente", em sua organicidade própria. Ao invés disso, ele deve ir além das linhas do próprio texto, não para trazer elementos irrelevantes filosoficamente (como questões biográficas ou psicológicas), mas para trazer outros textos que a ele se conectam, dada toda uma teia argumentativa e dialógica que movimenta qualquer produção filosófica. Marcio soube dosar muito bem as referências externas ao texto que é o objeto de sua pesquisa. Isso fez de seu livro uma obra muito importante no contexto dos estudos kantianos no Brasil, sobretudo no tão pouco estudado período pré-crítico, não só pela análise que faz de *Sonhos de um visionário*, mas por toda contextualização que faz dos problemas da obra. O leitor tomará contato com um momento decisivo da história da filosofia moderna por meio de um texto bastante rigoroso e claro, versando sobre um Kant errante, porém determinado, coisa que, em certo sentido, ele nunca deixou de ser em toda sua vida intelectual.

Lúcio Lourenço Prado
Unesp/Marília-SP

Nomenclaturas, abreviaturas e citações das obras no original em alemão

Forças vivas – *Pensamentos sobre a verdadeira estimação das forças vivas* (Gedanken von der wahren Schätzung der lebendigen Kräfte – 1747).

História universal – *História universal da natureza e teoria do céu* (Allgemeine Naturgeschichte und Theorie des Himmels – 1755).

Monadologia física – *Uso da metafísica unida à geometria em filosofia natural cujo espécime I contém a monadologia física* (Metaphysicae cum geometria junctae usus in philosophia naturale cujos specimen I. continet monadologiam physicam – 1756).

Falsa sutileza – *Da falsa sutileza das quatro figuras silogísticas* (Die falsche Spitzfindigkeit der vier syllogistischen Figuren – 1762).

Único argumento possível – *O único argumento possível para uma demonstração da existência de Deus* (Der einzig mögliche Beweisgrund zu einer Demonstration des Daseins Gottes – 1763).

Grandezas negativas – *Ensaio para introduzir o conceito de grandezas negativas em filosofia* (Versuch den Begriff der negativen Größen in die Weltweisheit einzuführen – 1763).

Escrito do prêmio – *Investigação sobre a evidência dos princípios da teologia natural e da moral* (Untersuchung über die Deutlichkeit der Grundsätze der natürlichen Theologie und der Moral – 1764).

Sonhos (ou Sonhos de um visionário) – *Sonhos de um visionário explicados por sonhos da metafísica* (Träume eines Geistersehers, erläutert durch Träume der Metaphysik – 1766).

Ensaio de 1768 – *Acerca do primeiro fundamento da diferença das regiões no espaço* (Von dem ersten Grunde des Unterschiedes der Gegenden im Raume – 1768).

Dissertação de 1770 – *Acerca da forma e dos princípios do mundo sensível e inteligível* (De mundi sensibilis atque intelligibilis forma et principiis – 1770).

Crítica – *Crítica da razão pura* (Kritik der reinen Vernunft – 1781 e 1787).

Preleções de metafísica – *Preleções de metafísica (Pölitz)* (Kant Metaphysik L1 [Pölitz] – 1821).

Progressos da metafísica – *Os progressos da metafísica* (Welches sind die wirklichen Fortschritte, die Metaphysik seit Leibnitzens und Wolf's Zeiten in Deutschland gemacht hat? – 1804).

Reflexão (R) – *Reflexões (Reflexionen)*.

As **Reflexões** numeradas de *4674* a *4684* (datadas do ano de 1775) dizem respeito à obra denominada: *O legado de Duisburg* (Duisburg Nachlass, AA 17).

Siglas das obras nas citações do original em alemão

O sistema de citação utilizado segue as "abreviações" preparadas pela *Kant-Forschungsstelle der Johannes Gutenberg-Universität Mainz* <www.kant.uni-mainz.de> seguido dos *links*: Kant-Studien e Hinweise für Autoren. As mesmas podem ser acessadas a partir do portal *Sociedade Kant-Brasileira – Seção Marília – São Carlos-SP* <www.sociedadekant.org/tag/marilia> seguido do *link*: Kant-Forschungsstelle.

Sistema de citação: Siglum, AA (Bd.-Nr.): Seite[n]. Zeile[n].[1]

AA – Akademie-Ausgabe.

BDG – Der einzig mögliche Beweisgrund zu einer Demonstration des Daseins Gottes (AA 02).

Br – Briefe (AA 10-13).

FM – Welches sind die wirklichen Fortschritte, die Metaphysik seit Leibnitzens und Wolf's Zeiten in Deutschland gemacht hat? (AA 20).

---

[1] Não será utilizada a linha que se refere à passagem retirada da obra de Kant.

GUGR – Von dem ersten Grunde des Unterschiedes der Gegenden im Raume (AA 02).

KrV – Kritik der reinen Vernunft (zu zitieren nach Original paginierung A/B) (AA 03 e 04).

MSI – De mundi sensibilis atque intelligibilis forma et principiis (AA 02).

NG – Versuch, den Begriff der negativen Größen in die Weltweisheit einzuführen (AA 02).

NTH – Allgemeine Naturgeschichte und Theorie des Himmels (AA 01).

OP – Opus Postumum (AA 21 e 22).

Prol – Prolegomena zu einer jeden künftigen Metaphysik (AA 04).

Refl – Reflexion (AA 14-19).

TG – Träume eines Geistersehers, erläutert durch die Träume der Metaphysik (AA 02).

UDGTM – Untersuchung über die Deutlichkeit der Grundsätze der natürlichen Theologie und Moral (AA 02).

V-MP-L 1 – Kant Metaphysik L 1 (Pölitz) (AA 28).

Datação das reflexões

O sistema de datação (presumidas) das *Reflexionen* segue a explicação de E. Adickes (AA, XIV, XXXVI-XLIII), determinando os seguintes períodos:

λ (fim de 1769 – outono de 1770);
μ (por volta de 1770-1771);
ν (por volta de 1771);
ξ (por volta de 1771);
ο (depois ξ ou mesmo período);
π (entre ξ e ρ);
ρ (1773-1775);
σ (por volta de 1775-1777);
τ (por volta de 1775-1776);
υ e φ (por volta de 1776-1778);
χ (1778-1779).

As *Reflexionen* abaixo foram utilizadas nesta pesquisa e estão seguidas das datações presumidas do modo como segue (no corpo de texto da pesquisa só aparece o número da *Reflexão* utilizada, sem a data; mas, nas Reflexões que compõem *O legado de Duisburg* a data aparece: 1755 – para melhor identificar o período e a obra):

Kant: AA XVII, Reflexionen zur Metaphysik. Seite 359
3946. κ1? ξ??? M XXXXIII, XXXXIV. E II 127...

Kant: AA XVII, Reflexionen zur Metaphysik. Seite 467
4230. λ? (κ1? ν1?) (ξ—ρ1?) M 292'. 292. E II 1284. I 356...

Kant: AA XVII, Reflexionen zur Metaphysik. Seite 486
4261. λ? ν1? ξ? ρ1? M 327. E II 1582...

Kant: AA XVII, Reflexionen zur Metaphysik. Seite 494
4282. μ? ρ2? υ4? M XV...

Kant: AA XVII, Reflexionen zur Metaphysik. Seite 495
4284. μ? ρ2? υ4? M XV. E II 167...

Kant: AA XVII, Reflexionen zur Metaphysik. Seite 524
4373. ν2. M 432e. E II 927...

Kant: AA XVII, Reflexionen zur Metaphysik. Seite 557
4455. ξ. M X. E II 96...

Kant: AA XVII, Reflexionen zur Metaphysik. Seite 643
4674 - 4684. ρ1. L Bl. Duisburg 7. S. I, II. R I 16 - 21...

Kant: AA XVII, Reflexionen zur Metaphysik. Seite 689
4729. ρ1. M 326'. E II 1642...

Kant: AA XVIII, Metaphysik Zweiter Theil. Seite 018
4880. φ2. M XI. E II 215. 88...

Kant: AA XVIII, Metaphysik Zweiter Theil. Seite 042
4964. φ. M XXVI. E II 7...

Kant: AA XVIII, Metaphysik Zweiter Theil. Seite 065
5027. φ2? ω? M XXXIII. E II 152...

Kant: AA XVIII, Metaphysik Zweiter Theil. Seite 069
5037. φ. M XXXVI. E II 55. 4...

Kant: AA XVIII, Metaphysik Zweiter Theil. Seite 101
5133. υ2? χ-ψ? M 2'. E II 134...

Introdução

A filosofia de Kant é comumente dividida em dois períodos, que se distinguem em pré-crítico e crítico devido às problemáticas e teses tratadas nessas duas fases. No entanto, não são apenas as questões que diferem a suposta separação entre os dois períodos. Se, por um lado, há um amadurecimento da filosofia kantiana sem um rompimento entre os dois períodos, por outro, há um rompimento no "projeto" da filosofia kantiana. Aqui, há uma ruptura e divisão entre Kant pré-crítico e Kant crítico. Mesmo assim, será que ainda hoje é pertinente falar de uma ruptura ou divisão dentro da filosofia kantiana?

O criticismo kantiano é, em muitos aspectos, caracterizado como a inauguração de uma nova maneira de conceber o conhecimento ou um novo olhar voltado ao racionalismo tradicional com uma visão crítica: a razão que se volta a si mesma e a possibilidade de um conhecimento *a priori*.

Ao longo da especulação filosófica de Kant, é possível perceber um amadurecimento no processo de elaboração de sua filosofia passando por um período que, em alguns sentidos, pode ser considerado dogmático, por conta de sua vinculação com a escola Leibniz-wolffiana desembocando, de certo modo, em um viés cético ou de crítico da razão, com uma orientação voltada ao pensamento de Hume. Esses momentos, como comumente se diz, foram designados como a "filosofia do Kant pré-crítico" ou "anterior" à *Crítica da razão pura* (1781-1787), os quais podem ser caracterizados, segundo alguns interpretes,[2] em duas subdivisões: Kant dogmático e Kant antidogmático ou cético (crítico).

Agora, há um problema em determinar a filosofia kantiana como pré-crítica e crítica, uma vez que os textos do primeiro período contêm elementos que são encontrados entre as obras do período crítico, o que poderia dificultar a colocação de um marco separando o Kant pré-crítico do Kant crítico. Assim, pode-se observar, entre os primeiros escritos kantianos, diversas discussões que giram em torno da questão acerca do conceito de força e matéria, espaço, formação do universo, método da filosofia, prova da existência de Deus, bem como a possibilidade da própria metafísica como ciência dos limites da razão (*Sonhos*, 1766). Tais questões estão presentes na elaboração do projeto crítico que tem como ponto principal a possibilidade da própria metafísica como ciência, o que culmina na possibilidade dos *juízos sintéticos a priori*.

Diante disso, é possível traçar um panorama sobre os escritos da década de 1760 e afirmar, em alguns aspectos, que nesse período a filosofia kantiana adquire os primeiros indícios de uma filosofia crítica, uma crítica ao racionalismo de cunho dogmático, que acredita na possibilidade da razão em tudo conhecer e tudo explicar, sem ao menos demonstrar suas provas *in concreto*.

Assim, uma crítica à razão se desdobra em uma crítica da razão pura, uma reflexão da razão sobre si mesma, buscando

---

2   Nessa nomenclatura se destacam as interpretações de Philonenko, Lombardi, Cassirer, Schönfeld, entre outros, variando, num caso ou outro, a classificação dos primeiros escritos kantianos em dogmáticos ou antidogmáticos de acordo com as datações sugeridas pelos próprios intérpretes, sendo um momento de pensamento conforme à metafísica tradicional (dogmática) até 1760 e antidogmática (de crítica a tal metafísica) após 1760. Ao longo da pesquisa veremos as argumentações e a possibilidade de manter ou não tais classificações e divisões entre os escritos e os momentos do pensamento de Kant.

compreender sua ampliação e limites, procurando estabelecer o que pode ser conhecido e como pode ser conhecido. Com isso, caracteriza-se a filosofia transcendental de Kant como o modo de conhecer os objetos, dentro de um modo *a priori* de conhecimento.

Considerando que há, ou uma ruptura ou um amadurecimento da filosofia kantiana, é preciso verificar, panoramicamente, as teses centrais dos escritos da década de 1760, as quais apontam para um amadurecimento do pensamento de Kant. No escrito *A falsa sutileza das quatro figuras silogísticas* (1762) tem-se o problema da lógica; em *O único argumento possível para uma demostração da existência de Deus* (1763) tem-se o problema da teologia; no *Ensaio para introduzir o conceito de grandezas negativas em filosofia* (1763) há a questão física e matemática; na *Investigação sobre a evidência dos princípios da teologia natural e da moral* (1764) há o conflito entre matemática e metafísica; no texto *Observações sobre o sentimento do belo e do sublime* (1764) trata-se da questão estética; em *Sonhos de um visionário explicados por sonhos da metafísica* (1766), entre outros assuntos, há o problema do espírito e alma; no escrito *Acerca do primeiro fundamento da diferença das regiões no espaço* (1768) tem-se o problema do espaço (matemática e metafísica). Com essas teses é possível perceber que Kant trata da maioria, ou mesmo de todos os problemas da metafísica, mesmo que esses estejam em escritos separados e não reunidos em uma mesma obra. Tal fato poderia justificar o que Kant diz na *Reflexão 4964*, afirmando que sua obra crítica aniquila por completo os escritos anteriores, no entanto, ele procurou salvar a justeza da ideia.

Nesse contexto, buscaremos traçar entre os textos do período pré-crítico os elementos que podem prenunciar o criticismo kantiano, o Kant da "Revolução Copernicana", o filósofo da "virada crítica", o pensador que promoveu uma crítica à razão dentro do próprio racionalismo. Ou seja, um filósofo que promove uma mudança no campo da teoria do conhecimento influenciando seus contemporâneos, uma vez que a virada crítica da filosofia de Kant não altera somente o seu pensamento, mas também "abala" as estruturas da filosofia moderna (desde Descartes), já que tal virada não é interna ao pensamento de Kant, mas sim fundamental para toda a filosofia moderna e contemporânea. Pois, após a virada no campo do conhecimento, tendo o sujeito como centro, altera-se a filosofia como viés estritamente ontológico (o que é e o que conheço) para um viés epistemológico (como conheço). Portanto: o fim da modernidade pré-crítica não é só kantiana, mas também da própria filosofia.

Mesmo que se consiga identificar ou demarcar um ponto de passagem entre o pensamento pré-crítico e o pensamento crítico de Kant, a busca por uma contextualização dos textos do período pré-crítico é uma tarefa complicada. Determinar uma suposta unidade a esses textos é quase sempre impossível, porque considerados separadamente podem ser classificados e agrupados, mas no âmbito do amadurecimento do pensamento de Kant é difícil configurá-los dentro de uma mesma classificação.

Com efeito, vários estudiosos da filosofia kantiana propuseram uma cronologia e subdivisões dentro do período pré-crítico além da divisão tradicional, a saber: a obra *Acerca da forma e dos princípios do mundo sensível e inteligível* (*Dissertação de 1770*) é comumente considerada o marco da virada crítica. O próprio Immanuel Kant em carta[3] a J.H. Tieftrunk em 13 de Outubro de 1797 confirma que a obra que retrata sua verdadeira posição filosófica é a *Dissertação de 1770*. Todavia, uma boa parte dos comentadores considera outros textos desse período como escritos possíveis que se encaixam em um criticismo mitigado.

Assim, diante do amálgama de questões e das conciliações de teses que Kant buscava em seus primeiros escritos,

---

3 Carta a J.H. Tieftrunk. Em: *Kant Werke*, Berlim, Georg Reimer, 1902, Bd. XII. (ed. Königlich Preussischen Akademie der Wissenschaften).

engendraremos uma investigação que retome os elementos críticos dentro do período pré-crítico com ênfase na década de 1760. Essa época pode ser contextualizada como antidogmática, um período de crítica à escola Leibniz-wolffiana que, em alguns aspectos, marca o antidogmatismo de Kant e seu amadurecimento que o conduziu a escrever *Crítica da razão pura*.

Além do objetivo acima, tomaremos como base da investigação alguns escritos da década de 1760, que compreendem a crítica de Kant ao racionalismo, com o intuito de traçar uma linha entre eles, buscando caracterizar o amadurecimento do pensamento kantiano. Os escritos são: *O único argumento possível para uma demonstração da existência de Deus* (1763); *Ensaio para introduzir o conceito de grandezas negativas em filosofia* (1763); *Investigação sobre a evidência dos princípios da teologia natural e da moral* (1764) e *Sonhos de um visionário explicados por sonhos da metafísica* (1766). Este último diz respeito ao nosso objetivo principal: esboçar a possibilidade de tratá-lo como um escrito de cunho crítico e, quiçá, um escrito que configura a virada crítica, uma vez que ele apresenta elementos que corroboram algumas teses presentes no período crítico, assim como ocorre em outros textos do período pré-crítico.

Desse modo, dividiremos nosso trabalho em quatro partes: a primeira tratará do Kant pré-crítico e crítico de modo geral, buscando contextualizar o período e mostrar as principais obras da década de 1760 que demonstram o amadurecimento do pensamento kantiano, bem como a diferença entre o "jovem" Kant e o Kant das três *Críticas*; a segunda procurará mostrar os argumentos encontrados em *Sonhos*, que apontam a possibilidade da obra ser caracterizada como o "fim da modernidade pré-critica" da filosofia kantiana; a terceira, por sua vez, apontará as consequências de *Sonhos* para os escritos posteriores, entre eles: *Acerca do primeiro fundamento da diferença das regiões no espaço* (1768) e *Acerca da forma e dos princípios do mundo sensível e inteligível* (1770), no que diz respeito ao problema do espaço, o que condiz com uma das teses tratadas na obra de 1766. Nessa parte, apesar do salto, poderá ficar clara a argumentação que procura mostrar que o espaço, a existência, a posição e os limites do conhecimento, questões de importância considerável para o criticismo, estão presentes nos escritos pré-críticos, em especial na década de 1760, e podem configurar *Sonhos* como uma obra que adianta determinadas problematizações das duas obras posteriores (citadas acima) e fortalece a ideia do escrito ser a obra que marca o suposto fim do período denominado como pré-crítico.

Finalmente, para responder a questão colocada no início da Introdução, dentro de uma presumida reviravolta no campo da investigação em meio aos escritos anteriroes à *Crítica,* procuraremos, na quarta parte, estabelecer uma reflexão acerca da periodização das obras kantianas, a fim de problematizar a questão acerca de uma divisão existente ou não dentro da filosofia de Kant. Buscaremos estabelecer a possibilidade de *se pensar* a não existência de um marco divisório e sim a caracterização de um amadurecimento do pensamento kantiano. Nesse sentido, toda a pesquisa leva em consideração um *telos*, que poderá ser questionado em seu próprio fim na tentativa de identificar os escritos anteriores à *Crítica da razão pura* como escritos *pré-crítica* e não mais como escritos pré-críticos, já que tal denominação pode pressupor que não exista problematizações de caráter crítico em meio aos escritos anteriores à *Crítica*.

Contextualização histórico-conceitual

Antes de adentrarmos na análise dos escritos de Kant, é preciso entender alguns pressupostos conceituais acerca da crítica kantiana empreendida à escola Leibniz-wolffiana, ao racionalismo que Kant chamou de "dogmático": "Dogmatismo é, portanto, o procedimento dogmático da razão pura *sem uma crítica precedente da sua própria capacidade*" (KrV, B, p.35, grifo do autor). Para isso, buscamos a seguir definir alguns termos caros à compreensão do enredo da pesquisa, entre eles: ceticismo, dogmatismo, empirismo e racionalismo. Além de compreender o "pano de fundo" da filosofia alemã no século de Kant, ao menos, no que diz respeito à filosofia de Wolff, como seguidor e, em alguns momentos, "crítico" de Leibniz.

É comum compreendermos o racionalismo como uma "corrente" ou "escola" de pensamento que estrutura o mundo e o conhecimento, exclusiva e unicamente através da razão, sem pressupor um conteúdo de cunho sensualista ou experimentalista (empírico). No entanto, o racionalismo pode ser dividido em três ramos (MORA, 2001, p. 2442): racionalismo psicológico, que equivale razão com pensar e com faculdade pensante, colocando-se como superior à vontade e à emoção (tal concepção é oposta ao emocionalismo); racionalismo epistemológico ou gnosiológico, doutrina que coloca a razão como órgão do conhecimento, pressupondo que todo o conhecimento tem origem racional (essa concepção se opõe ao empirismo ou intuicionismo); racionalismo metafísico, em que a realidade é, em última análise, de caráter racional, o mundo é como um organismo racional estruturado conforme modos e objetivos inteligíveis (aqui se vê uma oposição ao realismo – empírico – ou irracionalismo). É possível perceber que o racionalismo de cunho epistemológico, como oposto ao empirismo, deveria ser o racionalismo da filosofia kantiana, uma vez que se considera a virada crítica de Kant como uma passagem da ontologia para a epistemologia (o que conheço para como conheço). No entanto, o racionalismo de Kant combate o racionalismo calcado exclusivamente na razão, ele combate o racionalismo de cunho dogmático.

Na modernidade, o racionalismo foi combatido pelos empiristas modernos (por exemplo: Locke e Hume) que se voltaram contra o "racionalismo continental" (Descartes, Leibniz, Wolff) acerca do problema da origem das nossas "ideias", se inatas ou adquiridas por meio da experiência. O empirismo não recusava o método racional, mas era contrário ao *abuso da razão*[4] (MORA, 2001, pp. 2442-2443). Com isso, o racionalismo, ao menos na Modernidade, passa a ser definido não como mero uso da razão, mas sim como o abuso dela. Esse suposto "abuso da razão" seria a utilização de um método racional para o conhecimento que não levava

---

4 A caracterização do racionalismo, por conta dos filósofos empiristas, como um *abuso da razão* é uma questão polêmica. A utilização dessa metáfora leva a crer que a razão emprega seu método na busca de um conhecimento que descarta o material sensível ou mesmo os pressupostos da experiência como comprovação dos argumentos ou conceitos "criados" pela razão. Nesse sentido, o "abuso da razão" deve ser compreendido como uma razão que não se preocupa em investigar seus pressupostos se pautando somente em raciocínios lógicos e inferências sem prova das premissas, que possa convencer acerca de seus argumentos.

em conta a investigação de seus pressupostos, bem como uma não comprovação de suas provas *in concreto*, com auxílio da experiência. É nesse sentido que Kant se volta contra aqueles que ele chamou de dogmáticos, nomeando a filosofia dos mesmos de metafísica tradicional, "palco" das aventuras da razão fora do campo de sua atuação, além da esfera do possível. Os filósofos dogmáticos, criticados por Kant, seriam aqueles que insistiam demasiadamente em princípios sem se aterem aos argumentos, observações, ou exames, dando ênfase às suas opiniões (afirmações) sem comprovação precisa. Segundo Mora (2000, p. 762), tal dogmatismo possui, ao menos, três características fundamentais: 1) possibilidade de conhecer as coisas em si mesmas; 2) confiança absoluta na razão; 3) adoção de princípios que impõem ou revelam. Com isso, a oposição kantiana a esse tipo de filosofia estaria calcada na "crítica da razão pura":

> *A crítica não se opõe ao procedimento dogmático da razão no seu conhecimento puro como ciência (pois essa tem que ser sempre dogmática, isto é, provando rigorosamente a partir de princípios seguros* a priori*), mas sim ao dogmatismo, isto é, à pretensão de progredir apenas com um conhecimento puro a partir de conceitos (o filosófico) segundo princípios há tempos usados pela razão, sem indagar, contudo, de que modo e com que direito chegou a eles. Dogmatismo é, portanto, o procedimento dogmático da razão pura sem uma crítica precedente da sua própria capacidade.*[5] (KrV, B, p. 35, grifo do autor)

---

5 Die Kritik ist nicht dem *dogmatischen Verfahren* der Vernunft in ihrem reinen Erkenntniß, als Wissenschaft, entgegengesetzt (denn diese muß jederzeit dogmatisch, d.i. aus sicheren Principien *a priori* strenge beweisend, sein), sondern dem *Dogmatism*, d.i. der Anmaßung, mit einer reinen Erkenntniß aus Begriffen (der philosophischen) nach Principien, so wie sie die Vernunft längst im Gebrauch hat, ohne Erkundigung der Art und des Rechts, womit sie dazu gelangt ist, allein fortzukommen. Dogmatism ist also das

Para Kant, *Crítica* se opõe ao dogmatismo e não ao procedimento dogmático da razão, já que a razão deve se impor de modo rigoroso em suas provas junto a seus princípios seguros e *a priori*, mas a metafísica tradicional continua a caminhar sem se indagar como chegou a tais princípios seguros.

Diante da crítica ao dogmatismo da razão, na opinião de Maria Arruda (2008, p. 22), ela ganha maior destaque quando Kant se dirige à escola Leibniz-wolffiana, que na Alemanha do século XVIII estava em voga, abordando o fato de que a metafísica necessita de uma fundamentação a começar pelos seus pressupostos e sua validação.

> *A metafísica padece, segundo Kant, das inconsistências do realismo conceitual característico do pensamento dogmático, a saber, a utilização de conceitos da razão sem fornecer uma validação do seu uso e sem estabelecer os limites de sua aplicação. Por isso, ela é uma forma de filosofia dogmática, que se encontra em patamar pré-crítico. Kant rejeitou o racionalismo intelectualista de Leibniz e suas pretensões teórico-epistêmicas. Segundo ele, Leibniz construiu um sistema intelectual do mundo à base de conceitos e acreditou com isso conhecer as propriedades intrínsecas das coisas [...]. (2008, p. 22)*

Em relação ao racionalismo, em *Progressos da metafísica*, Kant aponta o primeiro *estádio*[6] (*Stadien*) da metafísica como

---

dogmatische Verfahren der reinen Vernunft *ohne vorangehende Kritik ihres eigenen Vermögens.*

6 Na tradução utilizada da obra *Progressos da metafísica*, o tradutor preferiu traduzir o termo alemão *Stadien* (plural de *Stadion* ou *Stadium*) por "estádios", que possui também a acepção de "fases" ou "estados" (tradução portuguesa). Para a nossa língua, é preferível traduzir o termo *Stadien* por fases ou estados, entendendo a expressão como "momento". No entanto, como optamos em fazer a leitura de *Progressos* por meio da tradução portuguesa, não iremos contrariar a tradução e utilizaremos a expressão "estádio" para caracterizar o momento da metafísica ou a fase do pensamento metafísico que Kant define como dogmático, cético

sendo o dogmático, aquele que acreditava em seu sucesso sem ao menos inquirir acerca de seus pressupostos e teses, às vezes bem fundamentadas, mas sem comprovação *in concreto*:

> *Os primeiros e mais antigos passos na metafísica se ousaram como simples tentativas refletidas, mas ocorreram com plena confiança, sem antes se empreenderem cuidadosas inquirições acerca da possibilidade do conhecimento* a priori. *Qual foi a causa de tal confiança da razão em si própria? O sucesso presumido.*[7] (FM, AA 20: pp. 261-262)

Voltando ao racionalismo moderno, no século XVII havia um racionalismo com pressupostos metafísicos e também religiosos, tendo na figura de Deus a garantia suprema das verdades racionais e o apoio para a existência de um universo inteligível. No século XVIII, a razão torna-se um instrumento para dissolver a obscuridade que envolve o homem, mas ao mesmo tempo é uma atitude epistemológica que integra a experiência e também a evolução histórica. Nesse âmbito, inaugura-se uma nova característica do racionalismo: o racionalismo crítico. Tal racionalismo emerge dentro da crítica de Kant ao próprio racionalismo, uma vez que Kant começa a indagar sobre o papel, a função, o significado e os limites do conhecimento (ou pensamento) no âmbito da produção do conhecimento. Esse exame crítico da razão (pura) engendra uma razão crítica, uma razão que examina a si mesma criticando seus pressupostos. Com isso, a atitude filosófica da razão em criticar a si mesma foi "rotulada" de criticismo.

---

e crítico. Além disso, é um termo usual em filosofia, como no positivismo de Auguste Comte.

7 Die ersten und ältesten Schritte in der Metaphysik wurden nicht etwa als bedenkliche Versuche blos gewagt, sondern geschahen mit völliger Zuversicht, ohne vorher über die Möglichkeit der Erkenntnisse *a priori* sorgsame Untersuchungen anzustellen. Was war die Ursache von diesem Vertrauen der Vernunft zu sich selbst? Das vermeinte Gelingen.

O criticismo, no âmbito da filosofia kantiana, está relacionado à crítica de Kant à metafísica tradicional, à escola Leibniz-wolffiana, ao racionalismo, cujo Kant chamou de "racionalismo dogmático".[8] Esse dogmatismo – que se opõe ao ceticismo, uma vez que o ceticismo se configura como uma "tese" que afirma a impossibilidade de decidir sobre a verdade ou falsidade de qualquer proposição, não tomando partido a favor da negação ou afirmação da proposição, mantendo assim uma dúvida, examinando cuidadosamente qualquer coisa antes de tomar alguma decisão (o suposto ceticismo de Kant, na década de 1760, se deve à sua dúvida quanto à prova da validade dos pressupostos da razão) – é combatido por Kant pelo viés crítico ao contestar o princípio de contradição e princípio de razão suficiente como princípios que bastam para o conhecimento, colocando a razão como órgão supremo do conhecimento. Nesse ponto, Kant acaba por apoiar o caráter empírico do conhecimento resguardando à razão a decisão última. Ou seja, Kant se coloca como um racionalista que faz uma crítica à razão, sem descartar os pressupostos da razão, mas sim promovendo uma análise desses pressupostos e delegando à experiência (sensível) um papel dentro do conhecimento.

---

8 Na crítica de Kant ao racionalismo, ele mesmo denomina o racionalismo da metafísica tradicional como um *racionalismo dogmático*, expressão polêmica, uma vez que é preciso compreender a quem Kant chama de dogmático. Nas leituras das obras de Kant, somos levados a entender a crítica à razão como uma crítica, em especial, à escola Leibniz-wolffiana, bem como à Descartes, em alguns sentidos. Assim, quando Kant se dirige contra o racionalismo ou quando coloca os argumentos que se referem "aos problemas da razão", por não levar a cabo a investigação e a prova de seus pressupostos, ele denomina os racionalistas de dogmáticos. Portanto, sempre que utilizarmos essa expressão, estaremos entendendo a crítica de Kant à metafísica tradicional ou racionalismo da escola Leibniz-wolffiana, ou àqueles que Kant chama de *dogmáticos*, sendo essa a expressão kantiana.

Na introdução da *Crítica da razão pura*, Kant afirma que "todo o nosso conhecimento começa com a experiência, mas nem todo deriva dela"[9] (KrV, B 1), o que, grosso modo, mostra que o impulso para o conhecimento estaria na experiência, mas o conhecimento (comprovado, organizado, sintetizado) estaria fora dela, ou seja, mesmo que o conhecimento comece com a experiência, a decisão última é da razão (ou, pode-se dizer, que a origem do conhecimento está na espontaneidade do entendimento). Ainda, se todo o conhecimento derivasse da experiência, haveria um conhecimento de caráter empírico, em que o entendimento (com suas categorias) não atingiria o fim último de todo o conhecimento, a unidade última de todo o conhecimento, o fim último da metafísica (no campo suprassensível). Haveria, pois, o empirismo da filosofia transcendental e não o racionalismo da filosofia transcendental, o conhecimento *a priori* (FM, AA 20: p. 275).

Com isso, é possível compreender que o "empirismo kantiano" teria sua base no termo empirismo que deriva da experiência como informação trazida pelos órgãos dos sentidos, uma vez que o empirismo pode ser dito como uma doutrina de caráter epistemológico, que afirma que todo o conhecimento deriva da experiência e deve ser justificado pela experiência recorrendo aos sentidos.

O empirismo tem na experiência seu critério ou norma da verdade, negando o seu caráter absoluto, pressupondo que toda verdade deve ser colocada à prova, para ser corrigida, modificada ou abandonada. Essa "corrente de pensamento" não nega ou se opõe à razão. Porém, quando a razão constitui verdades necessárias, que não se colocam à prova, o empirismo ataca a razão mostrando que tais verdades podem e devem ser verificadas. Nesse ponto, o

---

9 Daß alle unsere Erkenntnis mit der Erfahrung anfange, daran ist gar kein Zweifel. [...] Wenn aber gleich alle unsere Erkenntnis mit der Erfahrung anhebt, so entspring sie darum doch nicht eben alle aus der Erfahrung.

empirismo pode ser uma instância cética, pois duvida da experimentação do campo não atingível pelo conhecimento do homem, ou seja, o conhecimento possui seus limites, que estão nas verdades acessíveis aos homens em oposição ao racionalismo metafísico que postula verdades necessárias, substânciais e coisas em si. Com isso, o empirismo se configura como uma "corrente de pensamento" que não recusa o uso de instrumentos racionais ou lógicos, quando adequados às capacidades do sujeito, mas configura a experiência como sua fonte de conhecimento, bem como o elemento que decide sobre a validade do conhecimento.

Nesse sentido, o pensamento kantiano está voltado tanto para o viés racional quanto para o viés empírico, dentro de uma razão dogmática e um empirismo cético, o que desembocou num racionalismo crítico ou criticismo. Assim, é possível compreender alguns pressupostos que conduziram Kant em sua empresa configurada como "crítica da razão pura".

O caminho pressuposto por Kant acerca dos progressos da metafísica, tendo seu início com uma metafísica dogmática, passa por um momento denominado ceticismo, em que a razão busca alcançar seu fim último (conhecimento suprassensível), configurando a metafísica como "a ciência que opera, mediante a razão, a passagem do conhecimento sensível ao suprassensível"[10] (FM, AA 20: p. 260). Aqui se estabelece o segundo estádio da metafísica, o cético:

> O segundo passo da metafísica, quase tão antigo (como o primeiro), foi, pelo contrário, um retrocesso [...], baseava-se no insucesso total de todas as tentativas levadas a cabo na metafísica. [...] São conquistas intentadas e supostas no campo do suprassensível, onde é sobre a

---

[10] Dieser Endzweck, auf den die ganze Metaphysik angelegt ist, ist leicht zu entdecken, und kann in dieser Rücksicht eine Definition derselben begründen: "sie ist die Wissenschaft, von der Erkenntniß des Sinnlichen zu der des Übersinnlichen durch die Vernunft fortzuschreiten".

> *totalidade absoluta da natureza, por nenhum sentido apreendida, e igualmente sobre Deus, a liberdade e a imortalidade que versa a questão, a qual concerne principalmente a esses três últimos objetos; a razão nutre a seu respeito um interesse prático e em vista deles fracassam todas as tentativas de extensão – eis o que divisamos não por um mais profundo conhecimento do suprassensível, enquanto metafísica superior, que nos ensina o contrário daquelas opiniões, pois não as conhecemos como transcendentes, mas, sim, pela existência, na nossa razão, de princípios que opõem a toda a proposição extensiva acerca de tais objetos uma proposição antagônica, aparentemente bem fundada, e porque é a própria razão que aniquila as suas tentativas.*[11] (FM, AA 20: p. 263)

É possível pressupor que, se por um lado houve uma metafísica de cunho dogmático, e por outro, uma metafísica de cunho cético – não como o entendido ceticismo tradicional, que postula uma dúvida (um impulso para investigar) antes de afirmar ou negar qualquer proposição – haveria de existir uma metafísica que se propusesse contrária ou intermediária entre esses dois momentos, pois se há dogma, deve existir quem

---

11 Der zweite, beinahe ebenso alte, Schritt der Metaphysik war dagegen ein Rückgang. [...] Gründete sich auf das gänzliche Mißlingen aller Versuche in der Metaphysik. [...] Es sind beabsichtigte und vermeinte Eroberungen im Felde des Übersinnlichen, wo vom absoluten Naturganzen, was kein Sinn fasset, imgleichen von Gott, Freiheit und Unsterblichkeit die Frage ist, die hauptsächlich die letztern drei Gegenstände betrifft, daran die Vernunft ein praktisches Interesse nimmt, in Ansehung deren nun alle Versuche der Erweiterung scheitern, welches man aber nicht etwa daran sieht, daß uns eine tiefere Erkenntniß des Übersinnlichen, als höhere Metaphysik, etwa das Gegentheil jener Meinungen lehre, denn mit dem können wir diese nicht vergleichen, weil wir sie als überschwenglich nicht kennen, sondern weil in unserer Vernunft Principien liegen, welche jedem erweiternden Satz über diese Gegenstände einen, dem Ansehen nach, ebenso gründlichen Gegensatz entgegen stellen, und die Vernunft ihre Versuche selbst zernichtet.

duvide; se há dúvida, é preciso existir quem a corrija ou proponha uma resposta a determinadas perguntas; ou ainda, que exista uma metafísica que busque compreender o porquê a primeira caiu num ceticismo, investigando seus pressupostos, buscando entender ainda o que ela pretende nesse suposto "segundo passo da metafísica". Eis que surge o terceiro estádio da metafísica: o criticismo. Tal estádio, inaugurado por Kant, aponta a crítica da razão pura (estádio posterior à metafísica Leibniz-wolffiana), o verdadeiro progresso da metafísica com a atualidade do racionalismo kantiano.

> *O terceiro e mais recente passo que a metafísica deu e que deve decidir o seu destino é a própria crítica da razão pura, no tocante ao seu poder de alargar a priori o conhecimento humano em geral, quer em relação ao sensível ou ao suprassensível. Se ela realizou o que promete, a saber, determinar o alcance, o conteúdo e as fronteiras desse poder, se o levou a cabo na Alemanha e, justamente, desde a época de Leibniz e de Wolff, então resolver-se-ia o problema[12] posto pela Academia Real de Ciências.*[13] (FM, AA 20: pp. 263-264)

---

12 Em janeiro de 1788, a Academia Real de Ciências de Berlim abriu um concurso para responder a seguinte questão: "Quais são os progressos reais da metafísica na Alemanha desde a época de Leibniz e de Wolff?". A partir dessa questão, Kant começa a escrever sua resposta; porém, a mesma não foi terminada, e os textos foram publicados numa obra, também inacabada, sob o título de *Progressos da metafísica* (1804).

13 Der dritte und neueste Schritt, den die Metaphysik gethan hat, und der über ihr Schicksal entscheiden muß, ist die Kritik der reinen Vernunft selbst, in Ansehung ihres Vermögens, das menschliche Erkenntniß überhaupt, es sei in Ansehung des Sinnlichen oder Übersinnlichen, *a priori* zu erweitern. Wenn diese, was sie verheißt, geleistet hat, nämlich den Umfang, den Inhalt und die Grenzen desselben zu bestimmen, – wenn sie dieses in Deutschland und zwar seit Leibnitzens und Wolfs Zeit geleistet hat, so würde die Aufgabe der Königlichen Akademie der Wissenschaften aufgelöset sein.

Com relação à crítica de Kant ao racionalismo, deve-se compreender que há, portanto, um "progresso" (em sentido kantiano, ou seja, a metafísica deve ser criticada nela mesma, a razão deve refletir sobre seus pressupostos e limites) e ao mesmo tempo um "regresso" no qual deve ser resolvido, do lado dogmático e do cético, com uma crítica à razão. Nas palavras de Kant, em *Progressos da metafísica*:

> *Há, pois, três estádios que a filosofia devia percorrer em vista da metafísica: O primeiro era o estádio do dogmatismo; o segundo, o do ceticismo; o terceiro, o do criticismo da razão pura. Essa ordem cronológica funda-se na natureza da humana faculdade de conhecer. Depois de descobertos os dois primeiros, o estado da metafísica pode manter-se oscilante ao longo de muitas gerações, saltando de uma desconfiança ilimitada da razão em si mesma para a suspeita ilimitada e, de novo, desta para aquela. Mas, mediante uma crítica do seu próprio poder, colocar-se-ia ela num estado consciente, não só no exterior, mas também internamente, não precisando, além disso, ou mesmo já nem sequer sendo capaz, de uma extensão ou de uma restrição.*[14] (FM, AA 20: p. 264)

---

14 Es sind also drei Stadien, welche die Philosophie zum Behuf der Metaphysik durchzugehen hatte. Das erste war das Stadium des Dogmatism; das zweite das des Scepticism; das dritte das des Kriticism der reinen Vernunft. Diese Zeitordnung ist in der Natur des menschlichen Erkenntnißvermögens gegründet. Wenn die zwei erstern zurückgelegt sind, so kann der Zustand der Metaphysik viele Zeitalter hindurch schwankend sein, vom unbegrenzten Vertrauen der Vernunft auf sich selbst, zum grenzenlosen Mißtrauen, und wiederum von diesem zu jenem abspringen. Durch eine Kritik ihres Vermögens selbst aber würde sie in einen beharrlichen Zustand, nicht allein des Äußern, sondern auch des Innern, fernerhin weder einer Vermehrung noch Verminderung bedürftig, oder auch nur fähig zu sein, versetzt werden.

E continua:

> *Daqui se segue a divisão dos estádios da razão pura em doutrina da ciência, como progresso assegurado, – a doutrina da dúvida, enquanto paragem, – e a doutrina da sabedoria, como ultrapassagem para o fim último da metafísica, de maneira que a primeira conterá uma doutrina teorético-dogmática, a segunda uma disciplina cética, e a terceira uma (disciplina) prático-dogmática.*[15] (FM, AA 20: p. 237)

Disso entende-se o seguinte: no estádio dogmático da metafísica há um progresso dentro de um uso teórico da razão, um avanço teórico e dogmático, que decorre no interior das fronteiras da ontologia; no estádio cético há uma doutrina da dúvida, um regresso, uma paragem da razão, que consiste nos limites da cosmologia transcendental ou pura; por fim, o estádio da doutrina da sabedoria, o criticismo, o fim último da metafísica, configurado na teologia, no conhecimento *a priori* – tem-se, aqui, a Era da crítica (FM, AA 20: pp. 273-281).

Com respeito à metafísica, na Alemanha do século XVIII, ela era ensinada por um viés geral e por um viés especial. Esse estuda Deus, o mundo, a alma, enquanto aquele se ocupa da ontologia, o estudo do ente enquanto ente. Desde a antiguidade, essa metafísica girava em torno de seu próprio eixo sem avançar um único passo, sem se fixar como a ciência.

Diante disso, Kant salienta os rodeios que essa pretensa ciência se submete e busca fundamentá-la como ciência, mas para isso é preciso traçar suas fontes, extensão e limites, sendo isso possível somente por uma crítica à razão.

---

15 Hieraus folgt die Eintheilung der Stadien der reinen Vernunft, in die Wissenschaftslehre, als einen sichern Fortschritt, — die Zweifellehre, als einen Stillestand, — und die Weisheitslehre, als einen Überschritt zum Endzweck der Metaphysik: so daß die erste eine theoretisch-dogmatische Doctrin, die zweite eine sceptische Disciplin, die dritte eine praktisch-dogmatische enthalten wird.

Segundo Sgarbi:

> *As primeiras tentativas metafísicas de Kant até 1781 mostram que essa é a direção tomada por ele. O esforço kantiano é aquele de superação da própria metafísica, um esforço que viu nos aristotélicos de Königsberg ilustres antecessores.*[16] *(2010, p. 108, tradução nossa)*

Pode-se dizer que perante as respostas insuficientes dadas às questões colocadas pela metafísica tradicional, apareceram os primeiros estudos da filosofia kantiana. O caminho para fundamentar a metafísica é estabelecido, de certo modo, pelo próprio decorrer da história. A lógica, segundo Kant, está pronta e acabada desde Aristóteles (KrV, B, p.8); a matemática e a física seguem a passos firmes e a metafísica, que é a mais antiga de todos os conhecimentos racionais, permanece como um simples tatear, sem fixação, caminhando sob conceitos puros despojados dos sentidos, constituindo o conhecimento *a priori* que investiga Deus, liberdade e imortalidade da alma. E, nesse sentido, o conhecimento *a priori* conduz à razão pura desembocando em uma investigação em que a metafísica toma a forma de "crítica à razão pura" – eis o caminho da fundamentação da metafísica como ciência. Segundo afirma Torretti:

> *O conhecimento independente dos dados dos sentidos o chamamos, com Kant, de conhecimento* a priori. *A pergunta pela metafísica não questiona, pois, nossa capacidade de conhecer em geral, mas somente nossa capacidade de conhecer* a priori. *Se a chamamos "razão pura", entendemos que a investigação sobre a possibilidade da metafísica toma*

---

16 [...] I primi tentativi metafisici kantiani sino al 1781 dimostrano che è proprio questa la direzione intrapresa da Kant. Il tentativo kantiano è quello di un superamento della metafisica stessa, un tentativo che vedeva negli aristotelici di Königsberg illustri predecessori (2010, p. 108).

a forma de uma crítca da razão pura.[17] (1980, p. 23, grifo do autor, tradução nossa)

Se retomarmos a história – não deixando de lado a conceituação do racionalismo criticado por Kant – pode-se perceber que o percurso da metafísica até Kant é "tortuoso", mas iluminado, de certo modo, por Wolff (1679-1754), um leibniziano de grande influência na Alemanha do século XVIII. Além de Wolff, temos Baumgarten (1714-1762), Martin Knutzen (1713-1752), Crusius (1715-1775), entre outros, que contribuíram para o estudo da metafísica e orientaram Kant em sua trajetória, em especial Wolff e Baumgarten.

Para situar a metafísica que rodeava Königsberg no período dos primeiros escritos kantianos, vale tomar de empréstimo as palavras de Sgarbi, que resume bem as orientações que giravam em torno de Kant:

> *Depois de 1740 não foi Wolff o autor mais estudado no campo metafísico. Mas sim Bensí Alexander Gottlieb* Baumgarten. *Sobre a obra de Baumgarten, Kant desenvolverá seus primeiros esforços metafísicos a partir da* Nova Dilucidatio, *de 1756, onde descreve pela primeira vez as relações entre lógica e metafísica. A obra mais importante do período, no entanto, é sem dúvida o Beweisgrund, onde Kant demostra sua emancipação com respeito à metafísica tradicional precedente. A existência está indubitavelmente marcada pela relação com a experiência, essa exprime em particular a completa determinação do indivíduo. A partir da reformulação das relações entre existência e essência*

---

17 Al conocimiento independiente de los datos de los sentidos lo llamamos, con Kant, conocimiento a priori. La pregunta por la metafísica no cuestiona, pues, nuestra capacidad de conocer en general, sino solamente nuestra capacidad de conocer a priori. Si la llamamos "razón pura" entendemos que la investigación sobre la posibilidad de la metafísica tome la forma de uma crítica de la razón pura (1980, p. 23, grifo do autor).

se determina em Kant a distinção entre o puramente lógico e o metafísico ou real. O primeiro designa simplesmente a essência de uma coisa, o segundo a sua efetividade real.[18] (2010, p. 221, grifo do autor, tradução nossa)

É possível perceber, pela citação, que há um amadurecimento por parte de Kant entre o escrito de *Nova Dilucidatio* e *Único argumento possível*, uma vez que, no primeiro, ele mostra suas primeiras reflexões metafísicas voltando-se contra a metafísica da escola Leibniz-wolffiana, contra o princípio de razão suficiente e o princípio de contradição. Ao passo que, no segundo, ele continua sua emancipação dentro de suas reflexões no campo da metafísica, mostrando que a razão não dá conta de explicar, no âmbito dos predicados lógico-formais, a existência das coisas, voltando-se contra o racionalismo, conduzindo sua crítica contra o argumento ontológico da prova da existência de Deus, legado de Santo Anselmo, travestido por Descartes e revestido por Leibniz (BDG, AA 02: p. 72).

Novamente, Sgarbi aponta a evolução ou desenvolvimento da filosofia de Kant próximo aos anos de 1770, que teriam levado ao desenvolvimento da filosofia transcendental, especialmente, no âmbito das categorias.

---

18 Dopo il 1740 non fu più Wolff l'autore più studiato in campo metafisico. Bensí Alexander Gottlieb Baumgarten. Sull'opera di Baumgarten, Kant svilupperà i suoi primi tentativi metafisici a partire dalla *Nova Dilucidatio* del 1756, dove vengono delineati per la prima volta i rapporti fra logica e metafisica. L'opera più importante del periodo è però senza dubbio il *Beweisgrund*, dove Kant dimonstra la sua emancipazione rispetto alla tradizione metafisica predecente. L'esistenza è indelebilmente segnata dai rapporte con l'esperienza, essa esprime in particolar modo la completa determinazione dell'individuo. Dal ripensamento dei rapporti fra esistenza ed essenza si determina in Kant la distinzione fra il meramente logico e il metafisico o real. Il primo designa semplicemente l'essenza di una cosa, il secondo la sua effettiva realtrà (2010, p. 221, grifo do autor).

> *Depois de uma primeira aceitação da doutrina de Wolff, a partir das reflexões sobre o Beweisgrund, Kant volta sua atenção para Baumgarten e à interpretação particular que lhe deu Crusius. O transcendental na segunda metade dos anos 1760 tornou-se, com base na reflexão baumgartiana e crusiana, sinônimo de lógico e essencial. Nos anos 1760, à luz das questões sobre a lógica, Kant procura aplicar a doutrina dos transcendentais aos problemas da epistemologia e gnoseologia. Com diversas tentativas, todas fadadas ao fracasso, de envolver o transcendental na teoria lógica, em especial na doutrina das categorias, o que promoveu certo impacto sobre a elaboração da Kritik der Reinen Vernunft, especialmente no famoso §12.* (SGARBI, 2010, p. 222, grifo do autor)

Com isso, pode-se dizer que a filosofia de Kant amadurece e se desenvolve a partir de uma crítica ao racionalismo passando, primeiro, por um período de acolhimento de teses metafísicas, depois, passando por um período de questionamento dessas teses, estabelecendo novas reflexões sobre os problemas da razão que devem ser resolvidos dentro do próprio campo da razão (ou dentro do racionalismo). Procurou-se resolver isso, por parte de Kant, com uma crítica à razão, com uma busca pelos limites do conhecimento racional, uma busca pela fundamentação da metafísica; por fim, uma crítica da razão pura.

Voltando à consideração da filosofia de Christian Wolff, como uma das orientações para a filosofia de Kant, nela é possível verificar a equivalência do método a ser seguido na metafísica, com o método matemático – o método universal da ciência – ainda não empregado na filosofia. Para Wolff, o conhecimento é estabelecido de três modos, a saber: Histórico, corresponde ao conhecimento do objeto de modo empírico; Filosófico, pelo qual conhece a razão da existência dos objetos; Matemático: em que se dá o conhecimento da qualidade das coisas. Dentro desses conhecimentos, o filosófico ganha seu destaque, pois o agregado de seu conhecimento é a própria filosofia, a ciência em que as outras se baseiam, a ciência dos possíveis enquanto possíveis, a filosofia primeira – onde residem os princípios das outras filosofias (dos outros conceitos filosóficos) – desembocando na metafísica, estabelecida como filosofia primeira, em sentido amplo.

A metafísica em Wolff pode ser dita como aquela que trata do ser (o ente enquanto ente), de Deus e da liberdade, formando um conjunto que agrega a ontologia, psicologia, teologia, incluindo a cosmologia, que até então não era parte da metafísica. A cosmologia é estabelecida como parte da metafísica no sentido de estabelecer a ponte entre ontologia e a ciência dos espíritos (neumática), explicando a passagem do ser ao suprassensível.

Esse fundo histórico serve como base para o estabelecimento da filosofia kantiana, uma vez que a metafísica deve seguir o método matemático, além de se estabelecer como a ciência da transposição do sensível ao inteligível, sendo que a própria ordenação estabelecida por Wolff obedece às leis eternas da razão, correspondendo como meio para fundamentar a metafísica dentro de um conhecimento puro.

Como se sabe, Wolff é adepto da filosofia de Leibniz e é lícito afirmar a existência de uma escola Leibniz-wolffiana, entretanto, existem diferenças entre eles que irão ter seus reflexos em Kant. Na opinião de Maria Arruda (2008, pp. 20-21), o século XVIII assistiu uma espécie de "wollfianização" das teses de Leibniz, uma vez que Wolff foi o principal divulgador da filosofia leibniziana. A ampla divulgação da filosofia de Leibniz, por parte de Wolff, teria impedido o acesso direto à obra de Leibniz ao mesmo tempo em que a preservou. Para o autor, mesmo Kant não teria diferenciado Leibniz de Wolff em sua crítica à filosofia alemã, ou melhor, em sua crítica à metafísica tradicional. Em nossa opinião, é possível dizer, por um lado, que Kant teve acesso ao pensamento de Leibniz por meio de Wolff, à medida que sua crítica é dirigida à escola Leibniz-wolffiana, ou seja, a Leibniz e seus seguidores. Nesse caso, Wolff é o principal representante, o que nos leva a acreditar que Kant compreende as teses de Leibniz, se beneficia da divulgação dessa filosofia por meio de Wolff e empreende sua crítica de modo amplo abarcando tanto Wolff quanto Leibniz. Ou seja, Kant teve acesso às obras de Leibniz, mas também teve acesso às interpretações de Wolff e, em sua época, com a suposta wollfianização das teses de Leibniz, teria sido prudente questioná-los tendo em vista as teses de Wolff, já que ele era, no momento, o principal seguidor das ideias de Leibniz.

Entre os pontos divergentes das duas filosofias (de Leibniz e de Wolff) está o dualismo de Wolff em contraposição ao monismo de Leibniz. Aquele afirma a existência da alma e do corpo finitos, enquanto esse supera a dualidade cartesiana da substância pensante (alma) e da substância extensa (corpo), reunindo na mônada uma única substancialidade, contendo as determinações que possuem correspondência com outras mônodas, enquanto coexistentes – refletindo todo o mundo. A consequência da postulação da mônada leibniziana reflete na harmonia preestabelecida, em que tudo que existe estaria predeterminado, o que para Wolff justificaria, como hipótese artificiosa, a relação alma e corpo, e não simplesmente um monismo.

> *Aceita, assim, sem questioná-la, a divisão dos entes finitos em almas e corpos; enquanto que Leibniz foi capaz de superar o dualismo cartesiano da substância extensa e a substância pensante, concebendo todos os seres segundo um modelo único: a mónada. [...] Retirado de seu solo nutritivo, a harmonia preestabelecida se converte no sistema de Wolff em uma hipótese artificiosa para explicar a relação entre a alma e o corpo do homem [...].*[19] (TORRETTI, 1980, p. 34, grifo do autor)

---

19 Acepta, así, sin cuestionarla, la división de los entes finitos en almas y cuerpos; entanto que Leibniz había sabido superar el dualismo

Uma outra característica, todavia, une Leibniz e Wolff quando ambos afirmam que o conhecimento sensível não se diferencia do intelectual, sendo o único ponto de diferenciação a obscuridade do sensível e a clareza do intelecto diante do mesmo objeto. Essa característica em Kant não se sustenta e ele salienta que a experiência sensível será a responsável pela validade objetiva dos conceitos puros do entendimento (*Crítica*), algo que em Wolff já se apresentava com a afirmação de que os "princípios últimos" devem possuir sua evidência na experiência.

Com efeito, a orientação Leibniz-wolffiana nas obras kantianas é inegável, no entanto, Kant não deixa de refletir e repelir certas considerações e argumentações correspondentes a esses filósofos, como é o caso do princípio de contradição. Em sua obra *Ontologia*, Wolff afirmava que algo não pode ser e não ser ao mesmo tempo, ou seja, se A é B, o mesmo A não pode ser não B, o que corresponde ao princípio de contradição (que em Leibniz se agrega ao princípio de razão suficiente). Porém, esse princípio lógico de contradição absorve de modo único a ordem real e a ordem lógica, caso esse que não se repete em Kant, pois isso configura-se em um "jogo de puros conceitos" (*Grandezas negativas* –1763).

Na obra kantiana em 1763, a saber: *O único argumento possível para uma demonstração da existência de Deus*, a análise ontológica do possível e impossível de vir ou não a existir, liga-se estreitamente ao princípio de contradição. Tanto em Wolff quanto em Kant, aquilo que carrega consigo contradição é impossível, ao passo que o possível é algo que não se contradiz. Mas, para Wolff, afirmar que algo é

---

cartesiano de la sustancia extensa y la sustancia pensante, concibiendo todos los seres según un modelo único: lá mónada. [...] Arrancada de su suelo nutrício, la armonia preestablecida se convierte en el sistema de Wolff en una hipótese artificiosa para explicar la relación entre el alma y el cuerpo del hombre [...] (TORRETTI, 1980, p. 34, grifo do autor).

possível não implica que ele exista, ou seja, a possibilidade não é razão suficiente para determinar a existência, embora a existência seja um *complemento* do possível.[20]

De forma análoga, em Crusius encontramos a justificação da existência como um predicado (o que não ocorre em Kant, pois a existência não é um atributo, algo que se acrescenta a um simples possível e, nesse ponto, se a existência se configura como predicado, ela é um predicado verbal e não real), sendo sua demonstração dada no sensível, o que equivale a dizer que só há evidência da existência de algo no campo sensível (o mesmo que ocorre em Kant no *Único argumento possível*). Nas palavras de Torretti:

> *Crusius, por exemplo, o aceita e afirma claramente, apesar de que se opõe com firmeza à transformação da existência em um predicado de ordem lógica. Sua posição nessa matéria antecipa a de Kant, e parece que exerceu uma influência duradoura sobre ele. Para Crusius, como mais tarde para Kant, "em última análise a característica da existência em nosso entendimento é sempre a sensação" [...].*[21]
> (1980, p. 38)

O que é preciso entender, aqui, é o desenvolvimento de uma crítica lançada à metafísica tradicional acerca da existência, determinada pelo princípio de contradição e princípio

---

20 A afirmação wolffiana acerca da existência como *complemento* do possível não é aceita por Kant, se considerarmos a obra *Preleções de metafísica* (Pölitz), uma vez que no *Único argumento possível*, Kant somente define a existência como *posição absoluta* e como "não predicado". (V-MP-L 1, AA 28: pp. 40-41). Trataremos disso mais adiante.

21 Crusius, por ejemplo, lo acepta y enuncia claramente, a pesar de que se opone con firmeza a la transformación de la existencia en un predicado de orden lógico. Su posición en esta materia anticipa la de Kant, y parece que há ejercido una impresión duradera sobre él. Para Crusius, como más tarde para Kant, "en último término la característica de la existencia en nuestro entendimiento es siempre la sensación [...]".
(1980, p. 38)

de razão suficiente. O que irá culminar, em Kant, na distinção entre a oposição lógica e a oposição real, ou mesmo, na distinção entre uso lógico e uso real do entendimento, tendo como ponto de partida as distinções entre princípio de razão das verdades e um princípio de razão das existências. Isso, supostamente, seria o primeiro indício para se falar de uma filosofia crítica, uma crítica à escola Leibniz-wolffiana, que ampliava o alcance da metafísica sem um exame do real e de premissas, que somente se postulavam como real no âmbito de conceitos puramente lógicos.

Aquele postulado das escolas: a existência é uma determinação lógica qualquer e somada todas as perfeições do ser não falta também a existência, será fortemente contestada por Kant ao afirmar que a existência não é um predicado real e que o princípio de razão suficiente e também o princípio de contradição não provam a existência dos objetos, mas somente repetem uma determinação lógica da existência, meramente por conceitos.

Assim, quando se fala de uma crítica ao racionalismo dogmático, o que está implícito é a crítica ao *princípio de razão suficiente* e *princípio de contradição*. O primeiro é o princípio que afirma que tudo o que é, é porque existe uma razão para que ele seja (existe uma causa). Tal princípio, em Leibniz, é um princípio fundamental, em que todos os nossos raciocínios estão fundamentados, um princípio que está "por trás" de tudo aquilo que existe e/ou se afirma algo de alguma coisa. Ou seja, nenhum fato pode ser tomado como verdadeiro, sem que exista uma razão suficiente para que isso seja desse modo e não de outro; isso, mesmo que tal razão não possa ser por nós conhecida, mas deve ser pressuposta (em um ser acima de nós: Deus).[22] O segundo é um princípio caracterizado por

---

22 Na obra de Leibniz: "32. Et *celui de la Raison suffisante*, en vertu duquel nous considérons qu'aucun fait ne saurait se trouver vrai ou existant, aucune énontiation véritable, sans qu'il y ait une raison suffisante pourquoi il en soit ainsi et non pas autrement, quoique ces raisons le

implicar o que é verdade, oposto ao que é falso (contraditório), assim, algo referente a um mesmo sujeito não pode ser falso e verdadeiro ao mesmo tempo.[23] Se o ser "é", ele não pode ser "não ser"; se a bola é redonda, ela é redonda e não pode ser quadrada (o que seria contraditório referente a bola, que é, de fato, redonda). Tais princípios, para Leibniz, são os dois principais de todo raciocínio, para toda verdade e existência das coisas. Desse modo, a crítica a esses dois princípios, por parte de Kant,[24] desemboca na crítica à determinação da existência como um predicado de ordem lógico-conceitual, o que leva Kant a refletir acerca da ordem lógica e ordem real no âmbito do conhecimento racional.

Em consideração à filosofia alemã do século XVIII, que estava calcada no interesse de conciliar antigos pensadores com as inovações recorrentes no campo da ciência e do pensamento filosófico, têm-se, por um lado, uma metafísica que era ensinada e voltada ao estudo de Deus, mundo e alma e, por outro lado, uma metafísica que se preocupava com a ontologia, o estudo do ente enquanto ente.

Segundo a visão de Kant, a metafísica de cunho ontológico não teria avançado um passo sequer,[25] algo que ele

---

plus souvent ne puissent point nous être connues. [...] 38. Et c'est ainsi que la dernière raison des choses doit être dans une substance nécessaire, dans laquelle le détail des changemens ne soit qu'éminemment, comme dans la source, et c'est ce que nous appelons *Dieu*. 39. Or cette substance étant une raison suffissante de tout ce détail, lequel aussi est lié par tout, *il n'y a qu'um Dieu, et ce Dieu suffit*". (*Monadologie*, pp. 32-38-39, grifo do autor).

23 Na obra de Leibniz: "31. Nos raisonnements sont fondés sur *deux grands principes, celui de la Contradiction*, en vertu duquel nous jugeons *faux* ce qui em enveloppe, et *vrai* ce qui est opposé ou contradictoire au faux". (*Monadologie*, § p. 31, grifo do autor).

24 A melhor formulação dessa crítica está na obra intitulada *Nova Dilucidatio* (1755), onde Kant transforma o princípio de razão suficiente em *razão determinante* e o princípio de contradição em *princípio de identidade*.

25 Ver *Reflexão 4880:* "Die Schritte in Metaphysik sind bisher vergeblich

salienta apontando os rodeios dados por essa pretensa ciência que permanece girando em torno do seu próprio eixo desde a antiguidade. Diante disso, Kant reconhece a necessidade de fundamentá-la, mas para isso é preciso traçar seus limites, suas fontes e também sua extensão, sendo possível somente com uma crítica à razão.

No *Prefácio* à primeira edição da *Crítica da razão pura* (1781), Kant afirma:

> *Houve um tempo em que essa pretensa ciência (a metafísica) era chamada rainha de todas as outras e, se tomarmos a intenção pela realidade, mereceria amplamente esse título honorífico, graças à importância capital do seu objeto. No nosso tempo tornou-se moda testemunhar-lhe o maior desprezo e a nobre dama, repudiada e desamparada [...].*[26] (KrV, A, p. 8)

E continua no *Prefácio* à segunda edição da *Crítica* (1787):

> *A metafísica, um conhecimento especulativo da razão inteiramente isolado que através de simples conceitos (não como a matemática, aplicando os mesmos à intuição), se eleva completamente acima do ensinamento da experiência na qual, portanto, a razão deve ser aluna de si mesma, não teve até agora um destino favorável que lhe permitisse encetar o caminho seguro de uma ciência, não obstante ser mais antiga do que todas as demais e de que sobreviveria mesmo que as demais fossem tragadas pelo abismo de*

---

gewese. Man hat nichts drein erfunden. Gleichwohl kan man sie nicht aufgeben, subject statt object."

26 Es war eine Zeit, in welcher sie die Königin aller Wissenschaften genannt wurde, und wenn man den Willen für die That nimmt, so verdiente sie wegen der vorzüglichen Wichtigkeit ihres Gegenstandes allerdings diesen Ehrennamen. Jetzt bringt es der Modeton des Zeitalters so mit sich, ihr alle Verachtung zu beweisen, und die Matrone klagt, verstoßen und verlassen [...].

uma barbárie que a tudo exterminasse.[27] (KrV, B, p. 14, grifo do autor)

No *Escrito do prêmio* (1764), Kant afirma que:

A metafísica é, sem dúvida, o mais difícil entre os saberes humanos; e nenhuma, jamais, foi escrita até então. A questão[28] *da Academia mostra que existem razões para explorar a via pela qual se tenciona procurá-la antes de tudo".*[29] (UDGTM, AA 02: p. 283)

Além disso, em *Opus Postumum*, há uma passagem interessante, em que Kant cita uma "metáfora" que mostra o peso e a tarefa árdua da metafísica: "o elefante dá um passo com uma de suas patas somente quando sente que as outras três estão firmes em pé"[30] (OP, AA 21: p. 387, tradução nossa). Ou seja,

---

27 Der Metaphysik, einer ganz isolirten speculativen Vernunfterkenntniß, die sich gänzlich über Erfahrungsbelehrung erhebt und zwar durch bloße Begriffe (nicht wie Mathematik durch Anwendung derselben auf Anschauung), wo also Vernunft selbst ihr eigener Schüler sein soll, ist das Schicksal bisher noch so günstig nicht gewesen, daß sie den sichern Gang einer Wissenschaft einzuschlagen vermocht hätte, ob sie gleich älter ist als alle übrige und bleiben würde, wenn gleich die übrigen insgesammt in dem Schlunde einer alles vertilgenden Barbarei gänzlich verschlungen werden sollten.

28 Questão: "Perguntamos se as verdades da metafísica em geral e, em particular, os primeiros princípios da teologia natural e da moral são suscetíveis da mesma evidência que as verdades matemáticas e, no caso de não o serem, qual é a natureza de sua certeza, a que grau podem chegar e se esse grau é suficiente para a convicção". Questão elaborada por Sulzer, em junho de 1761, enquanto responsável pelo colegiado de Filosofia na Academia Real de Ciência de Berlim. Informações obtidas em: KANT, I. *Escritos pré-críticos*. São Paulo: Unesp, 2005.

29 Die Metaphysik ist ohne Zweifel die schwerste unter allen menschlichen Einsichten; allein es ist noch niemals eine geschrieben worden. Die Aufgabe der Akademie zeigt, daß man Ursache habe, sich nach dem Wege zu erkundigen, auf welchem man sie allererst zu suchen gedenkt.

30 [...] Wobei dann die Regel sein wird (nach dem schertzenden Spruch

a metafísica caminha a passos lentos, é um mero tatear que ainda não avançou um passo sequer (B, p. 15).

Nesse contexto de repúdio à metafísica, no período iluminista (século XVIII), existiam diferentes autores e escolas que se desenvolveram e completaram o século das luzes do pensamento alemão. Havia a linha racionalista, que conservava as ideias de Leibniz em conjunto com a escolástica moderna encabeçada por Wolff (escola Leibniz-wolffiana que dominava a filosofia alemã entre 1730 e 1750). Havia ainda uma segunda linha de pensamento que agrupava diferentes autores, que aspiravam um anti-idealismo influenciados por empiristas (ingleses e franceses) ou mesmo teólogos pietistas.

Nesse sentido, Kant se encontra em um período de apogeu e crise do pensamento europeu, momento que abrange a conservação do pensamento filosófico imposto por Leibniz e as grandes inovações recorrentes na época. Pois, o racionalismo, segundo Kant, caminha a passos lentos e não consegue fundamentar suas teses e princípios, enquanto que a influência dos ingleses e franceses (empirismo) se estende pela Europa abrindo as portas para o ceticismo e para desconfiança das teses racionalistas.

Nesse contexto, segundo Arana (1982, p. 79), Kant foi o filósofo mais expressivo de sua época, um pensador que tratou de todos os assuntos que o rodeavam buscando uma "resposta global" para a diversidade de problemas em meio às correntes filosóficas, a fim de elevar a metafísica a um estatuto digno de ciência ao mesmo tempo em que buscava atribuir à experiência um valor tal qual o empirismo empregava, porém, com um significado diferente.

Dentro do âmbito histórico, a filosofia alemã da segunda metade do século XVIII, não conseguia mais explicar as

---

eines Philosophen) es zu machen wie die Elephanten die nicht eher einen der 4 Füße einen Fuß weiter setzen als bie sie fühlen daß die andern drei feststehen (IV. Conv; Oktaventwurf 12-14, seite 387).

teses metafísicas de modo aprofundado, principalmente o legado leibniziano, já que a filosofia nesse período estava voltada a uma filosofia científica, empírica, voltada ao próprio empirismo mecânico, culminando no primeiro passo para o empirismo (legado dos ingleses e franceses). Esse "novo viés" chama a atenção de Kant, porém é possível perceber em seus escritos um racionalismo que não despreza o empirismo, mas também critica a razão dentro do próprio racionalismo na busca pelo estabelecimento de seus limites, utilizando o próprio recurso da experiência para estabelecer a objetividade real dos conceitos racionais.[31]

Desse modo é instaurada a crise do racionalismo e o suposto problema metodológico que atravessa o século XVIII configurado, conforme Kant, como a falta de uma base sólida e de uma estrutura com princípios que sejam claros e aceitos por todos, pois só assim a metafísica poderia se estabelecer como uma ciência. A metafísica, segundo Cassirer (1948, p. 175), possui contradição interna em sua própria história, ela consiste em uma disciplina que não atinge uma norma própria de certeza e a sucessão de sistemas desafia a metafísica a acomodar-se no caminho seguro da ciência. Nesse sentido, a solução para a crise proposta seria atribuir regras à metafísica, ou seja, torná-la uma "atividade regulamentada" com normas que elevariam essa pretensa ciência a um grau de certeza e clareza tal qual a matemática. Com isso, Kant afirma no *Escrito do prêmio*:

> O principal, que reitero, é isso: deve-se proceder analiticamente, na metafísica, do começo ao fim, pois seu ofício é, de fato, resolver conhecimentos confusos. Se compararmos a isso o procedimento dos filósofos vigente em todas as Escolas, quão às avessas ele não se achará! Os mais abstratos

---

31 Da validade objetiva do conhecimento com dependência da experiência; ver *Reflexão 4373*: "[...] Unablängig von aller Erfahrung giebt es keine Gegenstände und auch keine gesetz des Verstandes [...]".

> *de todos os conceitos, a que naturalmente o entendimento chega por último, constituem para eles o início, porque têm na cabeça o plano dos matemáticos, plano que pretendem imitar do começo ao fim.*[32] (UDGTM, AA 02: p. 289)

Assim, esse racionalismo do século XVIII, que buscava conhecer objetos reais mediante a pura razão (concedendo a ela as tarefas de partir dos dados da experiência buscando a causa última das coisas e fundamentar, ou mesmo, demonstrar por si mesma a existência de todas as coisas), conduziu Kant em uma investigação com o intuito de fundamentar a razão sobre os dados da experiência e alcançar, a partir deles, uma certeza da existência de um Ser transcendente, equivalendo a concepção kantiana de razão à recorrente da época.

Diante da crise do racionalismo que, segundo Kant, não consegue sustentar suas teses, pode-se observar nas palavras de Mariano Campo, que não só Kant, mas algumas correntes da época hostilizavam a metafísica e viam nela o fim da razão e a vitória do empirismo e do psicologismo:

> *[...] Em formas e tons diversos, é possível compreender a aversão contra a metafísica: trata-se dos círculos nominalistas, ou do novo espírito humanista, da nova ciência experimental, do empirismo psicológico ou fenominístico, da mentalidade matemática, daquela jurídica ou econômica, tão difundida na era iluminista, ou, finalmente, do novo clima filosófico preocupado com a metodologia e com o problema do conhecimento e preso na subjetividade, a qual*

---

32 Das Vornehmste, worauf ich gehe, ist dieses: daß man in der Metaphysik durchaus analytisch verfahren müsse, denn ihr Geschäfte ist in der That, verworrene Erkenntnisse aufzulösen. Vergleicht man hiemit das Verfahren der Philosophen, so wie es in allen Schulen im Schwange ist, wie verkehrt wird man es nicht finden! Die allerabgezogenste Begriffe, darauf der Verstand natürlicher Weise zuletzt hinausgeht, machen bei ihnen den Anfang, weil ihnen einmal der Plan des Mathematikers im Kopfe ist, den sie durchaus nachahmen wollen.

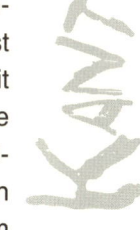

> *gira em torno do criticismo ao idealismo transcendental e ao positivismo.*
>
> *Em todas essas correntes, em todas essas atitudes, em toda essa sistematização filosófica a metafísica é hostilizada como um peso morto, um corpo estranho, ou banida como um pesadelo imaginário ou uma quimera.*[33] (1953, pp. 219-220, tradução nossa)

De acordo com a citação, observa-se que a metafísica permanecia em um estágio de decadência: seus fundamentos não possuíam uma base sólida para configurá-la como uma ciência racional dotada de certeza e precisão. Nesse sentido, Kant buscava na escola Leibniz-wollfiana, nas inovações da ciência e no empirismo inglês (David Hume), a chave para reformular o método metafísico e refazer suas bases com o intuito de estabelecê-la como uma ciência tal qual a matemática e a filosofia da natureza (física).

Com efeito, Kant promove uma crítica àquilo que ele chama de metafísica dogmática, que engendra a validade dos conceitos racionais e de seus princípios sem demonstração e validade *in concreto,* a qual comprova suas teses *in abstrato*, caminhando em um mundo suprassensível em que o sujeito não conhece nada e insiste em afirmar que seu conhecimento racional é digno de certeza e regrado como princípio de todo o conhecimento.

---

33 [...] In modi e toni diversi, è dato cogliere l'avversione contro la metafisica: si tratti dei circoli nominalisti, o del nuovo spirito umanista, o della nuova scienza sperimentale, o dell'empirismo psicologistico o fenomenistico, o della mentalità matematica, o di quella giuridica o economica, così diffuse nell'era illuminista, o, finalmente, del nuovo clima filosofico preoccupato della metodologia e del problema della conoscenza e rinchiuso nella soggettività, quale si è svolto dal criticismo all'idealismo trascendentale e al positivismo. Il tutte queste correnti, in tutti questi atteggiamenti, in tutte queste sistemazioni filosofiche la metafisica è osteggiata come in peso morto, un corpo estraneo, o sbandita come un incubo immaginario o una chimera. (1953, pp. 219-220)

> *A metafísica tradicional pressupõe, segundo Kant, uma conformação entre conceito e realidade, mas é incapaz de explicitar as condições de possibilidade dessa conformação. Com a Revolução Copernicana de Kant, a metafísica de Leibniz foi empurrada para fora da trama filosófica principal que se desenvolvia nas últimas décadas do século XVIII.* (ARRUDA, 2008, p. 23)

Com isso, na opinião de Maria Arruda, Kant compreende a metafísica tradicional como uma conformação entre conceito e realidade sem explicar, de fato, as próprias condições de possibilidade dessa relação. Nesse sentido, segundo o autor, a Revolução Copernicana, por parte de Kant, coloca a metafísica de Leibniz (ou da escola Leibniz-wolffiana) para fora do cenário filosófico do século XVIII com o advento da filosofia transcendental e a busca pela fundamentação da metafísica como ciência e pressuposição da existência de juízos sintéticos *a priori* na metafísica.

Nesse sentido, a "corrente racionalista" permanece sem o estabelecimento dos limites do uso da razão, sem um fundamento concreto de teses, uma corrente que utiliza, segundo Kant, um "palavrório metódico" para convencer os eruditos (e mesmo o senso comum) acerca de suas teses. Ele constata uma razão que extrapola os limites da experiência sensível engendrando uma argumentação que desembocará na afirmação de *Sonhos* em 1766, em que Kant afirma que a metafísica é equivalente aos *sonhos dos visionários*, chegando a compará-la às viagens dos fantasistas e suas histórias jocosas.

Assim, a metafísica tradicional é criticada por Kant, mas vale lembrar que ele é um racionalista que engendra uma crítica à razão a fim de determinar seus limites e fundamentar suas teses. Para atingir o seu objetivo, ele se orienta pelas fundamentações e determinações tanto do círculo racionalista quanto da corrente empirista, justificando a diversidade de teses e conciliações que estão presentes em meio aos escritos do período pré-crítico, impossibilitando uma unificação das obras desse período.

> *[...] A filosofia dogmática oficial é um vão conglomerado de raciocínios sofísticos sem utilidade, que ocupa o terreno baldio que, atualmente, é a metafísica; tão só tem a aparência externa da ciência cuja consolidação impede com sua presença. Para que essa floresça, é preciso desvendar e refutar a falsa sabedoria que usurpa o lugar que a ela corresponde. Kant também começa a sugerir que, uma vez eliminadas as pseudometafísicas ao uso, terá que realizar um labor propedêutico antes de instaurar a genuína metafísica, pois ainda não estão claros suas fontes e métodos.*[34]
> (ARANA, 1983, p. 117, tradução nossa)

Isso é, portanto, a característica da filosofia racionalista do século XVIII, um conglomerado de raciocínios calcado em inferências, um raciocínio lógico sem comprovação real, sem validade objetiva, não fundamentada na experiência sensível. Uma filosofia que caminha no mundo ilimitado da razão, que ilude a si mesma.

---

34 [...] La filosofia dogmática oficial es un vano conglomerado de razonamientos sofísticos sin utilidad, que occupa el terreno baldio que, hoy por hoy, es la metafísica; tan sólo tiene la apariencia externa de la ciencia cuya consolidación impide con su presencia. Para que ésta florezca, es preciso desenmascarar y refutar la falsa sabiduria que usurpa el lugar que a ella corresponde. También comienza a insinuar Kant que, una vez eliminadas las pseudometafísicas al uso, habrá que realizar una labor propedeútica antes de instaurar la genuina metafisica, pues no están claros aún sus fuentes y método (ARANA, 1983, p. 117).

1- O Kant pré-crítico e crítico: considerações acerca do período pré-crítico e a distinção entre o "jovem Kant" e o "Kant maduro"

A primeira coisa que se pode pensar quando se fala da possibilidade de tratar de um Kant crítico dentro do período pré-crítico é: como? E nas palavras de Mariano Campo (1953, p. 222): "Com'è possibile parlare di critica in un periodo precritico?". A possibilidade é estabelecida quando lançamos um olhar aos escritos do período considerado como pré-crítico e compreendemos a grandiosidade de suas teses e problemáticas que os escritos carregam acerca do seu pensamento crítico.

No ano de 1797, em carta enviada a J.H. Tieftrunk,[35] Kant salienta que o marco de seu pensamento atual é a

---

35 [...] Zu Ihrem Vorschlage einer Sammlung u. Herausgabe meiner kleinen Schriften willige ich ein; doch wollte ich wohl daß nicht altere als Von 1770 darin aufgenommen würden, so daß sie mit meiner Dissertation: de mundi sensibilis et intelligibilis forma etc. anfange. – In Ansehung des Verlegers mache ich keine Bedingungen u. verlange keinen Vortheil, der mir etwa zufallen sollte. Die einzige ist, daß Sie mir den Aufsatz aller Pieçen vorher mittheilen möchten. Inliegend Briefe empfehle ich Ihrer gütigen Bestellung, die Auslagen für diejenigen, die für einen Theil des Weges müssen frankirt werden, um bis dahin zu gelangen, wo dir preuß. Posten nicht hinreichen, zu melden (Br, AA 12: pp. 205-207).

Dissertação de 1770 e que os escritos anteriores a ela não devem aparecer ao público, uma vez que eles não representam mais sua posição intelectual. No entanto, Tieftrunk publicou os escritos como manuscritos em 1799, algo que surpreendeu Kant, mas à história da filosofia proporcionou a compreensão da evolução de seu pensamento.

O interesse que havia na época, pela publicação dos escritos kantianos anteriores à *Crítica da razão pura* (1781), partiu da tentativa de compreender o que Kant queria dizer nessa obra, visto que a mesma não obteve o sucesso esperado por Kant, já que ela não foi muito bem recebida e nem mesmo compreendida pela dificuldade das questões e teses que ela carrega. Nesse sentido, Kuno Fischer, que foi o primeiro a se interessar pelos primeiros escritos de Kant, afirmava que a chave para compreender a *Crítica* estava nos escritos anteriores a ela; assim, ele se debruçou sobre tais escritos com o intuito de empreender a gênese do criticismo kantiano. O interesse de Fischer proporcionou uma primeira interpretação desse período como uma fase de conciliações e diversidade de questões, demonstrando que Kant supostamente passa por três fases antes de engendrar seu pensamento crítico, a saber: racionalismo, empirismo e ceticismo.

No curso do século XVIII, não havia uma única corrente de pensamento que envolvia toda a Europa e sim correntes opostas e diversificadas, movimentos que se aglutinavam e influenciavam Kant. As inovações no campo da ciência por parte de Newton, na filosofia com Descartes e a escola Leibniz-wolffiana, estabeleciam relações e fronteiras entre ciência moderna e metafísica, física e matemática, metafísica e matemática; ou seja, um amálgama de questões que levaram Kant a refletir sobre o estatuto das teses que estavam se espalhando pela Europa e influenciando suas investigações.

Nesse âmbito, Kant buscou conciliar teses que eram opostas aprofundando nas questões recorrentes em sua época, o que promoveu uma busca pela fundamentação das teses, mas sem uma resolução dos problemas. Com efeito, ele se insere em pelo menos três problemas, a saber: o problema do método, o problema da metafísica e o problema da gnoseologia. O problema metodológico é estabelecido a partir da pesquisa física e a busca por suas formulações; o problema metafísico diz respeito à física-matemática e suas determinações analíticas, que abriram o caminho para o confronto entre o saber interno e o agir, sendo necessário redizer o mundo que se apresenta ao sujeito; por fim, o problema gnoseológico que provém da metafísica racionalista e sua metodologia para a resolução de problemas.

Assim, segundo alguns intérpretes, Kant está sujeito a erros e falhas, pois concilia teses que se contradizem, mistura ciência com metafísica e teologia, busca fundamentar a física (de Newton) com argumentos metafísicos, ou seja, promove uma mistura de questões e problemas que configuram a dificuldade de classificação de suas obras.[36]

Segundo Philonenko[37] (1983), pode-se perceber o caráter conciliatório de Kant, que além da busca pela harmonização de teses, sintetizava informações que dirigiam suas orientações intelectuais para construir o seu próprio caminho. E para

---

36 Para Cassirer (1948, p. 212), aqui, no contexto de um problema geral da metafísica, Kant se diferencia entre um crítico e um pré-crítico. Pois, se considerarmos a história da filosofia, há uma investigação que confere a aplicação de conceitos dados a objetos da natureza previamente dados. Ao passo que, no Kant pré-crítico, há uma aplicação de conceitos dados, da matemática, a objetos da natureza já dados; enquanto que no Kant crítico, não se trata mais de aplicar conceitos a objetos, mas sim de transformar sensações simples em intuições objetivas.

37 En soulignant ces quelques faiblesses de l'univers kantien nous ne désirons pas tant mettre en garde contre l'admiration systématique – toujours mauvaise –, que permettre une première vue de l'ouvre de Kant: c'est l'ouvre d'un esprit intéressé à toutes choses, plus ouvert aux Idées et à la spéculation pure qu'aux recherches minutieuses de détail et dont la force essentielle, que nous apercevons par contraste, est une puissance de synthèse, de conception synoptique, de largeurs de vues à tous égards remarquable.

Ernst Cassirer (1948), Kant utilizava as ciências naturais, as obras geográficas, relatos de viajantes, ou seja, tudo o que era salutar para construir sua visão própria do mundo.

O poder de síntese e análise de Kant levou Cassirer (1948, p. 61) a afirmar que a obra *História universal da natureza e teoria do céu* (1755) seria o ponto em que Kant confirma sua característica sinóptica. Nessa obra, logo no *Prefácio*, Kant afirma: "Dai-me matéria, eu quero a partir dela construir um mundo!"[38] (NTH, AA 01: p. 230); afirmação essa que equivale à fase do período em que Kant recolhe material, amadurece e constrói o seu próprio caminho.

Pode-se dizer que no período pré-crítico, Kant oscila entre suas opiniões e as opiniões que ele guarda consigo a respeito de outros pensadores. Observa-se que o caminho do pensamento kantiano não é trilhado, não possui uma regularidade, mas se pode afirmar que a cada problema investigado há um aprofundamento na questão e a cada passo, ou mesmo, a cada solução que não adquire uma evidência satisfatória, o caminho é refeito de um modo novo. Assim, a vereda kantiana se resume em um agregado de questões que são afirmadas, descartadas, unidas a outras, desenvolvendo sua teoria e defendendo cada ponto e princípio, descartando qualquer resultado simples que não carregue consigo nenhuma grande verdade. É nesse sentido, portanto, que Kant se afirma como aquele que inverte, examina e oscila entre suas opiniões, bem como as de outros, para encontrar alguma verdade e construir um edifício do conhecimento (CASSIRER, 1948).

Conforme a carta enviada a Tieftrunk em 1797, Kant não gostaria de ver publicado seus escritos anteriores a 1770, mas nos é permitido pressupor que eles carregam os primeiros passos para seu criticismo, uma vez que os mesmos despertaram interesse, na época, em autores que queriam compreender melhor a obra crítica de Kant. Assim, nos baseamos neles para

---

38 Gebet mir Materie, ich will eine Welt daraus bauen!

afirmar que Kant é um filósofo racionalista que criticou a razão dentro do próprio racionalismo (PEREZ, 2000, p. 150). Dessa forma, é possível afirmar que a leitura das obras anteriores à *Crítica da razão pura* são importantes para compreender o espírito kantiano que será engendrado no âmbito da filosofia crítica.

> *A Dissertação de 1770 constitui, segundo Kant, o início de sua própria filosofia – o criticismo – e ele mesmo observou suas primeiras obras sem complacência, desejando não vê-las reunidas na publicação de suas obras. No entanto convém estudar as obras pré-críticas, que constituem a melhor introdução ao próprio criticismo: vemos ali se formar pouco a pouco as noções principais: por exemplo, a distinção entre pensar – e conhecer –, a distinção entre razão e lógica (ratio) e razão real (causa), a separação das matemáticas e da filosofia.*[39] (PHILONENKO, 1983, p. 27, grifo do autor, tradução nossa)

Vale salientar algumas distinções acerca da filosofia kantiana antes e depois da *Dissertação de 1770* (considerando a obra como um possível marco divisório). Os primeiros escritos kantianos são marcados por uma espécie de "espírito conciliatório", ou seja, um espírito capaz de juntar diversas opiniões, questões, discussões, com o intuito de sintetizar tudo aquilo que seria relevante para uma investigação de cunho científico e, quiçá, de cunho filosófico. Isso porque

---

39 La *Dissertation de 1770* constitue selon Kant le début de sa propre philosophie – le criticisme – et il a lui-même regardé ses premiers ouvrages sans complaisance, désirant ne pas les voir réunis dans la publication de ses ouvres. Il convient cependant d'etudier les oeuvres pré-crítiques, qui constituent la meilleure introduction au criticisme lui-même: on en voit se former peu à peu les notions principielles: par exemple la distinctions entre *pense et connaître*, la distinction entre raison logique (*ratio*) et raison réelle (*causa*), la séparation des mathématiques et de la philosophie (PHILONENKO, 1983, p. 27, grifo do autor).

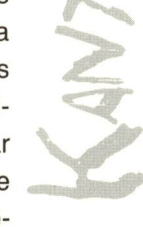

esse período é marcado por um início tumultuado rodeado de problemas e concepções científicas e filosóficas, as quais influenciam Kant. Isso faz com que ele adquira a característica de um pensador que busca conciliações entre a astronomia, matemática, ciência da natureza (física), gnoseologia e a própria filosofia oriunda da escola Leibniz-wolffiana, bem como cartesiana.

Nesse sentido, o Kant do período pré-crítico é um pensador que oscila entre diversas teses, busca conciliações, tenta construir uma investigação que caminha em direção à construção de um edifício do conhecimento calcado em uma filosofia bem fundamentada, talvez com o estatuto de ciência, algo que começa a ser construído, supostamente, na década de 1760. A busca pela fundamentação da metafísica como ciência será um dos problemas que compõem o que se pode chamar "filosofia crítica de Kant", o Kant da *Crítica da razão pura*, o qual havia acordado do seu "sono dogmático"[40] na ocasião da leitura da obra de David Hume,

---

40 A expressão *dogmatischen Schlummer* é comumente traduzida por "sono dogmático". No entanto, a palavra *Schlummer* pode ser traduzida para o vernáculo, literalmente, por sopor (sonolência), sendo que "sopor" possui, ao menos, dois significados: sono (ligeiro) ou soneca. Possuindo um significado semelhante, tem-se a palavra *Schläf*, que significa sono, em relação ao verbo alemão schlafen, que significa dormir. Na língua alemã, *soneca* pode ser referida à palavra *Schläfchen*, um breve sono, um cochilo, ou seja, dormir ou dormitar (respectivamente, *Schlafen* e *Schlummer*). Para essa mesma palavra pode ser utilizado também *Schläfrigkeit* (sonolência / indolência), com sentido de adormecido. Nesse sentido, com relação à expressão *dogmatischen Schlummer*, pode-se dizer que há uma espécie de jogo de palavras que se referem a sono, tendo variações nos sentidos de dormir, cochilar, tirar uma soneca, ter sonolência. É possível perceber que as palavras *Schläfrigkeit*, *Schläfchen* e *Schläf* possuem o mesmo radical *Schläf*, que significa sono. Com isso, quando Kant afirma que Hume o tirou do seu *dogmatischen Schlummer*, ele poderia querer dizer algo com referência às palavras citadas acima, o que não foi o caso. Ele utilizou *Schlummer*, que quer dizer um "sono ligeiro", uma soneca, o sopor (sonolência), o

adquirindo o conhecimento do problema da causalidade e os limites do conhecimento racional. Posteriormente, com reflexões acerca dos argumentos de Leibniz, Kant teria novamente acordado para o problema do conhecimento racional, o problema das antinomias da razão, questão que foi trabalhada de maneira minuciosa em *Crítica*.

Assim, pode-se supor que o amadurecimento do pensamento kantiano é dado por uma passagem entre um Kant investigador da natureza preso às teses de Descartes, Newton e Leibniz (também Wolff), no contexto da década de 1740 e 1750, para um Kant antidogmático, na década de 1760. Esse é caracterizado como um pensador que busca os limites para o conhecimento racional, um investigador que não se prende mais a teses polêmicas, mas promove uma problematização das mesmas buscando construir sua própria filosofia. Uma filosofia que não está calcada em conciliações de teses, uma filosofia que busca fundamentar a metafísica tradicional como ciência, uma ciência dos limites da razão.

A filosofia de Kant, portanto, pode ser caracterizada como crítica a partir da problematização das teses que são

---

dormitar (cochilar). Assim, a expressão *dogmatischen Schlummer*, que pela tradição é versada para o vernáculo por "sono dogmático", deveria ser melhor empregada como *sonolência* ou *soneca dogmática*, já que *Schlummer* quer dizer um sono ligeiro, uma breve dormida. Ou seja, Kant teria dado um breve cochilo entre o dogmatismo e o ceticismo, acordando de vez para o viés crítico. Essa breve reflexão não quer levantar uma discussão contra as traduções existentes das obras de Kant que trazem a expressão *dogmatischen Schlummer* como "sono dogmático", mas somente chamar a atenção para a tradução mais próxima do termo *Schlummer*, que deveria ser sono ligeiro ou soneca. Diante do que há ou deveria ser a respeito da tradução dessa expressão, preferimos ficar com o que já está estabelecido, até o presente momento, deixando uma reflexão para quem queira se aprofundar no assunto. Sobre os termos aqui empregados, vale a pena consultar o *Dicionário dos Irmãos Grimm*.

encontradas na década de 1760, oriundas das investigações promovidas por Kant e das orientações da escola Leibniz-wolffiana,[41] do empirismo inglês e da ciência newtoniana. Tudo isso está presente nas obras da década de 1760 e representa, em alguns aspectos, a filosofia kantiana que é construída no período conhecido como crítico, inaugurado, segundo a história da filosofia kantiana, em 1770.

Acerca das investigações kantianas no período pré-crítico, vale ressaltar duas posições antagônicas, que dizem respeito ao objetivo de Kant em construir, por um lado, um *Tratado de Metafísica* e, por outro, engendrar um Projeto de unidade da natureza. A primeira posição é defendida por Daniel O. Perez (2008), a outra por Schönfeld (2000).

Segundo Perez, Kant parece deixar o sistema aberto, compondo três *Críticas*, mas não compõe um *Tratado* (de metafísica) conforme era de se supor desde os escritos pré-críticos. O sistema de Kant é um conjunto de princípios, sendo que no período pré-crítico ele está à procura por uma metafísica, já na etapa crítica ele estaria à procura pela estrutura de funcionamento de âmbito de sentido.[42] Assim, Kant teria enunciado

---

41 No contexto da interpretação kantiana do sistema leibniziano e de seus seguidores, o qual compõe o que se costumou chamar de escola Leibniz-wolffiana, destacam-se a crítica ao princípio de razão suficiente, ao princípio de contradição e à tese contida na *Monadologia* leibniziana. Dentro dessa perspectiva, Kant acusa Leibniz de promover uma confusão entre as faculdades de entendimento e sensibilidade, a não distinção entre conceitos e conhecimentos que pertencem a uma ou a outra faculdade, entre outras coisas. A isso Kant chamou de "Anfibologia Transcendental". Sobre o assunto ver: *Crítica da razão pura* (KrV, B pp. 316-346, 521); entre os escritos pré-críticos destaca-se a *Nova Dilucidatio* (1755). Há também, de Leonel Ribeiro dos Santos, o capítulo V do livro "A razão sensível", em: *Crítica e metafísica: a interpretação kantiana de Leibniz*. Lisboa: Edições Colibri, 1994.

42 Omar Perez se enquadra no grupo daqueles que interpretam a filosofia kantiana dentro do viés da "Semântica Transcendental", que pode ser definida como a abordagem da filosofia especulativa de Kant como "solubilidade de problemas inevitáveis da razão pura". Por mais que

nos escritos pré-críticos "a tentativa de redigir uma metafísica verdadeira" (2008, p. 25), já que ele se coloca, em tais escritos, contra a metafísica tradicional, desde 1750, como uma metafísica com discussões dogmáticas, buscando uma metafísica sólida que começa se estruturando pelas bases.

> *Mas na mesma medida em que enuncia a publicação da "obra metafísica", fala também da necessidade de uma reflexão sobre o "verdadeiro método" dessa metafísica. Nesse jogo da indecisão entre o "tratado" e o "método", surge uma primeira tensão. O período pré-crítico torna-se pré-texto, pré-compreensão, mas nunca pré-anúncio do que aconteceria logo, no itinerário intelectual kantiano. A leitura do texto pré-crítico nos arroja no meio da trama, ao modo de uma epígrafe. É como epígrafe que lemos aqui o texto pré-crítico.* (PEREZ, 2008, p. 26, grifo do autor)

Diante disso, na busca pelo "ajustamento" do conhecimento metafísico, Kant teria desenvolvido diversas pesquisas de modo parcial, algo que se observa na etapa pré-crítica, segundo a opinião de Perez, o que teria conduzido Kant à sistematização de proposições teóricas na etapa crítica. Além disso, Perez afirma que, apesar dos escritos pré-críticos apresentarem os germes do período crítico, tais germes não podem ser considerados como uma evolução que se converteria no produto crítico. Desse modo, os escritos pré-críticos apresentam, de modo *fragmentário*, os problemas que serão sistematizados no período crítico.

Com isso, os escritos da etapa pré-crítica, se seguirmos essa interpretação, seriam epígrafes para a sistematização da metafísica como ciência, mas acreditamos na

---

Perez não possa ser considerado, em sentido estrito, um especialista da obra de Kant no contexto de toda sua filosofia, vale sua interpretação acerca do período pré-crítico, em especial, no que diz respeito à passagem entre um período e outro, e a afirmação de *Sonhos* como um escrito de cunho crítico.

possibilidade de tais escritos serem uma amostra do amadurecimento da filosofia kantiana, fechando o período pré-crítico, em meados da década de 1760, inaugurando o criticismo posteriormente.

Em contraposição à opinião da construção de um Tratado de Metafísica, levando em conta os escritos pré-críticos como fragmentos, Schönfeld[43] acredita em um Projeto Pré-crítico: 1) Reconciliar perspectivas da ciência e metafísica; 2) Construção de uma unidade não dualista da natureza. Isso porque, segundo o autor, o Projeto Pré-crítico busca reconciliar aspectos da realidade descritos pela ciência e pela metafísica, o que teria levado Kant a fazer uma relação entre processos determinantes provindos da ciência com as noções livres dadas pela metafísica.

Segundo a posição de Schönfeld (2000, p. 19), o Projeto Pré-crítico não tem seu início com os *Pensamentos sobre a verdadeira estimação das forças vivas* (1747), mas com a reconsideração das suposições realizadas por Kant nesse trabalho, constituindo uma investigação sobre os erros cometidos. Kant, posteriormente, apresentaria lições epistemológicas dos erros da metafísica e, assim, com a *virada crítica*, ele obtém conclusões de segunda ordem tiradas da primeira ordem das dificuldades do Projeto. Uma vez que, para Schönfeld, após *Forças Vivas* vê-se que a metafísica não pode ser anticientífica e não deve ir contra a ciência, mas sim que ela precisa ser revisada. Com isso, o Projeto Pré-crítico, nessa interpretação, passa a "visar" correções dos erros da metafísica.

---

43 The precritical project had emerged in the phase of estrangement of the two approaches to nature, and it had been a lastditch effort of saving the difficult marriage of natural science and metaphysics before it was too late (SCHÖNFELD, 2000, p. 11). E continua: Kant's precritical project involved two levels, the one being the construction of the system of nature, the other being the synthesis of the vantage points of natual science and metaphysics (2000, p. 175).

> *Os anos posteriores a 1756 viram a conclusão do projeto e as dúvidas subsequentes de Kant. No início de 1760, ele estabeleceu uma ponte da natureza a Deus e formulou a metodologia de seu modelo científico-metafísico da natureza. Mas, em meados de 1760, o esforço com a segunda ordem de questões do método tinha cada vez mais consequências destrutivas, agitando o edifício até o colapso. Essa falha deixou um vazio no qual Kant, eventualmente, construiria seu sistema crítico. O destino do jovem Kant é a história de um filósofo ambicioso impulsionado pela esperança de resolver questões da metafísica com grandes respostas, mas que o forçou a perceber que suas respostas fracassaram e que as grandes questões apareceram maiores do que nunca.*[44] (SCHÖNFELD, 2000, pp. 17-18, tradução nossa)

Seguindo a interpretação de Schönfeld, entre o Kant dos escritos pré-críticos e o Kant do período crítico, está a descoberta do dualismo ontológico entre sensibilidade e inteligibilidade e da subjetividade *a priori* do espaço e tempo, rompendo com a proposta do Projeto Pré-crítico de construir uma grande filosofia da natureza (unidade da natureza), pois há dois mundos. Dá-se, portanto, a revolução filosófica de Kant, com a *Dissertação de 1770*: mundo sensível e mundo inteligível, rompendo com a unidade e promovendo a "queda" do Projeto kantiano.

---

[44] The years afther 1756 saw the completion of the project and Kant's subsequent douts. In the early 1760s, he established a bridge from nature to God and formulated the methodology of his scientific-metaphysical modelo of nature. But in the mid-1760s, the struggle with the second-order questiono of method had increasingly destructive aftereffects, shaking the edifice until it collapsed. This failure left a void in which Kant would eventually erect his critical system. The fate of the young Kant is the story of an ambitious philosopher driven by the hope of solving the big questions of metaphysics with big answers, but who forced to realize that his answers had failed and that the big questions loomed larger than ever (SCHÖNFELD, 2000, pp. 17-18).

Entretanto, segundo Schönfeld, pode-se perceber que há uma continuidade da filosofia de Kant, principalmente do contexto da década de 1760, pois as questões sobre a existência de Deus, imortalidade da alma e a liberdade moral, continuam presentes nas investigações da *Crítica de razão pura*, mas agora, não mais como especulações e sim como postulados (é preciso lembrar que há diversos escritos menores no período pré-crítico que não refletem grande contribuição para a etapa crítica). No entanto, há coerência no âmbito dos escritos pré-críticos quando se observa o esforço de Kant na tentativa de (re)conciliação entre as características da ciência e da metafísica na maior parte dos escritos de 1760.

Considerando essas duas posições, deve-se observar que independente da construção de um Tratado de Metafísica ou de um Projeto de unidade da natureza, os escritos pré-críticos são relevantes para a compreensão do amadurecimento da filosofia kantiana. Nesse sentido, compartilhamos a interpretação de Schönfeld em considerar que Kant, em seus primeiros escritos, tem em vista a construção de um Projeto de unidade da natureza, abordando, em cada um dos escritos, problemáticas que dizem respeito às questões metafísicas que, em certo sentido, contribuirão para o engendramento do pensamento kantiano após 1770, no contexto da dualidade de mundos e da estrutura subjetiva de conhecimento. Assim, o Projeto pretendido por Kant, segundo Schönfeld, visava a harmonização da metafísica com a ciência, o que em nossa opinião, estaria consumado na etapa crítica com a questão da possibilidade da metafísica como ciência, o que, de fato, não se concretizou na *Crítica*. Porém, foi o plano a ser traçado e isso foi se desenvolvendo em meio a diversos escritos anteriores à *Crítica* e parece que foram reunidos os materiais para abordar a questão acerca da metafísica como ciência, no contexto de *Crítica da razão pura*.

Nesse percurso, a década de 1760 se mostra como a mais conturbada com questões sobre Deus (*Único argumento possível*), método (*Escrito do prêmio*), confusão entre objetos de ciência e entidades metafísicas (*Sonhos*), bem como a distinção dos objetos e divisão dos mundos (*Dissertação de 1770*).

Com a posição de Schönfeld, *Sonhos* teria posto fim ao Projeto e os escritos anteriores parecem desembocar na obra *Sonhos* mostrando o "colapso" do pensamento de Kant e da própria metafísica. Nesse sentido, a evolução do pensamento kantiano, segundo o autor, dá-se de modo como segue (2000, pp. 183-187):

*1754-1756: Conversão a Newton (síntese das perspectivas ciência-quantitativa e metafísica-qualitativa);
*1760: Modelo de natureza relacionado a Deus e as investigações que fundamentam esse modelo – como são possíveis suas realizações?
*1762-1766: Começa a destruição do projeto inicial;
*1763: *Único argumento possível* busca um modelo de teologia racional;
*1764: *Escrito do prêmio* busca um novo programa de investigação;
*1760: "Ponte" da natureza a Deus e metodologia newtoniana reconciliando as possibilidades de agregar metafísica e ciência;
*1766: Kant satiriza a metafísica, pois se pergunta: em que sentido a investigação metafísica se difere da fantasia? A partir disso, o programa pré-crítico da unificada filosofia da natureza se rompe;
*1768: Aceite do espaço absoluto de Newton;
*1770: *Dissertação de 1770* confirma o rompimento do Projeto Pré-crítico: mundo sensível descrito pela ciência e mundo inteligível descrito pela metafísica.

Desse modo, se quisermos traçar uma diferença entre o Kant pré e crítico, se de fato existe um tal distanciamento entre um período e outro, ela está na busca pela fundamentação da metafísica com bases sólidas: no *Escrito do prêmio* (1764) a metafísica busca sua base na matemática, uma sistematização da metafísica como ciência (na etapa crítica isso se configura nos juízos sintéticos *a priori*); no texto *Sonhos* (1766) a metafísica está configurada como uma ciência dos limites da razão. Com isso, vê-se uma mudança no modo de pensar, já que na etapa crítica (*Crítica*) a pergunta é: Como é possível a metafísica como ciência? A metafísica como ciência não será possível dentro do contexto da ciência (como a matemática) que possui juízos sintéticos *a priori*, já que, para ser ciência, a metafísica precisa conter juízos sintéticos *a priori*. Problema: como são possíveis os juízos sintéticos *a priori*? – Eis o embaraço[45] que a metafísica se encontra.[46]

Diante de uma possível discussão entre o Kant dos escritos anteriores à *Crítica* e o Kant da etapa crítica, o próprio Kant deixa clara a sua posição na *Reflexão 4964*, em que afirma que sua produção atual (*Crítica*) aniquilou por completo os escritos metafísicos anteriores, mas, ao menos ele procurou salvar a justeza da ideia.[47]

---

45 Na *Reflexão 4282*, Kant assinala que "na metafísica deve-se duvidar com certeza, quando se mostra dificuldade", apontando para a metafísica que se encontra em dificuldades devido a sua obscuridade em tentar demonstrar suas provas *in concreto*: "Von der *sinthesi;* daß es in der metaphysic keine (freie) Hypothesen gebe. Von der Methode, man müsse nicht mehr an dem zweifeln, was man einmal hat zugeben müssen. In der Metaphysic muß man allerdings zweifeln, wenn sich schwierigkeiten zeigen. Der Geist des Gantzen ist von dem Geist der Kleinigkeiten unterschieden. subtil und Groß".

46 Sobre esse contexto, ver: Carta *An Carl Leonhard Reinhold* (12/05/1789) (Br, AA 10: pp. 133-140).

47 Durch diese meine Abhandlung ist der Werth meiner vorigen metaphysischen Schriften vollig vernichtet. Ich werde nur die richtigkeit der Idee noch zu retten suchen.

1.1 - Algumas orientações da filosofia kantiana

No período em que Immanuel Kant inicia seus estudos na Universidade de Königsberg, as disciplinas giram em torno das orientações aristotélicas, cartesianas, leibnizianas e wolffianas, além do empirismo inglês. Segundo Sgarbi (2010, p. 17), a tradição do pensamento do século XVIII, o aristotelismo, o protestantismo e o ecletismo foram importantes para a construção do pensamento kantiano, mesmo que não possam ser considerados como influência, mas ao menos como "correntes de pensamento", portanto, um ambiente repleto de atritos.

As principais orientações de Kant no início de seus estudos, segundo Mariano Campo (1953), se voltam à Schultz[48] e Knutzen. O último, um professor da universidade, enquanto que o primeiro, caracterizado pela influência religiosa, conduziu Kant ao interesse filosófico, matemático e científico, incentivando-o à obra de Newton. No contexto da inserção de Kant às problemáticas, pode-se destacar a questão acerca do conceito de força, um problema científico e metafísico, iniciado por Descartes e debatido posteriormente por Leibniz. Esse último afirmava a metafísica como a única possibilidade de um conceito de força, investigação que levou Kant a escrever sua primeira obra intitulada *Pensamentos sobre a verdadeira estimação das forças vivas* (1747). A polêmica sobre força carrega consigo o conhecimento de espaço, corpo, natureza conduzindo a uma problemática que diz respeito às fronteiras da física, metafísica e ciência.

---

48 Enquadrado na atmosfera do "Fridericianum" a qual Kant foi educado, segue com uma formação humanista voltada para o pietismo (Lutero), mas não sentimentalista (CAMPO, 1953, p. 4).

O mestre Knutzen[49] iniciou Kant no estudo da obra de Newton e também à metafísica de Leibniz. Diante das lições, Kant lança críticas a Leibniz e entra em acordo com Newton com relação às forças de atração e repulsão, que o conduziu à discussão acerca da força, que colocou em oposição Leibniz e Descartes. Isso desembocou em uma problemática maior, que se configura na obra de 1756, intitulada *Uso da metafísica unida à geometria em filosofia natural cujo espécime I contém a monadologia física* (*Monadologia física*), obra em que Kant busca conciliar as teses de Newton e Leibniz acerca do espaço sendo, respectivamente, um espaço real-absoluto e ideal-relativo (PRADO, 2000, p. 18). Esse caminho entre força e espaço foi percorrido até os anos 1768 com a obra *Acerca do primeiro fundamento da diferença das regiões no espaço*, que poderia ser considerada como o ponto-chave que levou Kant a escrever a *Dissertação de 1770*, que trata especificamente do espaço e tempo.

No período que se estende de 1747 a 1754, após Kant ter sido iniciado no ambiente filosófico da época, encontram-se nos escritos (*História universal*, *Nova Dilucidatio* e *Monadologia física*) as questões de cunho científico como: leis gerais, sínteses histórico-cosmológicas ou teórico-científicas, que se interiorizam no espírito de Kant levando-o à reflexão sobre as possíveis contaminações entre ciência e metafísica.

As disputas entre leibnizianos e newtonianos refletem em Kant com questões a respeito do método da ciência moderna, bem como sobre a sua orientação racionalista[50] voltada à

---

49 Aqui há uma divergência de interpretações entre M. Campo e F. Lombardi (1946). O primeiro afirma que foi Schultz que iniciou Kant à leitura de Newton, ao passo que o segundo acredita que foi Knutzen que lhe apresentou as inovações newtonianas. Adotamos aqui o ponto de vista de Lombardi.

50 Christian August Crusius também influenciou Kant em diversos aspectos, como: a proposta de impor limites à razão, a recusa da prova ontológica da existência de Deus, a pluralidade de princípios e a recusa da teoria moral da obrigação. Todos esses planos são encontrados nas

escola Leibniz-wolffiana, juntamente com suas leituras sobre a posição metodológica de Newton (partir dos fenômenos e atingir as leis, sem deduções metafísicas como as proferidas pelo cartesianismo). Nesse contexto, Kant aproxima-se da escola Leibniz-wolffiana, mas também estuda os *Principia* de Newton. A divergência entre esses dois pontos de vista, de um lado a física-matemática de Newton e de outro a metafísica da Escola, causa um incômodo que concebe uma direção para a filosofia kantiana: engendrar uma nova filosofia da natureza com um fundamento comum evitando a oposição entre a demonstração quantitativa-empírica e qualitativa-especulativa.

Diante da turbulência das diversas orientações do século XVIII, Kant entra em contato com a obra de David Hume, o que lhe proporcionou uma visão mais ampla sobre a crise do racionalismo e fez com que ele afirmasse, no texto *Prolegômenos a toda metafísica futura que possa apresentar-se como ciência* (1783), que foi Hume quem o despertou do "sono dogmático",[51] uma vez que Kant começa a perceber o problema da causalidade e os limites do conhecimento humano.

No artigo *Kant, "o Hume da Prússia"?* Ana Rocha (2006) afirma que o ceticismo de Hume "influencia" Kant em seu

---

reflexões kantianas no período pré-crítico, bem como no crítico, em especial na primeira e segunda *Críticas* (MARTINS, 1994).

51 Em Carta a Chrisitan Garve (21/09/1798), Kant afirma que não foi a investigação acerca da existência de Deus, da imortalidade da alma, mas sim o problema das Antinomias da razão que primeiro teriam despertado ele do seu "sono dogmático" e o conduziu à *Crítica da razão pura:* "Nicht die Untersuchung vom Daseyn Gottes, der Unsterblichkeit etc. ist der Punct gewesen von dem ich ausgegangen bin, sondern die Antinomie der r. V.: "Die Welt hat einen Anfang: sie hat keinen Anfang etc. bis zur vierten: Es ist Freyheit im Menschen, – gegen den: es ist keine Freyheit, sondern alles ist in ihm Naturnothwendigkeit"; diese war es welche mich aus dem dogmatischen Schlummer zuerst aufweckte und zur Kritik der Vernunft selbst hintrieb, um das Scandal des scheinbaren Widerspruchs der Vernunft mit ihr selbst zu heben" (Br, AA 12: pp. 256-258).

ceticismo, visto que em Hume encontram-se apontamentos sobre a razão como: "um guia incerto repleto de dúvidas"; "uma razão imperfeita", "uma razão com limites estreitos", que acarretam as argumentações kantianas acerca dos limites da razão e suas contradições consigo mesma. Nesse sentido, a obra que melhor retrataria o ceticismo de Kant, em alguns aspectos, é escrita em 1766 com o título *Sonhos de um visionário explicados por sonhos da metafísica*, em que Kant ressalta com tom irônico e cético os devaneios da metafísica, o não conhecimento da conexão causal por meio da razão e a aparência das conexões causais serem inteligíveis devido às experiências que se repetem.

O encontro com Hume permitiu a Kant compreender melhor a metafísica que se baseia no método newtoniano e isso o teria levado a um ceticismo, um momento de dúvida a respeito dos dogmas da razão e do próprio conceito de causalidade.[52] Conforme Joseph Marechal (1958), a partir da obra *An Enquiry Concerning Human Understanding* (1748) são dadas as reflexões de Kant sobre a obra de Hume. Aqui, é possível dizer que Hume concebe o horizonte para a crítica kantiana.

A aproximação com o empirismo inglês abriu, supostamente, caminho para a crítica da razão com bases fortes e teria produzido em Kant o impulso para escrever *Sonhos* (1766) e *Dissertação de 1770*, inaugurando assim seu período crítico. A leitura de Hume e a "grande luz de 1769"[53]

---

[52] Segundo Arana (1982, p. 178) "[...] Si en el primer período kantiano (1747-1759) la certeza de la física newtoniana servia para apuntalar la inseguridad de la metafísica wolffiana, ésta proporcionaba a cambio una racionalización que era empleada en la síntesis de los métodos hipotético-empíricos de aquella, con la universalidad y necesidad del conocimiento científico (en sentido fuerte). Dicha función queda sin cubrir desde el instante en que Kant consuma su separación de los principios racionalistas, y permance así hasta que su contacto con el empirismo inglés le hace reconocer la vulnerabilidad de su pensamiento en este punto".

[53] Ver *Reflexão 5037*: "Ich sahe anfenglich diesen Lehrbegrif wie in

teriam levado Kant a edificar o seu criticismo que se iniciou supostamente na década de 1760, com obras que se dirigem à crítica à escola Leibniz-wolffiana, sintetizando Newton, Leibniz e Hume, orientações que fizeram com que Kant levasse a cabo sua empresa crítica e, por fim, escrevesse a *Dissertação de 1770* e *Crítica da razão pura*.[54]

Acerca da construção do edifício do criticismo kantiano, é preciso ressaltar essa problemática que diz respeito à "grande luz de 1769" e as "leituras da obra de Hume", que são comumente configuradas como pontos de partida para o engendramento da obra crítica de Kant, mas que não são de todo modo precisas, acerca das investigações sobre esse período. Tais problemáticas se impõem ao investigar o período em que Kant escreve a *Dissertação de 1770* inaugurando, supostamente, sua obra de caráter crítico. No entanto, não há consenso acerca da orientação kantiana, uma vez que se nota que Hume teria despertado Kant para o problema da causalidade e também para os limites do conhecimento, ao passo que Leibniz teria acordado Kant para os "conflitos" da razão consigo mesma, mas também o conduziu aos problemas dos limites do conhecimento racional. Além disso, é difícil assumir um ou outro lado da questão, bem como os dois, pois em *Reflexão 5037*, Kant afirma que o "ano de 1769" lhe trouxe uma

---

einer Dämmerung. Ich versuchte es gantz ernstlich, Satze zu beweisen und ihr Gegentheil, nicht um eine Zweifellehre zu errichten, sondern weil ich eine illusion des Verstandes vermuthete, zu entdcken, worin sie stäke. Das Jahr 69 gab mir gro'es Licht".

54 Segundo Helke Panknin-Schappert (2009), a *grande luz de 1769* promove uma mudança de paradigma, uma vez que o sentido interno não é mais função de conhecimento do mundo externo, mas sim possui uma função intermediária para o conhecimento. Além disso, ela mostra a subjetividade do espaço e tempo, bem como as antinomias da razão; ou seja, a *grande luz de 1769* diz respeito a uma mudança de concepção do sentido interno, implicando em distinções, como: subjetivo e objetivo; inteligível e sensível; entendimento e sensibilidade (algo que, supostamente, já se encontra no texto *Sonhos*).

"grande luz" que iluminava as possíveis ilusões do entendimento. Mas, ao mesmo tempo, Kant afirma em *Prolegômenos*, que Hume o tirou de seu "sono dogmático" (Prol, AA 04: p. 260). Ou seja, tanto por um lado quanto por outro, vale afirmar ambos, e aprofundar nessa problemática nos conduziria à construção de um edifício do conhecimento com suas bases na filosofia de Leibniz, por um lado, e de Hume, por outro – o que não dá conta da própria problemática.

Finalizando essa seção, deixando tal problemática para uma investigação futura e mantendo a questão sobre a orientação de Kant para o problema da obra crítica, nas palavras de Arana (1982, p. 190): "[...] A partir de 1769 Kant inicia claramente la trayectoria que le lleva al sistema crítico", engendrando seu racionalismo constituindo uma filosofia preocupada com a fundamentação e os limites do conhecimento – eis um lado da questão!

1.1.2 - Cronologia e subperíodos dos escritos pré-críticos

Muitos dos historiadores da filosofia e, principalmente, os comentadores da filosofia de Kant, costumam subdividir o período pré-crítico de diferentes modos. Como vimos anteriormente é difícil classificar esse período devido às questões abordadas nas obras, que oscilam entre suas principais teses, o que dificulta uma proposta de classificação precisa (o que pode conduzir a uma não periodização precisa, ou mesmo, à não existência de períodos e subperíodos na filosofia kantiana). No entanto, esboçaremos as possíveis classificações a fim de proporcionar uma melhor compreensão da investigação que concerne à década de 1760, que supostamente inaugura o antidogmatismo kantiano e sua caminhada para o criticismo.

Na interpretação de Philonenko (1983, p. 50ss), encontra-se uma divisão dentro do período anterior à *Crítica* que se apresenta como: racionalismo dogmático até 1760, com orientações voltadas a Leibniz, Newton e Wolff; e um ceticismo após 1760 com orientações voltadas a Hume. Nesse contexto, ele afirma que a obra que possivelmente inauguraria o período crítico seria *Sonhos* (1766), um escrito que marcaria o primeiro grande passo para o criticismo.

Analogamente, Campo (1953) concorda com Philonenko ao afirmar que *Sonhos* é um escrito de cunho crítico. Porém, ele afirma que é possível, seguindo Erdmann e E. Von Hartmann, uma divisão em quatro fases, a saber: dogmatismo (1760), empirismo crítico (1762-1769), racionalismo crítico (1770-1772) e criticismo (1772-1781), com a publicação da *Crítica da razão pura*. Pontuar essas divisões pode parecer algo arbitrário, mas de acordo com a opinião desse autor e juntamente com Franco Lombardi, Daniel Omar Perez e Roberto Torretti, *Sonhos de um visionário explicado por sonhos da metafísica* é um escrito pré-crítico que possui elementos críticos que poderia configurá-lo como um texto de virada crítica, ou mesmo, como afirma Torretti (1980, p. 40): um escrito que fecha o período pré-crítico e abre as portas para o criticismo, em que a *Dissertação de 1770* é apontada como o meio-termo entre o pré e o crítico, fazendo o papel de porta de entrada que une e separa os dois períodos. Essa interpretação promove um apoio imprescindível para nossa investigação que tem por objetivo último apresentar *Sonhos* como um escrito que pode demarcar a "virada crítica", momento em que Kant promove uma crítica à razão e busca fundamentar a metafísica como ciência, colocando o sujeito no centro do conhecimento fazendo com que o conhecimento dos objetos se regule pelo conhecimento do sujeito e não o contrário.

Para a presente pesquisa iremos utilizar a cronologia proposta por Philonenko, a saber: uma fase dogmática até 1760 e uma segunda fase antidogmática a partir da década de 1760, com forte orientação de Hume com um suposto ceticismo de

Kant. Adotamos essa subdivisão pela forte caracterização, em alguns aspectos, das obras anteriores a 1760 como sendo de caráter científico, as quais permitem enquadrar Kant como aquele que compartilha com as teses da escola Leibniz--wolffiana, juntamente com a ciência newtoniana (também as teses de Descartes) – um Kant dogmático. Por outro lado, a partir de 1760 pode-se perceber a orientação do ceticismo de Hume, bem como as preocupações de Kant com a metafísica tradicional que não consegue se fundamentar como ciência. Portanto, no âmbito do período pré-crítico, consideraremos um dogmatismo até 1760 e um antidogmatismo da filosofia kantiana a partir da década de sessenta. Uma vez que, as questões sobre a existência de Deus, método e dualidade dos mundos promovem, em certo sentido, o começo do edifício do sistema crítico.

1.1.3 - A década de 1760 e a crítica ao racionalismo: considerações

É comum afirmar que Kant teria inaugurado sua fase dita como antidogmática com três ensaios: *O único argumento possível para uma demonstração da existência de Deus*, *Investigação sobre a evidência dos princípios da teologia natural e da moral* e *Ensaio para introduzir o conceito de grandezas negativas em filosofia*. Essas obras datam do ano de 1763; a segunda foi publicada em 1764 e além delas há o escrito de 1762 intitulado *A falsa sutileza das quatro figuras silogísticas*, que marca a orientação logicista de Kant e o aprofundamento no universo metafísico com caráter crítico. Pois, em 1763 ele começa a se dar conta de que as categorias lógico-formais não abarcam cognitivamente a existência daquilo cujos conceitos são adquiridos por inferência, o que desemboca na afirmação de que a razão não pode determinar a existência de conceitos meramente possíveis, ela só dá conta da possibilidade (essência) de eles existirem ou não.

Segundo Campo (1953), a década de sessenta é o período de maior reflexão e amadurecimento do espírito kantiano inserido na cultura alemã e humanista, um período em que sua preocupação gira em torno dos problemas metafísicos que dizem respeito ao método, a validade e análise dos resultados, visto que os trabalhos anteriores eram calcados entre a metafísica e a ciência.

> [...] Entre os antecedentes que abrigaram os germes daquela crise kantiana que levou ao criticismo, o mais notável é aquele estudo intenso da metafísica que ocupou os primeiros anos depois de 1760: estudo de problemas metafísicos, que se tornou o problema da metafísica.[55] (CAMPO, 1953, p. 217, tradução nossa)

Diante da citação, pode-se dizer que nos anos 1760 Kant se opõe ao dogmatismo, uma vez que os problemas da metafísica seriam oriundos dos dogmas da razão. Eles seriam provenientes da corrente racionalista que atribuía à razão o poder de tudo explicar e de tudo conhecer, fato esse que leva a razão a ultrapassar seus limites e se aventurar no mundo suprassensível, um ambiente obscuro e inexplicável, e quando explicado ocasiona os "sonhos da metafísica" e suas ilusões. Portanto, estamos de acordo com a interpretação de Campo (1953, p. 216) ao afirmar que "[...] la Critica, è germinata da una crisi: e questa si è maturata in questi anni dopo il '60".

As novas reflexões que rodeiam Kant acabam por promover um certo ceticismo sobre a metafísica tradicional que parece caminhar com leveza, porém seus fundamentos não apresentam tanta certeza e firmeza como pode parecer. Nesse sentido, as obras da década de 1760 apresentam

---

55 [...] Tra i precedenti che covavano i germi di quella crisi kantiana che condusse al criticismo, il più cospicuo è quello studio intenso di metafisica che occupò i primi anni dopo il '60: studio dei problemi metafisici, che divenne il problema della metafisica. (CAMPO, 1953, p. 217)

uma certa crítica a essa metafísica e seus métodos, o que teria levado Kant a engendrar seus primeiros passos à fundamentação da metafísica como ciência.[56]

A partir de agora, a investigação kantiana muda de posição e passa a investigar a base e os fundamentos da metafísica e os limites de seu conhecimento. Anteriormente, Kant buscava fundamentar a ciência com elementos metafísicos como ocorreu com a ciência newtoniana, momento em que Kant possivelmente se encontrava dentro da vertente da metafísica tradicional, buscando fundamentar as teses newtonianas conjugando-as com a filosofia da escola Leibniz-wolffiana.

Seguindo a divisão proposta por Philonenko, a partir de 1760 pode-se caracterizar a filosofia kantiana como antidogmática, com o intuito de fundamentar a metafísica que caminha a passos lentos sem uma base sólida. Assim, Kant caminha em direção ao criticismo, retomando as teses propostas pela escola Leibniz-wolffiana e humana a fim de estabelecer a metafísica como uma possível ciência.

Na visão de Sgarbi, o problema do método que rodeia Kant na década de 1760, pode ser considerado um dos principais pontos para a construção do edifício crítico. Para ele (2010, p. 182), a metodologia que se desenvolve no período pré-crítico segue de perto a evolução do pensamento kantiano, tendo em vista um Kant timidamente matemático, que busca distinguir de modo claro e preciso a matemática da filosofia (metafísica) por meio da diferença entre seus métodos: a primeira segue o método sintético, enquanto que a segunda segue o método analítico. Nesse sentido, Sgarbi afirma que

---

56 Segundo Arana (1982, pp. 110-111): "La década de 1760 presenciará la prosecución de la búsqueda de las bases de la ciencia, pero de ahora en adelante nunca más se intentará encontrarla en la metafísica, más necesitada de redención que cualquier outra ciencia; sino que se recalcará siempre la especificidad pragmática del tipo de conocimiento que representa la investigación de las leyes de la naturaleza a través de la experiencia y las matemáticas.

a preocupação acerca do método nesse período é de grande importância para a gênese em *Crítica da razão pura*.

> *A questão de uma metodologia para a metafísica é particularmente importante no período pré-crítico porque [...] é a base da ideia da Kritik der Reinen Vernunft. A Kritik der Reinen Vernunft nasce da exigência de fundar a metafísica sobre um método analítico e uma vez quebrados todos os primeiros elementos da metafísica, somente agora se poderá proceder com um passo firme em direção à síntese. Na intenção de Kant a Kritik der Reinen Vernunft deveria ser, sem sombra de dúvida, uma metodologia da metaífica [...].*[57] (SGARBI, 2010, p. 183, grifo do autor, tradução nossa)

Com isso, é possível dizer que a busca pela fundamentação da metafísica como ciência passa pelo crivo da distinção entre o método matemático e o método da metafísica, uma vez que a metafísica, se quiser se fundamentar como ciência, deverá seguir o método da matemática, ou seja, o método sintético. Assim, a metafísica como ciência, em *Crítica*, deve possuir juízos sintéticos *a priori*, tal como o matemático e isso é o problema fundamental que se coloca em *Crítica*: como são possíveis os juízos sintéticos *a priori*? Uma vez que a matemática possui conceitos construídos, claros e distintos, ao passo que a metafísica possui conceitos obscuros, abstratos e sem distinção. Assim, se a metafísica, para ser ciência, deve "imitar" a matemática, ela necessita de conceitos claros e dados *in concreto*, partindo para a construção de conceitos pelo

---

57 La questione di una metodologia per la metafisica è particolarmente importante nel periodo precritico perché [...] è alla base dell'idea della *Kritik der Reinen Vernunft*. La *Kritik der Reinen Vernunft* nasce dall'esigenza di fondare la metafisica su un metodo analitico e una volta scomposti tutti gli elementi primi della metafísica, solo allora si potrà procede con passo sicuro verso la sintesi. Nelle intenzioni di Kant la *Kritik der Reinen Vernunft* doveva essere senza alcun dubbio una metodologia della metafisica [...] (SGARBI, 2010, p. 183, grifo do autor).

método sintético *a priori* e não mais se prender à análise de conceitos dados, sempre de modo obscuro e *in abstrato*.

1.2 - *Único argumento possível* e a prova da existência de Deus: crítica ao dogmatismo

Nessa seção, buscaremos abordar os argumentos que fazem referência à crítica ao argumento ontológico da prova da existência de Deus, que soa como crítica ao dogmatismo, bem como ao princípio de razão suficiente e princípio de contradição no que diz respeito à formulação lógico-conceitual da existência. Nesse sentido, começaremos por uma abordagem geral da obra, passando, a seguir, de modo panorâmico, para a apresentação do argumento ontológico em Descartes e Leibniz, desembocando na própria crítica ao argumento ontológico encontrado no *Único argumento possível*.

1.2.1 - Plano da obra

O único argumento possível para uma demonstração da existência de Deus, segundo Lombardi (1946), poderia ser a obra que começa a estabelecer a posição crítica de Kant, uma vez que ela carrega argumentos já tratados acerca da existência de Deus no que concerne à prova racional mediante inferências lógicas. Além disso, o escrito em questão se estende ao *Sonhos de um visionário* com relação à metafísica e os limites da razão, bem como *Grandezas negativas* no que diz respeito à oposição lógica e oposição real.

A obra é dividida em três partes: a primeira trata do argumento ontológico, em que as provas que concernem à existência do ser absolutamente necessário e o conceito de um Deus dado como existente é simplesmente *a priori*[58] (BDG, AA 02: p. 91). Ainda na primeira parte, tem-se a afirmação de que a existência não pode ser um atributo, pois pode-se atribuir qualidades a um sujeito de forma relativa (sujeito--atributo), sendo que os atributos são dados como possíveis e a existência desse sujeito é dada como contingente.

Aqui a própria existência não pode ser um predicado. Eu digo: "Deus é uma coisa existente", então parece, como se eu exprimisse a relação de um predicado a um sujeito. Todavia, há também uma incorreção nessa expressão. Para ser preciso, deve-se dizer: alguma coisa existente é Deus, ou seja, a alguma coisa que é existente convém os predicados que, tomados em conjunto, são designados pela expressão Deus. Esses predicados são colocados de modo relativo a esse sujeito, mas a própria coisa, com todos os seus predicados, é colocada pura e simplesmente (absolutamente)[59] (BDG, AA 02: p. 74, tradução nossa).

É preciso compreender que os predicados de um sujeito possível são os mesmos predicados se esse é um sujeito real, portanto, nada é acrescentado. Desse modo, se a existência fosse um atributo, o objeto real possuiria mais predicados em relação à sua fase de objeto possível e, com relação à contingência, um simples possível pode ou não existir: ele pode conter todos os atributos possíveis para sua existência e mesmo assim não existir.

---

58 Der Beweisgrund von dem Dasein Gottes, den wir geben, ist lediglich darauf erbauet, weil etwas möglich ist. Demnach ist er ein Beweis, der vollkommen *a priori* geführt werden kann.
59 Das Dasein kann daher selber kein Prädicat sein. Sage ich: Gott ist ein existirend Ding, so scheint es, als wenn ich die Beziehung eines Prädicats zum Subjecte ausdrückte. Allein es liegt auch eine Unrichtigkeit in diesem Ausdruck. Genau gesagt, sollte es heißen: Etwas Existirendes ist Gott, das ist, einem existirenden Dinge kommen diejenigen Prädicate zu, die wir zusammen genommen durch den Ausdruck: Gott, bezeichnen. Diese Prädicate sind beziehungsweise auf dieses Subject gesetzt, allein das Ding selber sammt allen Prädicaten ist schlechthin gesetzt.

Na segunda parte, Kant observa os acontecimentos da natureza e busca, a partir deles, a existência de um princípio único e supremo postulando um ser absolutamente perfeito como causa de certos desdobramentos do mundo físico, encontra-se aqui a prova *a posteriori* ou mesmo cosmológica.

> Se, na presença de tais ordenamentos da natureza, se é autorizado a perguntar por um fundamento do acordo completo do universo, seria ao menos enquanto se constata a regularidade e unidade nas determinações infinitas e múltiplas do espaço? Essa harmonia, porque ela é necessária, é menos estranha?[60] (BDG, AA 02: p. 95, tradução nossa)

Na natureza, é possível observar uma harmonia a qual é preciso interrogar-se na busca por sua causa. A própria essência das coisas pode determinar a sua harmonia, porém, subordinada a um princípio único, pois a possibilidade das coisas fornece o material para a harmonia; todavia, as existências dependem de Deus, o Ser que é dado como possuidor do fundamento de toda existência. Os fenômenos que ocorrem na natureza estão submetidos às leis gerais que se explicam por si mesmas, mas quando se observa acontecimentos que não possuem uma explicação satisfatória, atribui-se tal fato à onipotência de um Ser responsável por esses fenômenos sobrenaturais (como furacão, maremoto, terremoto etc.). Com efeito, tal harmonia dependeria de um Deus que criaria leis que interagiriam e sobre a matéria atuariam para empreender uma perfeição, sobretudo, haveria uma dependência da matéria com suas leis em relação a um princípio supremo e necessário a toda mudança.

---

60 Wenn man bei dergleichen Anordnungen der Natur berechtigt ist nach einem Grunde einer so weit erstreckten Übereinstimmung des Mannigfaltigen zu fragen, soll man es denn weniger sein bei Wahrnehmung des Ebenmaßes und der Einheit in den unendlich vielfältigen Bestimmungen des Raums? Ist diese Harmonie darum weniger befremdlich, weil sie nothwendig ist?

Consequentemente, Kant afirma que não há a necessidade de uma atuação direta de Deus no mundo, através de milagres, para que o mundo caminhe em direção à perfeição, pois tal intervenção milagrosa reduziria a ordem natural a um resultado insatisfatório (sem valor próprio) e assim seria preciso recorrer ao sobrenatural para explicar a perfeição do universo.

No contexto da ordem natural, não se pode duvidar de que existe uma ligação de Deus com o mundo físico, já que esse é o autor da matéria e para muitos o criador do universo na escolha do melhor dos mundos possíveis em uma harmonia preestabelecida (Leibniz). Todavia, deve-se considerar um Deus que cria, mas não intervém, ou seja, um ordenador da matéria primeira que depois de criada se desenvolve e se constitui por meio das leis gerais do movimento (leis mecânicas), e não uma matéria que contenha em si uma predeterminação do que venha a ser dentro do universo que se constitui.[61]

Destarte, ao final da segunda parte, Kant afirma que a existência de um Ser todo suficiente, todo poderoso, que possui as possibilidades e os fundamentos da existência é hipotética. Deve-se postular a existência de Deus que contém a possibilidade do real, mas não se pode afirmar, como Leibniz, que Deus escolhe o melhor dos mundos possíveis e efetiva a sua existência, pois se observa a atuação das leis gerais no curso do mundo e os diversos resultados não se coadunam com uma possível escolha divina, já que uma criação divina não conteria as imperfeições que frequentemente estão presentes na natureza.

Por fim, na terceira parte, Kant conclui que tanto a prova *a priori* quanto *a posteriori* não demonstram efetivamente que Deus existe. Assim, ele se dirige contra o racionalismo que prova a existência de Deus por inferências lógicas, corroborando sua crítica com a distinção entre predicado real e predicado verbal, demonstrando que a existência não é um atributo e não é algo contingente.

---

61 Ver: NTH, AA 01: pp. 225-226.

Ainda nesse contexto, deve-se observar que no período pré-crítico Deus é uma *existência teológica* (Ser Supremo). Em *Crítica*, Deus é um *princípio regulativo*, uma ideia da razão, a unidade teológica que "fecha" o sistema metafísico. Nesse sentido, se Kant tivesse mantido Deus como Ser teológico na *Crítica*, a metafísica tradicional teria demarcado o seu fim (parte final da Dialética Transcendental). Porém, Kant pressupõe que Deus existe, mesmo que não se possa provar, *in concreto*, a sua existência. Portanto, o Deus da *Crítica* é um Ser de sistema, mas não deixa de ser o Ser Supremo, um ser teológico.

Na opinião de Schönfeld (2000), no âmbito do Projeto Pré-crítico o *Único argumento possível* se encaixa como um escrito que não privilegia somente um lado da questão, qual seja, provar a existência de Deus pelo viés metafísico (racional), e pelo viés da ciência (empírico). Portanto, Kant promove sua especulação em três provas: ontológica, cosmológica e físico-teológica.[62] Acreditando, por fim, que o único argumento possível é o ontológico, uma vez que nem por um viés e nem por outro é possível provar a existência de Deus. Porém, é possível dizer que Ele existe, mas não é preciso demonstrar sua existência;[63] Ele pode ser ao menos pensável.[64] Nesse sentido,

---

[62] Os três argumentos que equivalem para provar a existência de Deus possuem, em algum sentido, algo semelhante às três ideias transcendentais: *psicologia*, a unidade absoluta do sujeito lógico, o sujeito pensante como objeto real (o Eu); *cosmologia*, a unidade absoluta das séries causais da experiência, o mundo orgânico em causa e efeito (o Mundo); *teologia*, a unidade absoluta e incondicionada de todos os objetos do pensamento em geral, a condição suprema de tudo e de tudo aquilo que é possível (Deus).

[63] Essa argumentação está presente no *Único argumento possível* (BDG, AA 02: p. 163).

[64] Dizer que o *Ente Supremo* pode ser pensável, mesmo que não se possa demonstrar sua existência efetiva, corresponde à argumentação acerca da distinção entre fenômeno e coisa em si (presente no capítulo: "Do fundamento da distinção de todos os objetos em geral em Phaenomena e noumena" em *Crítica da razão pura*), em que o númeno (coisa em si) não pode ser conhecido, mas pode ser, ao menos, pensado ao

Schönfeld conclui que com o *Único argumento possível*[65] Kant ainda buscava reconciliar a ciência com a metafísica; e, com a investigação da existência de Deus, como argumento ontológico, Kant procurava uma "ponte" da filosofia natural para a teologia racional (o que pode ser entendido como uma passagem do sensível para o suprassensível, que diz respeito ao terceiro "estádio" da metafísica: o criticismo).[66]

Além das três provas possíveis para a existência de Deus, há a prova que mais nos interessa e que é o primeiro passo contra o argumento ontológico que será a base da crítica kantiana enunciada em 1763. A prova primordial de Kant é aquela que afirma a existência como *posição absoluta*, ou seja, a existência não é predicado, ela não agrega nada ao conceito de simples possível e o ser realmente existente só pode existir no espaço e tempo; isto é, possui uma posição no espaço e é pensado através do tempo. Além disso, na *Reflexão 4261*, Kant afirma que uma prova da existência de Deus como dogma *a priori* é impossível.[67] Essa prova corrobora o amadurecimento do pensamento kantiano, pois trata da impossibilidade do argumento ontológico com sua determinação lógica (oposição lógica), salientando que o existente se encontra no campo sensível, uma vez que ele está submetido a mudanças e à causalidade (oposição real) – visto que a causalidade só se desenrola na experiência –, afirma que

---

mesmo tempo em que o entendimento abarca os objetos como fenômenos (KrV, B, pp. 306-307).

65 Vale notar que no *Único argumento possível* a existência de Deus é dada como prova ontológica. Na *Crítica da razão pura,* Deus é dado como um *princípio regulativo*; na Dialética Transcendental, Kant conclui que demonstrações teoréticas da existência de Deus são impossíveis (KrV, B, p. 647).

66 Ver FM, AA 20: p. 260.

67 *Reflexão 4261:* "Man kan das Dasein Gottes entweder als eine nothwendige *hypothesin* zur Erkenntnis des Daseins andrer Dinge oder als ein dogma *a priori* beweisen wollen. Das letztere ist unmöglich".

espaço e tempo são os responsáveis pelas representações e um conceito racional só possui validade objetiva em uma experiência possível.[68]

Com isso, pode-se dizer que é impossível demostrar a existência de Deus por meio do procedimento analítico da razão, uma vez que a existência não pode ser concebida *a priori* pela definição de sua essência (processo analítico), mas sim pela sua própria existência enquanto objeto da experiência. O mesmo ocorre no plano da causalidade – na argumentação de *Grandezas negativas* – uma vez que a causa real não é razão lógica, pois a primeira tem função de alteridade e a segunda função de identidade. Desse modo, a necessidade da causa não poderá ser demostrada de modo analítico, ou seja, a oposião real deverá ser sintética – trataremos disso mais adiante.

Assim, *O único argumento possível para uma demostração da existência de Deus* é uma obra que busca demonstrar a prova da existência de Deus, dada como certa em 1755 em *História universal da natureza e teoria do céu* e contestada no mesmo ano com *Nova Dilucidatio*. Nela encontram-se dois tipos de provas: de um lado a prova *a priori* (ontológica); de outro lado a prova *a posteriori*, que parte da observação da experiência em direção ao ente absolutamente necessário (Deus). As duas provas, segundo Kant, são possíveis, porém, nem uma e nem outra demonstram efetivamente a existência de Deus. Nesse sentido, no final da obra ele afirma: "é inteiramente necessário que se convença da existência de Deus, mas não é do mesmo modo necessário que se a demonstre"[69] (BDG,

---

68 Na *Dissertação de 1770*, nos parágrafos 26 e 27, tal argumentação pode ser corroborada quando se afirma que o objeto somente é possível quando dado na *intuição*; ou seja, tudo o que existe está num lugar (espaço) e num tempo.

69 Es ist durchaus nöthig, daß man sich vom Dasein Gottes überzeuge; es ist aber nicht eben so nöthig, daß man es demonstrire.

AA 02: p. 163, tradução nossa). Isso leva a dizer que é preciso postular que existe um ser absolutamente necessário, mas a demonstração de sua existência escapa à capacidade da razão, ou melhor, a razão em seu uso especulativo não prova que Deus existe, somente infere sua existência com argumentos lógicos e se ilude ao querer atingir um mundo que está acima de seu alcance – eis a crítica à razão.[70]

Nesse sentido, na próxima seção, a base para a argumentação será o *argumento ontológico*,[71] que será utilizado para provar a existência de Deus a fim de esboçar o contraponto do argumento cartesiano do ponto de vista leibniziano para então desembocar na posição kantiana. Para a investigação tomaremos como apoio o artigo de António D. Morais intitulado *O argumento ontológico de Leibniz*, cujo conteúdo compartilha com a nossa interpretação.

---

70 Em Caranti (2003, p. 289, nota, grifo do autor) encontra-se algo parecido a essa argumentação, ele diz: "One should remember though, that even in the *Beweisgrund* Kant warns us that metaphysics is a "groundless abyss" and that belief in the existence of God would be on shaky bases if it had to resto on a metaphysical proof". Ou seja, a prova da existência de Deus permaneceria instável em uma prova metafísica.

71 O que aqui chamamos de "argumento ontológico" é uma interpretação do argumento único de Santo Anselmo que, segundo Kant, possui a forma e o conteúdo de um argumento ontológico. Assim, pode-se afirmar que o uso dessa expressão foi "cunhada" por Kant e utilizada ao longo da história da filosofia; ademais, a caracterização do argumento anselmiano acerca da perfeição divina foi determinada como "ideia de perfeição" no contexto da filosofia de Hegel. Essas duas observações são relevantes para entendermos que a prova da existência de Deus cartesiana é uma versão da prova de Santo Anselmo, prova essa que ressalta a grandeza divina em caráter negativo: não há nada possível de ser pensado que seja maior do que Deus; em Descartes encontra-se, portanto, uma prova que configura a expressão divina como perfeita: um ser imperfeito (homem) só pode se originar de algo perfeito: Deus (MARTINES, 1997).

1.2.2 - Sobre o argumento ontológico de Descartes e Leibniz: apresentação

No curso da filosofia de Leibniz, observa-se que a figura divina é a base para sua investigação, uma vez que a escolha do melhor dos mundos possíveis e o princípio da razão suficiente se configuram na expressão divina. Nesse sentido, Leibniz toma o argumento ontológico cartesiano e o veste com outra roupagem a fim de justificar a existência de um ente supremo que detém em suas mãos o comando do mundo e o poder da criação.

Acerca da existência de Deus, Descartes dispõe de três proposições, em forma de silogismos, que determinam a existência de um ser supremo por *perfeição*, *causa* e *substância perfeita*.

A primeira proposição afirma que "a existência de Deus é conhecida pela simples consideração de sua natureza" (1996, p. 379), que consiste no que segue: o atributo está contido na natureza de uma coisa; a existência está em Deus, logo: Deus existe. A segunda proposição diz que "a existência de Deus é demonstrada por seus efeitos, pelo simples fato de sua ideia estar em nós" (1996, pp. 379-380), do modo como segue: há a necessidade de uma causa para a realidade objetiva das ideias; temos a ideia de Deus em nós, mas a realidade objetiva está no próprio Deus; se há a ideia de Deus em nós, exige-se presumir que ele exista; logo: Deus existe. Por fim, a terceira proposição consiste em afirmar que "a existência de Deus é ainda demonstrada pelo fato de nós próprios, que temos em nós a ideia de Deus, existirmos" (1996, pp. 380-381). Assim: não me conservo por mim mesmo, pois desse modo iria atribuir-me todas as perfeições que me faltam; se não me conservo por mim mesmo, sou conservado por outro ser. Assim, esse ser possui tudo que está em mim; possuo, ao mesmo tempo, a ideia das imperfeições que me faltam e a ideia de Deus. Ou seja, aquele ser possui também a noção que possuo sobre as coisas que me faltam; logo, elevo a ele as perfeições que não possuo, e essas residem em alguém; portanto: Deus existe.

Pela *primeira*, tem-se que somente o Perfeito produz o Imperfeito, logo, se sou imperfeito, necessito de algo que me seja superior e tenha a perfeição, ou seja, Deus. Pela *segunda*, tem-se a Causa e o Efeito, uma vez que não me conservo por mim mesmo, pois, se tivesse esse poder eu seria perfeito, necessito de uma causa para minha conservação, logo: Deus existe. A *terceira* considera a substância pensante (eu) e a substância perfeita (Deus), uma vez que tenho a ideia de Deus em mim, ou seja, se para tudo o que existe pode ser pensado uma causa, e eu existo, assim deve haver uma causa para minha existência, e essa causa é Deus, e assim: Deus existe.

Em resumo, pode-se considerar a prova cartesiana acerca da existência de Deus do modo como segue: 1) O ser perfeito (supremo) possui todas as perfeições; 2) Existência é uma perfeição; 3) Portanto, o ser perfeito, que é Deus, existe. Ao contrário, Leibniz[72] contorna essa prova[73] do seguinte modo:

---

72 Segundo Leibniz, Deus é um ser que, dado sua possibilidade, existe necessariamente. Na *La Monadologie*, entre os §§38-45, pode-se verificar as afirmações acerca da existência de Deus, como o ser da razão suficiente e existência absolutamente necessária: "Et c'est ainsi que la dernière raison des choses doit être dans une substance nécessaire, dans laquelle le détail des changements ne soit qu'éminemment, comme dans la source, et c'est ce que nous appelons *Dieu*. Or, cette substance étant une raison suffisante de tout ce détail, lequel aussi est lié partout, *Il n'y a qu'un Dieu, et ce Dieu suffit*. [...] D'où il s'ensuit que Dieu est absolument parfait. [...] Il est vrai aussi qu'en Dieu est non seulement la source des existence, mais encore celle des essences, en tant que réelles ou de ce qu'il y a réel dans la possibilite: c'est parce que l'entendement de Dieu est la région des vérité éternelles ou des idées dont elles dépendent, et que sans lui il n'y aurait rien de réel dans les possibilites, et non seulement rien d'existant, mais encore rien de possible [...] l'existence de l'etre nécessaire, dans lequel l'essence referme l'existence ou dans lequel il suffit d'Être possible pour être actuel. [...] Ainsi Dieu seul (ou l'Être nécessaire) a ce privilége qu'il faut qu'il existe, s'il est possible" (1962, pp. 497-498, grifo do autor).

73 Em um capítulo dos *Nouveaux Essais sur l'Entendement Humain* (Livro IV, capítulo IX), Leibniz aponta sua crítica à prova ontológica car-

1) O ser necessário existe; 2) Deus é o ser necessário; 3) Portanto, Deus existe. Diante das duas provas, considerando as premissas de número 2, pode-se concluir que no argumento ontológico cartesiano passa-se da ideia de Deus (perfeito) à existência, ao passo que no argumento leibniziano, passa-se da definição (essência) à existência; tem-se assim, como ponto de partida no primeiro caso o "ser perfeito" e no segundo o "ser necessário".

Na visão de Morais (1962) a análise do argumento leibniziano poderia se comportar como uma tautologia, pois da essência se descobre a possibilidade de existir, ou seja, essência pressupõe existência, por conseguinte, atingida a possibilidade se alcança a existência. Isso conduz a afirmar que em Leibniz pode-se inferir da essência a possibilidade (em particular), o qual equivale dizer que existir pela essência seria o mesmo que existir pela possibilidade; portanto: se é possível, pode existir.[74]

A conclusão que chega Leibniz é dizer que somente "ser necessário" não basta para deduzir a existência, ainda é preciso saber se o ser é possível, uma vez que será a possibilidade que irá confirmar a originalidade do argumento leibniziano. Desse modo, o problema está em passar da ideia de Deus à sua própria existência (como ocorre em Descartes). Pode-se perceber que Leibniz muda o ponto de partida para fundamentar a prova da existência de Deus, ou seja, afirma que é preciso partir da possibilidade de algo existir e não partir da perfeição. Além disso, é possível dizer que Descartes parte do princípio de que tendo a ideia de uma coisa e seguindo a

---

tesiana, concluindo que *da possibilidade da existência de Deus, ele existe necessariamente* (tal como na Monadologie).

74 Considerando tal argumento, pode-se perceber que a existência equivale à determinação completa do ser – tomando a prova leibniziana – a isso, Kant responderia que o existente está determinado completamente, porém, o completamente determinado não existe necessariamente – tomando como ponto de referência a existência ou não do *simples possível*.

sua definição pode-se provar a sua existência. Ao contrário, em Leibniz, seria preciso saber se a definição é real (possível) e que não comporta contradição para posteriormente concluir se o ser existe de fato.

Seguindo o que foi dito e tomando de empréstimo a interpretação de Morais (1962), pode-se afirmar que o embate entre Descartes e Leibniz está configurado na teoria do conhecimento de cada um. O primeiro diz: a percepção de uma ideia clara e distinta deve possuir uma correspondência na existência; assim, se possuímos uma ideia clara e distinta de Deus, Deus existe. O segundo diz: perceber uma ideia clara e distinta não basta para determinar a existência de algo, deve-se ter a possibilidade da ideia do objeto para então inferir a existência.

Com a tentativa de reformular o argumento ontológico, Leibniz contrapõe Descartes promovendo uma distinção entre definição nominal e definição real[75] que, ao final, serviria para demonstrar a prova *a priori* da existência de Deus – se é necessário, existe. O predicado nominal deve ser entendido como uma enumeração de características suficientes de uma coisa que a distingue das outras, ao passo que a definição real configura a possibilidade da coisa. Essa contraposição desemboca no seguinte problema: saber se o "ser necessário" ou "ser perfeito" é uma definição real ou nominal, pois somente a definição nominal não bastaria para o conhecimento.[76]

---

75 Em Kant, essas definições se configuram, respectivamente, como: predicado verbal e predicado real.

76 Em Kant tem-se a constatação já na *Nova Dilucidatio* (1755) de que o princípio de contradição não basta para determinar existência e conhecimento, propondo que existem predicados verbal e real, ou seja, existem juízos predicativos e juízos de existência, uma vez que o primeiro pressupõe e necessita do segundo para provar ou demonstrar um conceito (possível). Tem-se aqui a articulação de definição nominal e real (Leibniz), predicado verbal e real (*Único argumento possível*) e juízos predicativos e existenciais (*Crítica*), além da existência efetiva ou não do simples possível (Leibniz, Wolff e *Único argumento possível*).

Nesse contexto, Kant se insere como aquele que acredita no "poder" da razão, mas não vê os argumentos lógicos como possibilidade para provar a existência de Deus, além de conduzir a razão ao ápice do conhecimento promovendo a passagem de inferências lógicas ao plano do real (empírico). Diante disso, no *Único argumento possível*, encontra-se uma crítica ao argumento ontológico, no qual a razão se coloca como a responsável pela demonstração da existência do ser divino, ao passo que Kant afirma que a razão só pode determinar a possibilidade das coisas (essência) e não a existência das mesmas. Na opinião de Joseph Marechal (1958, p. 62ss), tanto o argumento ontológico quanto o argumento cosmológico são dissolvidos, já que a existência não é expressa de modo absoluto por um predicado e não é objeto de demonstração analítica (a prova ontológica cai por terra); no mesmo sentido, a causa não é demonstrável analiticamente (o argumento cosmológico tradicional cai por terra, pois ele tem como base a contingência das coisas existentes e sua causa transcendente).

Partindo do viés cartesiano-leibniziano, brevemente esboçado, tentaremos compreender a argumentação kantiana que toma como base o argumento ontológico na tentativa de impor limites à razão, além de promover uma investigação que refuta a existência de Deus que permanecia desde o ano de 1755,[77]

---

[77] Na *História universal*, Kant parte da harmonia das leis da natureza e da beleza do universo e conclui como consequência um intelecto divino; obtêm-se, portanto, uma prova *a posteriori* da existência de Deus. Essa se configura como uma prova cosmológica, que parte do conhecimento científico da natureza e suas leis, além de constituir um caráter gnoseológico, o qual aponta um intelecto divino como responsável pela harmonia das leis e pela conexão recíproca dos fenômenos. Já na *Nova Dilucidatio*, tem-se um argumento semelhante ao *Único argumento possível* com respeito à conexão das substâncias, sua relação e existência (prova *a posteriori*). Entretanto, aparece outra via para a prova da existência de Deus, uma via *a priori*, um argumento metafísico que afirma a possibilidade interna dos reais (existentes) como dependente da existência necessária de Deus – prova ontológica.

em que Kant se aproximava de Newton e, posteriormente, se afastava do racionalismo da Escola Leibniz-wolffiana acerca da existência de Deus e do princípio de razão suficiente,[78] bem como o princípio de contradição tão caro à crítica aos racionalistas.

1.2.3 - A crítica ao argumento ontológico

No início do *Único argumento possível*, Kant apresenta sua crítica ao argumento ontológico cartesiano vestido com a roupagem do argumento de Leibniz. Nesse sentido, ele caminha na direção da crítica ao racionalismo, que configura a razão como aquela que pode por si mesma demonstrar e provar a existência dos objetos por meio de inferências lógicas sem comprovação empírica, sem validade objetiva.

---

[78] Leibniz e Wolff possuem um racionalismo pluralista, algo a mais que o monismo, mas com inspiração cartesiana. Leibniz faz uma conciliação entre método da Escolástica e método cartesiano (o racionalismo da ideia clara e distinta, a qual precisa ter seu lugar num sistema racional, e deve justificar-se de modo racional). Ao lado de Espinosa, Leibniz adota o monismo da substância. Portanto, existe a pluralidade de substâncias, um princípio geral de inteligibilidade, o princípio de razão suficiente. Tal princípio, ao lado de Descartes, mostra uma relação dinâmica das coisas e um dinamismo lógico do espírito. Nesse sentido, o *princípio de razão suficiente* mostra que as coisas por si mesmas não podem colocar sua própria inteligibilidade, portanto, é preciso pressupor algo absoluto, seu complemento de inteligibilidade: razão suficiente ou causa transcendente. Assim, tal princípio permite concluir de uma existência outra existência distinta. Como é sabido, Wolff foi discípulo de Leibniz, mas não de modo restrito. Do mestre aproveitou só os princípios originais e buscou reduzir o princípio de razão suficiente ao princípio de não contradição. Portanto, vale dizer que o dogmatismo de Leibniz tem sua origem no dinamismo da razão e na pluralidade das substâncias. Sobre esse assunto ver: Joseph Marechal (1958). Volume II, livro I, capítulo V.

Nesse contexto, na primeira parte da obra de 1763, Kant argumenta que a existência não é atributo e muito menos uma determinação, além disso, a existência é posição absoluta.[79] Com isso, Kant engendra sua crítica àqueles que ele chama de dogmáticos utilizando-se do argumento ontológico.

Afirmar que um conceito possui todos os atributos possíveis para sua existência não garante que ele realmente exista; ademais, se ele existir de fato não possuirá nada *a mais* do que possuía enquanto era somente conceito, ou seja, a existência não agrega nada ao objeto real.

> *Essa proposição parece estranha e absurda, mesmo assim ela é certamente correta. Tome um sujeito, o qual você queira, por exemplo, Júlio César. Reúna todos os atributos que lhe são imagináveis, sem excluir mesmo aqueles de tempo e lugar, junto a eles, você logo compreende, que com todas essas determinações ele pode existir ou também pode não existir. O Ser, que deu a existência a esse mundo e no mundo a esse herói, poderia conhecer todos esses predicados sem exceção de nenhum e o conceber como um simples possível, que, salvo seu decreto, não existe. Quem pode discordar, que milhões das coisas, que realmente não existem, com todos os predicados, que conteriam se existissem, seriam apenas coisas possíveis; que na representação que o Ser supremo delas tem, não faltaria nenhuma determinação, ainda que a existência não seja compreendida, pois ele apenas as reconhece como coisas possíveis. Não pode ocorrer, que, se elas existirem, um predicado a mais, pois junto à possibilidade de uma coisa com todas suas determinações*

---

79 Na *Reflexão 4729*, Kant afirma que a existência não é um predicado, mas sim uma posição absoluta: "Das Dasein eines Dinges kan niemals aus bloßen Begriffen bewiesen sein werden, weil das Dasein *nicht eins von den praedicaten ist* und weil aus Begriffen nichts weiter als das respective beiahen oder verneinen, nicht aber die *absolute position* des obiects mit seinen Prädicaten kann geschlossen werden. Der Begrif, welcher zum Grunde liegt, ist eine nothwendige Voraussetzung und scheint darum ein Begriff vom nothwendigen Wesen zu sein" (grifo nosso).

*não pode faltar nenhum predicado.*⁸⁰ (BDG, AA 02: p. 72, tradução nossa)

Pode-se perceber que um ser possível deve possuir os mesmos atributos que um ser real, logo, a existência como atributo, se acrescentada a um ser real, ultrapassaria as características de um ser possível; portanto, a existência não é um atributo e afirmar que "Deus existe" não prova efetivamente sua existência. Um exemplo clássico para se compreender a argumentação acima é o exemplo do *unicórnio*. Nunca ocorreu um relato que comprovasse a existência desse animal, mas se um dia constatarmos sua presença em nosso campo sensível saberemos que é realmente um unicórnio, pois ele não terá nada a mais do que quatro patas, rabo, cabeça, aparência de cavalo e um chifre. Com efeito, o conceito de unicórnio obtido por meio de um raciocínio lógico promove um conceito de simples possível, uma vez que ele permanece como conceito e, se um dia existir, o real não será diferente do possível.

O conceito de simples possível deve ser ententido como um "ser" que contém todos os atributos necessários para

---

80 Dieser Satz scheint seltsam und widersinnig, allein er ist ungezweifelt gewiß. Nehmet ein Subject, welches ihr wollt, z.E. den Julius Cäsar. Fasset alle seine erdenkliche Prädicate, selbst die der Zeit und des Orts nicht ausgenommen, in ihm zusammen, so werdet ihr bald begreifen, daß er mit allen diesen Bestimmungen existiren, oder auch nicht existiren kann. Das Wesen, welches dieser Welt und diesem Helden in derselben das Dasein gab, konnte alle diese Prädicate, nicht ein einiges ausgenommen, erkennen und ihn doch als ein blos möglich Ding ansehen, das, seinen Rathschluß ausgenommen, nicht existirt. Wer kann in Abrede ziehen, daß Millionen von Dingen, die wirklich nicht dasind, nach allen Prädicaten, die sie enthalten würden, wenn sie existirten, blos möglich seien; daß in der Vorstellung, die das höchste Wesen von ihnen hat, nicht eine einzige Bestimmung ermangele, obgleich das Dasein nicht mit darunter ist, denn es erkennt sie nur als mögliche Dinge. Es kann also nicht statt finden, daß, wenn sie existiren, sie ein Prädicat mehr enthielten, denn bei der Möglichkeit eines Dinges nach seiner durchgängigen Bestimmung kann gar kein Prädicat fehlen.

sua existência, pondendo ou não existir – como o caso do unicórnio – se eu encontro na natureza um "ser" que corresponde às mesmas características daquilo que se encontra como conceito lógico (simples possível), tal conceito existe como real (está posto). Ou seja, um certo "ser" existente na natureza contém os mesmos atributos do "ser" pensado (concebido de modo lógico). Portanto, um simples possível é algo que pode existir desde que exista na natureza algo que a ele corresponde; ou, pode não existir efetivamente na natureza, mas existe enquanto conceito, que contém todas as características necessárias para sua existência (e não se encontra em contradição consigo mesmo) (BDG, AA 02: pp. 72-73). Consequentemente, pode-se considerar que a existência nada acrescenta ao objeto que realmente existe.[81]

> *A existência, portanto, não acrescenta nada à qualificação ou caracterização conceitual de uma coisa; não é uma nova nota que se agrega a outra na compreensão de um conceito ou em uma definição.*[82] (CAMPO, 1953, p. 283, tradução nossa)

Diante da citação, pode-se corroborar que a existência não se configura como uma determinação, ou seja, dizer que

---

81 O exemplo clássico utilizado por Kant (KrV, B 627) para demonstrar que a existência não acrescenta nada ao conceito dado como real é o dos 100 táleres no bolso e 100 táleres na mente. O conceito é o mesmo, mas um existe de fato e o outro permanece como possibilidade de existência. Nesse sentido, a existência de 100 táleres no bolso não possui valor maior do que os 100 táleres na mente (esse argumento foi utilizado pela primeira vez na obra de Bering *Apreciação da prova da existência de Deus baseada no conceito de uma realidade perfeita e necessária*, sendo utilizado por Kant em suas explicações sobre a existência de Deus na *Crítica da razão pura* (BRITO, 1988).

82 L'esistenza no aggiunge dunque nulla alla qualificazione o caratterizzazione concettuale do una cosa; non è una nuove nota che si aggiunga alle altre nella compresione di un concetto o in una definizione (CAMPO, 1953, p. 283).

algo existe não prova que ele existe efetivamente e o que realmente existe não possui nada *a mais* do que o próprio conceito. No entanto, na citação anterior, Kant se opõe a Leibniz claramente, pois para esse a possibilidade de algo existir já determinava sua existência (ao passo que para Descartes a perfeição era o critério para a existência, nesse caso, a existência de Deus). Deve-se compreender, portanto, que provar a existência de Deus é de suma importância para as argumentações que Kant empreenderá ao longo da década de 1760. Isso porque, dada a devida atenção à citação retirada do *Único argumento possível*, é provável perceber pelo menos duas constatações importantes, a saber: a existência não agrega nada ao conceito do real e aquilo que existe de fato deve ser dado no campo da sensibilidade. Essas duas afirmações correspondem à posição que Kant tomará em *Grandezas negativas* ao afirmar que a oposição real pode determinar aquilo que existe sobrepujando a oposição lógica (princípio de contradição), a qual era dada como a única responsável pela existência das coisas. Além disso, o existente está presente no espaço e tempo, ou seja, sua representação é abarcada na experiência mediante o espaço e tempo, que na *Dissertação de 1770* e também na *Crítica* são configurados como "formas" puras da sensibilidade[83] corroborando o argumento kantiano de que a existência é uma posição absoluta.

> [...] *Em um existente não se coloca nada mais do que em um simples possível (pois é a questão, então, de seus próprios*

---

83 Na *Dissertação de 1770*, não aparece a expressão "formas puras da sensibilidade" com respeito à formulação de espaço e tempo como a "receptividade" do sujeito. Aqui, Kant se refere a espaço e tempo como *condições* de receptividade do sujeito, ou condições da sensibilidade, condições de representação. Na *Crítica*, tal expressão é melhor empregada, mas, a conclusão, tanto em uma obra quanto na outra, é a mesma: espaço e tempo são como "formas" de apreensão dos objetos sensíveis.

101

> *predicados), somente através de algo existente coloca-se algo a mais que um simples possível, pois isso diz respeito à posição absoluta da mesma coisa.*[84] (BDG, AA 02: p. 75, grifo nosso, tradução nossa)

Aqui, pode-se observar que a existência é algo *a mais* como posição, mas com relação ao conteúdo (do conceito enquanto possível) nada é acrescentado. Nesse sentido, tem-se que a existência é posição absoluta (tese positiva) ao mesmo tempo em que ela não é um predicado real (tese negativa).

Em *Preleções de metafísica* (Pölitz), é possível constatar a explicação de Kant acerca da existência como posição absoluta, ao mesmo tempo em que ele teria afirmado que no "existente" não há nada *a mais* do que no conceito de simples possível e tudo aquilo que é possível pode existir, se e somente se não se encontra em contradição. Aqui, ao menos, pode-se dizer que o princípio de contradição, tão caro à escola Leibniz-wolffiana e constestado por Kant, serve para "prescrever" a possibilidade do simples possível, mas não é possível provar a sua existência somente pelo princípio de contradição, é preciso que aquilo que pode existir seja dado e tenha uma posição no espaço; e isso, não é garantido pelo princípio de contradição, nem mesmo pelo princípio de razão suficiente, já que se assim fosse, o possível existiria sem ser preciso constatar sua existência dentro do campo da experiência sensível, pois o mesmo seria real-existente por meio da relação lógico-formal (inferência lógica) – o que não é o caso.

Segundo *Preleções de metafísica* (Pölitz): na realidade efetiva nada é dado a mais do que no sujeito, enquanto possível, uma vez que a possibilidade é colocada na realidade

---

84 [...] In einem Existirenden wird nichts mehr gesetzt als in einem blos Möglichen (denn alsdann ist die Rede von den Prädicaten desselben), allein durch etwas Existirendes wird mehr gesetzt als durch ein blos Mögliches, denn dieses geht auch auf absolute Position der Sache selbst.

com todos os seus predicados, sem exceção. Na possibilidade, os predicados possuem uma *posição respectiva*,[85] ou seja, os predicados são colocados apenas em pensamento. A possibilidade lógica pode ser conhecida pelo princípio de contradição, e tudo o que existe é determinado sendo a coisa "posta" com todos os seus predicados. Tudo aquilo que é pensado, é possível; e tudo aquilo que é dado, é existente; e tudo o que é dado, pode também ser pensado. Nas escolas diziam: *a existência é o complemento da possibilidade*. Porém, a verdadeira explicação da existência é: *existência é posição absoluta*. Ela não pode ser o complemento e nem o predicado das coisas, mas sim o composto da coisa com todos os seus predicados. Assim, a existência não é algo a mais que se acrescenta como predicado de algo, mas sim a posição daquilo que existe[86] (V-MP-L 1, AA 28: pp. 40-41).

---

85 No *Único argumento possível*, Kant não trata da *possibilidade* (simples possível que existe pela possibilidade lógica) como *posição respectiva*, tal como está enunciado em *Preleções de metafísica* (Pölitz). Mesmo assim, Kant afirma, no primeiro, que é possível pensar algo com todos os seus predicados, que podem fazer com que esse algo exista, mesmo que não venha a existir; permanecendo como um simples possível. O que pode equivaler à *posição relativa*, ou seja, a relação entre sujeito e predicado, por meio da cópual "ser".

86 Durch die Wirklichkeit wird dem Subjecte nichts mehr gegeben, als durch die Möglichkeit; die Möglichkeit mit allen Prädicaten wird nur absolut gesetzt; bey der Möglichkeit wurden diese Prädicate nur in Gedanken respective gesetzt. Ersteres ist *positio absoluta*, letzteres *respectiva*. Die logische Möglichkeit erkenne ich durch den Satz des Widerspruchs. Alles was existirt, ist zwar durchgängig bestimmt; allein bey der Existenz wird das Ding mit allen seinen Prädicaten gesetzt, und also durchgängig bestimmt. Die Existenz ist aber nicht der Begriff der durchgängigen Bestimmung; denn diese kann ich nicht erkennen, und es gehört dazu die Allwissenheit. Die Existenz muß also nicht vom Begriff der durchgängigen Bestimmung abhängen, sondern umgekehrt. Ist etwas nur gedacht; so ists möglich. Ist etwas darum gedacht, weil es schon gegeben ist, so ists wirklich. Und ist etwas darum gegeben, weil es gedacht ist; so ist es nothwendig. Durchs Daseyn an dem Dinge

A existência como posição absoluta promove a prova que Kant necessita para seu caminho crítico,[87] pois ao afirmar que o existente é dado na sensibilidade, ele confirma o espaço e tempo como meios necessários para a representação dos fenômenos e confirma a necessidade de impor limites à razão, uma vez que ela não consegue abarcar seres que ultrapassam a experiência possível – como Deus – e se insistir em abarcá-los poderá ser levada à ilusão (ao emitir juízos de existência aos supostos conceitos lógicos, os quais são determinados e, de certo modo, compreendidos por meio de juízos de inferência – silogismos). Essa ilusão poderá ser constatada em pelo menos dois momentos: na obra *Sonhos*, quando os fantasistas (como Swedenborg) atingem o mundo suprassensível e abarcam as criaturas que lá residem por meio do espaço e tempo; e na *Crítica*, quando a faculdade do entendimento se aventura no outro mundo imbuída de suas categorias e busca estender seu conhecimento além dos limites da experiência sensível.[88]

A ilusão da razão é para Kant algo natural (KrV, B p. 354), uma vez que a razão busca sempre o incondicionado que

---

denke ich mir nicht mehr, als durch die Möglichkeit, sondern nur die Art es zu setzen ist nur verschieden, nämlich die Relation zu mir. Dem Gegenstande giebt also das Daseyn kein Prädicat mehr. Man sagt in den Schulen: das Daseyn ist das *Complementum* der Möglichkeit. Es kommt aber nur in meinen Gedanken und nicht beim Dinge dazu. Die wahre Erklärung des Daseyns ist: *existentia est positio absoluta*. Es kann also kein *complementum* seyn, kein Prädicat des Dinges, sondern die Setzung des Dinges mit allen Prädicaten.

87 Dentro do percurso kantiano até a *Crítica*, há uma diferença entre o Kant pré-crítico e o Kant crítico no que diz respeito à existência caracterizada como "se é possível, pode existir" e "a existência nada acrescenta ao conceito de um ser real". No primeiro caso, tem-se o Kant leibniziano (pré-crítico); no segundo, tem-se o Kant crítico.

88 KrV, B 420-424. Ver também a segunda divisão da Lógica Transcendental: Dialética Transcendental.

justifique a série das condições; ela busca o princípio último que justifique aquilo que se pode conhecer. Isso leva à compreensão do porquê os racionalistas buscam provar a existência de Deus, mas aqui é que reside o problema, pois uma coisa é pressupor que Deus existe e porque existe, e outra é determinar como Ele existe. A busca pela demonstração da existência de Deus levou os filósofos a diversas provas, as quais Kant retoma três e fundamenta sua argumentação mediante o argumento ontológico promovendo sua crítica ao racionalismo, o qual apresenta a razão como a mais alta autoridade na prova da existência das coisas. Diante disso, poder-se-ia dizer que as provas da existência de Deus apontam para os erros da metafísica tradicional, uma vez que não se pode ter com clareza e segurança a relação entre experiência e pensamento.

Nesse sentido, Kant critica a escola Leibniz-wolffiana que afirma o princípio de contradição como o único responsável pelo conhecimento sem precisar de uma prova consistente, que demonstre a efetividade dos pressupostos da razão. Essa corrente pressupõe que o ser que não está em contradição (oposição lógica) é um simples possível e através do princípio de razão suficiente (Deus) é dado como existente. No entanto, segundo Kant, o que a filosofia Leibniz-wolffiana supostamente não percebeu é que o princípio de contradição é uma determinação lógica dada por meio de inferências cuja razão se apoia para demonstrar aquilo que pode existir. Porém, "a mera possibilidade, entendida como ausência de contradição, não é a condição suficiente para a existência; essa necessita igualmente que seja uma condição material, qual seja, que algo exista" (GIUSTI, 2004, p. 64). Assim, a existência é dada mediante algo já existente, portanto, inferir a existência de algo não prova que esse algo realmente existe, a não ser que exista como um simples possível.

No artigo de Landim Filho (2005), encontra-se o questionamento que mostra a crítica de Kant ao argumento ontológico, além da comparação entre a *Crítica* e o *Único argumento possível* no momento em que ele afirma que o argumento ontológico é dirigido por Kant, à prova da existência de Deus, cartesiana que parte das constatações: o conhecimento da realidade é dado por meio da essência de Deus (ideia inata) e o conhecimento de Deus é dado por meio do conhecimento de sua essência. Assim, por inferência lógica: Deus é Perfeito, existência é uma perfeição, portanto, Deus existe. Aqui a existência é dada como algo perfeito e real, e dizer que Deus é existente, pode-se deduzir que Ele existe, o que seria a conclusão do argumento ontológico (proposição existencial).

Desse modo, a refutação[89] de Kant para esse argumento é afirmar que a existência não é um predicado real e que o juízo de existência é distinto do juízo categórico (predicativo). O primeiro concerne aos objetos dados que satisfazem conceitos, ao passo que o segundo representa objetos com suas propriedades, ou seja, relaciona conceitos (S é P). No entanto, para Kant, a prova da existência deve ser dada de modo *a posteriori* (sensível) descartando as provas *a priori* (apesar de que na *Crítica* Kant afirma que o *único argumento possível* deve ser o ontológico, pois é o único que não necessita da experiência e pode ser considerado válido como pressuposto para a existência de Deus, mesmo que não a demonstre – a referência a algo existente é dada entre conceito e objeto real na experiência.

> [...] Um juízo categórico pode pressupor um juízo existencial. Mas uma conexão de conceitos não exprime a posição

---

[89] As afirmações sobre juízos predicativos são dadas por Kant no escrito *Único argumento possível*, ao passo que o juízo categórico é tratado especificamente na *Crítica* (KrV, A 592 / B 620). Além disso, a tese de que a existência não é um predicado real está presente no *Único argumento possível* sendo retomada na Dialética Transcendental (*Crítica*), com a refutação do argumento ontológico cartesiano.

> *absoluta de uma coisa. Essa é a função do juízo existencial que exerce na medida em que não relaciona conceitos, mas põe o objeto com suas próprias determinações. Assim, o termo existência, num juízo existencial, não tem função atributiva, isto é, não acrescenta uma nova determinação aos objetos significados pelo conceito-sujeito.* (LANDIM FILHO, 2005, p. 188, grifo do autor)

A refutação kantiana se dá por meio da cópula *ser*. O verbo "ser" enquanto cópula exprime ou uma *posição relativa*[90] ou uma *posição absoluta*. A primeira se refere ao juízo categórico, em que o predicado possui uma relação com o sujeito, as determinações do conceito-predicado são postas pela cópula em relação ao conceito-sujeito. Na segunda o "ser" está posto como realização efetiva das propriedades dos objetos, ela se refere ao juízo de existência, em que as determinações do conceito-sujeito são afirmadas no conceito-predicado, isto é, pelos objetos existentes que satisfazem os conceitos.

Como consequência tem-se que o juízo categórico pode pressupor um juízo de existência, uma vez que conectar conceitos não determina a *posição absoluta* do objeto. Além disso, o juízo de existência coloca o objeto com suas determinações, mostrando que a existência não é um predicado real, não acrescenta nada ao objeto que existe efetivamente, portanto, a existência não tem caráter atributivo (não é um atributo). Assim, segundo Landim Filho:

> *A refutação kantiana do argumento ontológico baseou-se [...] na tese de que existência não é um predicado real, isto*

---

[90] A posição relativa pode equivaler à *posição respectiva*; a primeira, no contexto do *Único argumento possível*, enquanto juízo categórico (S é P) exprime uma existência lógica; a segunda, no contexto de *Preleções de metafísica* (Pölitz), parece trazer a mesma "ideia": a relação entre sujeito e predicado no campo das inferências lógicas; portanto, "respectivo" pode ser interpretado como "correspondente". Assim, as duas expressões podem ser tomadas como sinônimas.

> *é, não é um predicado que, numa proposição predicativa, atribua uma propriedade ou determinação ao objeto referido pelo sujeito da proposição.* (2000, p. 106)

Em relação ao ser possível ou impossível, pode-se dizer que ambos se referem ao princípio de contradição. Porém, aquilo que é internamente contraditório é dado como impossível de existir, ao passo que aquele que não se encontra em contradição consigo mesmo pode existir (é um simples possível) (BDG, AA 02: p. 77). Assim, Kant não parte do possível e conclui sua realidade, ele toma o real como dado, tomando o existente como um dado real na sensação – espaço.

No Prefácio à segunda edição de *Crítica da razão pura*, Kant afirma, em uma nota, a caracterização da existência como algo dado e, por outro lado, a diferenciação da existência fenomênica dos objetos dados (de modo real), distintos dos objetos pensados (de modo lógico):

> *Para conhecer um objeto requer-se que eu possa provar sua possibilidade (seja pelo testemunho da experiência a partir da sua realidade, seja a priori pela razão). Mas posso pensar o que quiser desde que não me contradiga, isto é, quando o meu conceito for apenas um pensamento possível, embora eu não possa garantir se no conjunto de todas as possibilidades lhe corresponde ou não um objeto. Mas requerer-se-á algo mais para atribuir validade objetiva (possibilidade real, pois a primeira era apenas lógica) a um tal conceito. Esse mais não necessita, no entanto, ser procurado justamente nas fontes teóricas de conhecimento, também pode residir nas práticas.*[91] (KrV, B p. 28, nota)

---

91 Einen Gegenstand erkennen, dazu wird erfordert, daß ich seine Möglichkeit (es sei nach dem Zeugniß der Erfahrung aus seiner Wirklichkeit, oder *a priori* durch Vernunft) beweisen könne. Aber denken kann ich, was ich will, wenn ich mir nur nicht selbst widerspreche, d.i. wenn mein Begriff nur ein möglicher Gedanke ist, ob ich zwar dafür nicht stehen kann, ob im Inbegriffe aller Möglichkeiten diesem auch

De modo semelhante, encontramos em *Preleções de metafísica* (Pölitz) a mesma interpretação:

> *A possibilidade de um pensamento ou conceito funda-se no princípio de contradição, por exemplo: a noção de um ser pensante incorpóreo (de um espírito)! A coisa cujo simples pensamento é impossível (isto é, cujo conceito se contradiz) é ela própria também impossível. Mas a coisa, cujo conceito é possível, nem por isso é uma coisa. A primeira possibilidade pode chamar-se lógica, e a segunda pode designar-se possibilidade real; a prova da última é a prova da realidade objetiva do conceito, que sempre se tem o direito de exigir. Mas nunca pode ser fornecida senão pela exibição do objeto correspondente ao conceito; de outro modo, resta apenas sempre um pensamento. Se lhe corresponde um objeto ou se é vazio, isto é, se ele em geral pode servir para o conhecimento, eis o que permanece sempre incerto, até que aquele seja mostrado num exemplo.*[92] (FM, AA 20: pp. 325-326)

---

ein Object correspondire oder nicht. Um einem solchen Begriffe aber objective Gültigkeit (reale Möglichkeit, denn die erstere war bloß die logische) beizulegen, dazu wird etwas mehr erfordert. Dieses Mehrere aber braucht eben nicht in theoretischen Erkenntnißquellen gesucht werden, es kann auch in praktischen liegen.

92 Die Möglichkeit eines Gedankens oder Begriffs beruht auf dem Satze des Widerspruchs, z.B. der eines denkenden unkörperlichen Wesens (eines Geistes). Das Ding, wovon selbst der bloße Gedanke unmöglich ist (d.i. der Begriff sich widerspricht), ist selbst unmöglich. Das Ding aber, wovon der Begriff möglich ist, ist darum nicht ein mögliches Ding. Die erste Möglichkeit kann man die logische, die zweite die reale Möglichkeit nennen; der Beweis der letztern ist der Beweis der objectiven Realität des Begriffs, welchen man jederzeit zu fordern berechtigt ist. Er kann aber nie anders geleistet werden, als durch Darstellung des dem Begriffe correspondirenden Objects; denn sonst bleibt es immer nur ein Gedanke, welcher, ob ihm irgend ein Gegenstand correspondire, oder ob er leer sei, d.i. ob er überhaupt zum Erkenntnisse dienen könne, so lange, bis jenes in einem Beispiele gezeigt wird, immer ungewiß bleibt.

A caracterização da existência como algo posto[93] (no espaço) se assemelha à argumentação que será desenvolvida no texto *Sonhos*, uma vez que nesse escrito Kant postula a necessidade de se compreender os objetos no espaço e tempo além de impor os limites da razão, partindo dos argumentos da existência e explicação do conceito de espírito. Essa argumentação não difere muito do *Único argumento possível*, pois, aqui, trata-se de Deus e de sua prova voltada, por um lado, aos acontecimentos naturais não explicados pela razão (prova *físico-teológica*) buscando constatar sua existência para poder explicar os acontecimentos do mundo tidos como "forças divinas" (milagres, terremotos, maremotos etc. – fatos não explicados pela ciência, na época, e também, pela metafísica, diante da problemática da possível "harmonia preestabelecida", bem como o fato do Terremoto de Lisboa,[94] em 1755, contestando tal harmonia). Lá, no escrito *Sonhos*, trata-se da existência do espírito (em seu comércio *psicofísico*) e de seu conhecimento por meio do espaço e tempo no campo suprassensível, o que não corresponde ao conhecimento dado como certo e possível, pois aquilo que transcende a experiência não

---

[93] Vale dizer que a existência é configurada como *posição absoluta* no âmbito do período pré-crítico. Já no período crítico, a existência é atribuída aos objetos existentes como fenômenos e aparece o problema: como é possível determinar tal objeto *a priori*?

[94] Fato que comoveu a Europa e os intelectuais, uma vez que o ocorrido escapava às explicações palpáveis da natureza defendidas até o presente momento, pois o tal desastre estava fora da compreensão humana. O terremoto de Lisboa coloca "em xeque" a tese leibniziana do melhor dos mundos possíveis e da harmonia preestabelecida, pois como poderia Deus ter escolhido um mundo com um terremoto de tamanha proporção? Nesse sentido, Kant se insere na discussão promovendo certas explicações que não comprometem totalmente as argumentações de Leibniz a respeito da "perfeição absoluta" do mundo na escolha arbitrária de Deus. O otimismo metafísico se aproxima, nesse período, do senso comum (o são entendimento) que poderia vir a ser a fonte da explicação e correção das teses metafísicas; porém, essa ideia foi muito fugaz (ARANA, 1982, p. 116).

pode ser abarcado através do espaço e tempo, visto que esses são as estruturas do sujeito cognitivo que as utiliza para o conhecimento do sensível – trataremos disso mais adiante.

Para concluir essa seção apresento aqui as palavras de Kant encontradas na *Nova Dilucidatio* (1755), uma passagem que corrobora os questionamentos do *Único argumento possível* com respeito à existência de Deus e o argumento cartesiano:

> *É certo que esses filósofos (dogmáticos) apelam à própria noção de Deus na qual postulam que a existência divina se determina a si mesma, mas é fácil verificar que essa operação é de ordem ideal e não real. Constituímos a noção de um certo ser no qual se encontra a plenitude da realidade; através desse conceito, devemos confessá-lo, é necessário conceder a esse ser a própria existência. Eis a argumentação: se todas as realidades foram reunidas, sem distinção de grau, num determinado ser, esse ser existe. Mas se elas são apenas concedidas como reunidas, então o próprio ser existe apenas como ideia. Mais valia, pois, raciocinar assim: constituindo nós a noção de um ser ao qual chamamos Deus, determinámo-lo de tal maneira que a existência encontra-se aí incluída. Se essa noção preconcebida é verdadeira, é verdadeiro igualmente que Deus existe. Digo isso para aqueles que admitem o argumento de Descartes.* (PND, AA 01: pp. 394-395)

1.3 - *Grandezas negativas*: plano da obra

As críticas dirigidas ao racionalismo da época (escola Leibniz-wolffiana) são quase inegáveis quando são abordadas no contexto dos escritos da década de 1760. De acordo com Kant, os racionalistas fingem tudo saber e tudo compreender, além de elevar a razão ao patamar de tudo conhecer e poder determinar a existência das coisas sem recorrer a uma prova que aponte a verdade e a realidade daquilo que ela postula, como sendo verdadeiro e existente. Nesse sentido, Kant escreve em 1763 o *Ensaio para introduzir o conceito de grandezas negativas em filosofia*, com o intuito de fundamentar a metafísica com princípios oriundos da matemática e elucidar o conceito de oposição real tratado, até o presente momento, como equivalente à oposição lógica, tanto pelos matemáticos quanto pelos metafísicos.

> *No que toca à metafísica, é com frequência que essa ciência, em vez de obter proveito de alguns dos conceitos e doutrinas da matemática, arma-se contra eles, e ali onde talvez pudesse ser emprestado fundamentos seguros, a fim de fundar sobre eles suas considerações, o que se vê é o esforço em não retirar dos conceitos do matemático senão finas invenções que, fora de seu campo, possuem em si pouco de verdadeiro. Pode-se adivinhar facilmente que lado possui a vantagem no conflito entre duas ciências, das quais uma ultrapassa todas as restantes em certeza e distinção – coisas que a outra se esforça antes de tudo por conseguir.*[95] (NG, AA 02: pp. 167-168)

Em sua argumentação, a "grandeza negativa" é definida como algo positivo que se opõe a uma grandeza positiva, ou seja, ela não é uma negação, mas uma oposição. Com isso, tem-se que a negação é uma oposição de coisas positivas que

---

[95] Was die Metaphysik anlangt, so hat diese Wissenschaft, anstatt sich einige von den Begriffen oder Lehren der Mathematik zu Nutze zu machen, vielmehr sich öfters wider sie bewaffnet, und wo sie vielleicht sichere Grundlagen hätte entlehnen können, um ihre Betrachtungen darauf zu gründen, sieht man sie bemüht, aus den Begriffen des Mathematikers nichts als feine Erdichtungen zu machen, die außer seinem Felde wenig Wahres an sich haben. Man kann leicht errathen, auf welcher Seite der Vortheil sein werde in dem Streite zweier Wissenschaften, deren die eine alle insgesammt an Gewißheit und Deutlichkeit übertrifft, die andere aber sich allererst bestrebt dazu zu gelangen.

em uma relação se opõe uma suprimindo a outra. Em *Grandezas negativas* o objetivo principal é diferenciar a oposição lógica da oposição real que, segundo Kant, ao longo do tempo foram tomadas como equivalentes. Pois, o conceito de grandezas negativas provém da matemática e os próprios matemáticos caem em erro ao aplicá-lo como negação, já que o mesmo é uma grandeza positiva – não é simplesmente uma negação e sim uma oposição que pode representar ausência ou privação.

Além do objetivo principal, Kant tem em vista tomar o conceito de grandezas negativas da matemática e aplicá-lo à filosofia, apontando para o fato de que a negligência em desconsiderar o conceito de grandezas negativas originou mal-entendidos na filosofia.

> *Meu intuito, por ora, é tomar um conceito que, embora bastante conhecido na matemática, é ainda muito estranho à filosofia, e considerá-lo tendo em vista essa última. [...] Negligenciar o conceito das grandezas negativas deu origem a uma série de equívocos ou também de mal-entendidos sobre outras opiniões na filosofia. [...] Pois as grandezas negativas não são as negações de grandezas, como dá a entender a semelhança da expressão, sendo, antes, algo em si mesmo verdadeiramente positivo, algo que apenas se opõe a outra coisa.*[96] (NG, AA 02: p. 169)

Diante desse intuito, Kant divide sua obra em três seções: explicação do conceito de grandezas negativas e exemplos

---

96 Ich habe für jetzt die Absicht, einen Begriff, der in der Mathematik bekannt genug, allein der Weltweisheit noch sehr fremde ist, in Beziehung auf diese zu betrachten. [...] Aus der Verabsäumung des Begriffs der negativen Größen sind eine Menge von Fehlern oder auch Mißdeutungen der Meinungen anderer in der Weltweisheit entsprungen. [...] Denn es sind die negative Größen nicht Negationen von Größen, wie die Ähnlichkeit des Ausdrucks ihn hat vermuthen lassen, sondern etwas an sich selbst wahrhaftig Positives, nur was dem andern entgegengesetzt ist.

retirados da matemática; elucidação do conceito de grandeza negativa na filosofia com exemplos retirados dela; e aplicação desse conceito aos objetos da filosofia.

Na primeira seção observa-se a distinção entre oposição lógica e oposição real, sendo a primeira posta sob o princípio de contradição e a segunda dada sem contradição. Quando se afirma ou se nega predicados de algo ao mesmo tempo, tem-se uma contradição (um nada); ao contrário, se os predicados de algo são opostos sem contradição, ocorre uma oposição em que um suprime no outro o que está sendo afirmado, do mesmo modo tem-se um nada, mas sem contradição. Nas palavras de Kant: "Oposto um ao outro é quando um suprime aquilo que é posto pelo outro. Essa oposição é dupla: ou *lógica*, pela contradição, ou *real*, isto é, sem contradição"[97] (NG, AA 02: p. 171, grifo do autor).

Para tratar do exposto acima, utilizaremos o exemplo do repouso para a oposição real e o exemplo do movimento para a oposição lógica. No primeiro, duas forças motrizes submetidas a um mesmo corpo dirigem-se para lados opostos, uma força suprime na outra o seu contrário, são opostas, portanto, o corpo fica em repouso; no segundo, um corpo não pode estar e não estar em movimento ao mesmo tempo, estando em contradição.

Na matemática, quando duas grandezas estão reunidas por oposição, sendo que uma suprime na outra o equivalente a si mesma, temos uma grandeza negativa, como exemplo podemos citar: a − a = 0, um é a grandeza negativa do outro e, nesse caso, o sinal (−) é utilizado para indicar essa grandeza.

> *Daí se origina a noção matemática de grandezas negativas. Uma grandeza é negativa em vista de outra na medida*

---

[97] Einander entgegengesetzt ist: wovon eines dasjenige aufhebt, was durch das andre gesetzt ist. Diese Entgegensetzung ist zwiefach: entweder logisch durch den Widerspruch, oder real, d.i. ohne Widerspruch.

em que só pode ser reunida a ela pela oposição, a saber, quando uma suprime na outra o equivalente a si mesma. Trata-se aqui naturalmente de uma relação de oposição, e grandezas assim opostas umas às outras suprimem reciprocamente um valor igual, de modo que não se pode propriamente denominar absolutamente negativa grandeza alguma, mas se tem de dizer que + a e – a são, cada uma, a grandeza negativa da outra; porém, para que isso sempre pudesse ser pensando, os matemáticos decidiram denominar negativas as grandezas precedidas de (–), com o que igualmente não se deve perder de vista que essa denominação não remete a uma espécie particular de coisas em sua qualidade interna, mas a esta relação de oposição que as une com certas outras coisas indicadas com (+) reunidas em uma oposição.[98] (NG, AA 02: p. 174, grifo do autor)

Com efeito, tomando o exemplo dado por Kant: se possuímos + 8 de capital e – 8 de dívida há uma supressão de mesmo valor, o que equivale a zero = 0; mas a dívida não é ausência de capital, pois seria zero = 0, sendo + 8 + 0 = + 8, o que não é o caso. Nesse ponto, quando os matemáticos

---

98 Hieraus entspringt der mathematische Begriff der *negativen Größen*. Eine Größe ist in Ansehung einer andern negativ, in so fern sie mit ihr nicht anders als durch die Entgegensetzung kann zusammen genommen werden, nämlich so, daß eine in der andern, so viel ihr gleich ist, aufhebt. Dieses ist nun freilich wohl ein Gegenverhältniß, und Größen, die einander so entgegengesetzt sind, heben gegenseitig von einander ein Gleiches auf, so daß man also eigentlich keine Größe schlechthin negativ nennen kann, sondern sagen muß, daß +*a* und –*a* eines die negative Größe der andern sei; allein, da dieses immer im Sinne kann hinzugedacht werden, so haben die Mathematiker einmal den Gebrauch angenommen die Größen, vor denen das – steht, negative Größen zu nennen, wobei man gleichwohl nicht aus der Acht lassen muß, daß diese Benennung nicht eine besondere Art Dinge ihrer inneren Beschaffenheit nach, sondern dieses Gegenverhältniß anzeige, mit gewissen andern Dingen, die durch + bezeichnet werden, in einer Entgegensetzung zusammen genommen zu werden.

atribuem o sinal (−) às coisas negativas, tomando elas por ausência, eles caem em erro; portanto, grandezas negativas, segundo Kant, devem ser assentadas em relações de oposição real, não havendo negações, mas oposições.

> *Como toda essa denominação indica apenas a relação de certas coisas em si, sem a qual esse conceito cessa de imediato, então seria absurdo pensar por aí uma espécie particular de coisas e denominá-las coisas negativas, visto que até mesmo a expressão dos matemáticos das grandezas negativas não é suficientemente precisa, pois coisas negativas significam, em geral, negações, o que de modo algum corresponde ao conceito que queremos estabelecer.*[99] (NG, AA 02: pp. 174-175)

Se seguirmos o método matemático, no que diz respeito à negação como algo contrário ao positivo, é possível estabelecer ao positivo seu oposto negativo, mas sem contradição; ou seja, em oposição real. Nesse sentido, segundo Kant (NG, AA 02: p. 175, grifo nosso), pode-se considerar "o declínio uma *ascensão negativa*; o cair, um *levantar-se negativo*; o retrocesso, um *avanço negativo*".[100] Assim, com referência ao exemplo acima exposto, acerca do capital, Kant constata que o capital (+) é tanto uma dívida negativa, quanto esta é um capital negativo (−). Com isso, Kant afirma: "apenas soa melhor atribuir o nome de *negativo* àquilo em relação ao que se dá atenção redobrada quando se

---

99 Da nun diese ganze Benennung jederzeit nur das Verhältniß gewisser Dinge gegen einander anzeigt, ohne welches dieser Begriff sogleich aufhört, so würde es ungereimt sein darum eine besondere Art von Dingen sich zu gedenken und sie negative Dinge zu nennen, denn selbst der Ausdruck der Mathematiker der negativen Größen ist nicht genau genug. Denn negative Dinge würden überhaupt Verneinungen (*negationes*) bedeuten, welches aber gar nicht der Begriff ist, den wir festsetzen wollen.
100 [...] Das Untergehen ein negatives Aufgehen, Fallen ein negatives Steigen, Zurückgehen ein negatives Fortkommen [...].

quer indicar o seu oposto real"[101] (NG, AA 02: p. 175, grifo do autor).

Isso conduz à *primeira regra fundamental* da oposição real: duas coisas, enquanto fundamentos positivos, suprimem-se uma à outra. Como por exemplo: os pescadores lançam-se ao mar no período noturno, uma vez que os ventos conduzem o barco para o alto mar; no entanto, durante o dia, o vento verspertino faz com que o barco retroceda seu percurso em direção à margem. Ou seja, se o barco é movido pelo vento em uma direção no período noturno, o mesmo é atingido pelo vento em outra direção no período da manhã, demonstrando que o barco avança e retrocede, constituindo uma soma de oposições reais em que um movimento diminui valor no outro sem que a consequência seja zero = 0.

Ao contrário, a *segunda regra* mostra o seguinte: onde existe um fundamento positivo em que a consequência é zero = 0, o fundamento positivo está em conexão com outro fundamento positivo, que é o negativo do primeiro. Ou seja, a grandeza negativa é também um fundamento positivo que está posto como oposição a outro fundamento positivo, mas como oposição, suprime algo desse e se configura como uma grandeza negativa; oposta e não contraditória. Exemplo: um barco que sofre a influência do vento noturno e ao mesmo tempo sofre a influência da maré em sentido contrário, permanece em repouso. Isso ocorre porque há num mesmo "sujeito" dois movimentos que atuam em rotas opostas, uma suprimindo a outra.

Corroborando o que foi dito, e encerrando a primeira parte, Kant completa:

> *A negação, na medida em que é a consequência de uma oposição real, quero denominá-la privação; qualquer*

---

101 Allein es ist etwas wohlgereimter, demjenigen, worauf in jedem Falle die Absicht vorzüglich gerichtet ist, den Namen des Negativen beizufügen, wenn man sein reales Gegentheil bezeichnen will.

> *negação, todavia, que não se origina desse gênero de repugnância, deve aqui se chamar uma ausência. A última não exige fundamento positivo algum, mas apenas a ausência dele; a primeira, entretanto, possui um fundamento de posição verdadeiro e um fundamento igual que lhe é oposto. O repouso num corpo é, ou meramente a ausência, isto é, uma negação do movimento, na medida em que aí não há força motriz, ou uma privação, na medida em que se encontra força motriz, porém a consequência, a saber, o movimento, é suprimido por uma força oposta.*[102] (NG, AA 02: pp. 177-178, grifo do autor)

Desse modo, Kant mostra que a negação pode ser utilizada de duas maneiras: quando dois fundamentos positivos se opõem, tem-se uma consequência de oposição real, isso equivale a uma *privação*; ao contrário, não havendo fundamento positivo, isto é, não havendo uma consequência de fundamento positivo em oposição real e sim a falta dele, obtêm-se uma *ausência*. Exemplificando: no repouso há duas forças que atuam em sentido contrário, uma suprimindo a outra, existe uma privação de forças que se opõe sendo ambas positivas, ao passo que não havendo forças que atuem sobre um corpo, há ausência de força, permanecendo o corpo em repouso.

Na segunda parte, ao contrário da primeira, os exemplos de grandezas negativas são obtidos da filosofia. Como exemplo, Kant toma o que diz respeito à doutrina da alma.

---

[102] Die Verneinung, in so fern sie die Folge einer realen Entgegensetzung ist, will ich Beraubung (*privatio*) nennen; eine jede Verneinung aber, in so fern sie nicht aus dieser Art von Repugnanz entspringt, soll hier ein Mangel (*defectus, absentia*) heißen. Die letztere erfordert keinen positiven Grund, sondern nur den Mangel desselben; die erstere aber hat einen wahren Grund der Position und einen eben so großen entgegengesetzten. Ruhe ist in einem Körper entweder bloß ein Mangel, d.i. eine Verneinung der Bewegung, in so fern keine Bewegkraft da ist: oder eine Beraubung, in so fern wohl Bewegkraft anzutreffen, aber die Folge, nämlich die Bewegung, durch eine entgegengesetzte Kraft aufgehoben wird.

Pode-se inferir que o desprazer seja uma ausência de prazer, caso esse que pode ser representado por zero; porém, possuindo um prazer sobre algo e submetidos a certo desprazer sobre o mesmo objeto, sendo esse equivalente a zero (ausência de prazer), não haveria mudança alguma no prazer que se sente, pois não houve qualquer redução a esse, ou seja, o desprazer não suprimiu nada do prazer. Considerando, todavia, o desprazer como privação do prazer, tem-se um prazer negativo que suprime em parte ou inteiramente o prazer; nesse caso, haveria uma oposição real, consequentemente, uma grandeza negativa. Como exemplo:

> *Comunica-se a uma mãe espartana o fato de que seu filho portou-se heroicamente em combate pela pátria. Apodera-se de sua alma um agradável sentimento de prazer, acrescenta-se, então, que ele teve uma morte honrada. Isso diminui significativamente aquele prazer, rebaixando-o a um grau inferior. Designai por 4a o prazer derivado do primeiro fundamento; fosse o desprazer apenas uma negação = 0, então, após ambos serem reunidos, o valor do contentamento seria 4a + 0 = 4a, e, portanto, o prazer não seria diminuído pela notícia da morte, o que é falso. Considere-se, assim, o prazer derivado de sua reconhecida bravura = 4a, e o que restar dele após o desprazer derivado da outra causa ter atuado = 3a, então o desprazer será = a, nele residindo o negativo do prazer, ou seja, − a. Temos, assim, 4a − a = 3ª.*[103] (NG, AA 02: pp. 180-181).

---

103 Man bringt einer spartanischen Mutter die Nachricht, daß ihr Sohn im Treffen für das Vaterland heldenmüthig gefochten habe. Das angenehme Gefühl der Lust bemächtigt sich ihrer Seele. Es wird hinzugefügt, er habe hiebei einen rühmlichen Tod erlitten. Dieses vermindert gar sehr jene Lust und setzt sie auf einen geringern Grad. Nennet die Grade der Lust aus dem ersten Grunde allein 4a, und die Unlust sei bloß eine Verneinung 0, so ist, nachdem beides zusammen genommen worden, der Werth des Vergnügens 4a + 0 = 4a, und also wäre die Lust durch die Nachricht des Todes nicht vermindert worden, welches falsch ist. Es sei demnach die Lust aus seiner bewiesenen Tapferkeit = 4a und, was da übrig bleibt, nachdem aus der andern Ursache die Unlust mitgewirkt hat,

Desse modo, o desprazer é definido como uma ausência de prazer, mas não só isso, ele é ainda um fundamento positivo que suprime em parte ou todo o prazer de um outro fundamento, podendo ser assim denominado um *prazer negativo*.

Na segunda parte, além do exemplo de grandeza negativa referente ao prazer e desprazer, Kant aponta outros exemplos retirados da filosofia, a saber: impenetrabilidade como *atração negativa*, o vício como *virtude negativa* e o frio como *ausência de calor* (calor negativo). Como tais exemplos seguem na "esteira" do exemplo de prazer e desprazer, limitamos, aqui, a explicação somente desse último, já que as conclusões de ambos os exemplos seguem o mesmo resultado: oposições como grandezas negativas.

No âmbito da terceira seção, Kant ressalta algumas problemáticas que possuem o emprego do conceito de "grandezas negativas" no domínio da filosofia, a saber: 1) Como uma coisa que é deixa de ser; 2) De que modo os acontecimentos no mundo, segundo suas somas positivas e posições subtraídas, não aumentam e nem diminuem, e a soma de toda a realidade no mundo é = 0 (zero); 3) A questão da impenetrabilidade; 4) Oposições não existem no campo da "divindade".

No que diz respeito ao primeiro ponto, Kant define a *desaparição* como sendo um nascimento negativo, ou seja, a *aparição* é o próprio nascimento de algo. Por exemplo, se penso em uma "caneta", passo a ter uma representação intuitiva de algo que antes não tinha, sendo o estado anterior = 0. Ao representar uma "caneta", tenho algo (A), mas se deixo de pensar nesse algo, volto ao estado anterior, em que nada tinha, ou seja, volto a zero. Com isso: se A é dado, ele somente pode ser suprimido se um fundamento real, mas oposto ($-A$), estiver ligado a seu fundamento, ou seja, $A - A = 0$. Isso ocorre, por exemplo, com o movimento de corpos, os quais somente alteram sua força motriz caso ambos estejam ligados por fundamentos opostos.

= 3a, so ist die Unlust = a, und sie ist die Negative der Lust, nämlich – a und daher 4a – a = 3a.

O mesmo se passa com estados da alma, por exemplo, no prazer e desprazer. É possível que se tenha prazer por algo e, em determinado momento, sinta-se um certo desprazer, mas para que um estado de ânimo desapareça por completo ou parcialmente, é preciso que exista uma "causa" ou "força" para que o estado sofra alguma alteração em sentido de oposições reais.

Segundo Kant, tanto em um caso quanto em outro, no que diz respeito à supressão de algo existente, não há diferença entre os efeitos de forças que atuam no mundo material e acidentes da natureza espiritual, mas a diferença está no fato de que *causas externas* atuam no estado da matéria, enquanto que *causas internas* atuam na natureza espiritual, mas em ambos os casos a oposição real é sempre a mesma (NG, AA 02: pp. 191-192).

Quanto ao segundo ponto, Kant lança mão da seguinte proposição:

> *Em todas as mudanças naturais do mundo a soma do positivo, na medida em que é avaliada pela adição de posições consonantes (não opostas) e pela subtração de posições realmente opostas entre si, nem aumenta, nem diminui.*[104]
> (NG, AA 02: p. 194)

Isso quer dizer: a mudança é um nascimento, e o estado do mundo antes da mudança é = 0. Diante do nascimento há uma consequência (A) e se tal consequência se origina, é preciso que uma outra mudança natural do mundo também se origine (– A), pois anteriormente o estado do mundo era = 0. Com isso, tem-se que de um fundamento natural de uma consequência real surge outro fundamento de outra consequência, que é sua negativa, já que a consequência é = 0;

---

[104] In allen natürlichen Veränderungen der Welt wird die Summe des Positiven, in so fern sie dadurch geschätzt wird, daß einstimmige (nicht entgegengesetzte) Positionen addirt und real entgegengesetzte von einander abgezogen werden, weder vermehrt noch vermindert.

ou seja, se o estado do mundo é = 0 e uma consequência é posta, deve existir outra consequência oposta para que a soma resulte em nada = 0.

> *Visto que, por um lado, a consequência é positiva e = A, mas que, não obstante, o inteiro estado do universo tem de ser zero = 0, como o era antes com relação à mudança A, e que isso, porém, só é possível caso reunamos A – A, segue-se que jamais transcorre naturalmente uma mudança positiva no mundo cuja consequência, no todo, não consista em uma oposição efetiva ou potencial, que se suprime. Essa soma, porém, dá zero = 0, e também antes da mudança ela era = 0, de modo que por isso ela nem aumentou, nem diminuiu.*[105]
> (NG, AA 02: p. 195, grifo do autor)

Ainda nesse contexto, Kant lança mão de uma segunda proposição: "Todos os fundamentos reais do universo, quando se somam todos que são consonantes e se subtraem uns dos outros os que se opõem entre si, dão um resultado igual a zero"[106] (NG, AA 02: p. 197). Isso resulta: o todo do mundo é = 0, e ele é algo mediante uma vontade alheia. Assim, a soma de toda realidade que existe no mundo é = 0. Mas, a realidade possível em relação à vontade divina dá um resultado positivo, ou seja, o ser do mundo não é suprimido e a soma do existente no mundo em relação ao seu fundamento externo (vontade divina) é positiva. O mesmo não ocorre entre seus

---

105 Da nun einerseits die Folge positiv und = A ist, gleichwohl aber der ganze Zustand des Universum wie vorher in Ansehung der Veränderung A soll Zero = 0 sein, dieses aber unmöglich ist, außer in so fern A –A zusammenzunehmen ist, so fließt: daß niemals eine positive Veränderung natürlicher Weise in der Welt geschehe, deren Folge nicht im Ganzen in einer wirklichen oder potentialen Entgegensetzung, die sich aufhebt, bestehe. Diese Summe giebt aber Zero = 0, und vor der Veränderung war sie ebenfalls = 0, so daß sie dadurch weder vermehrt noch vermindert worden.
106 Alle Realgründe des Universum, wenn man diejenige summirt, welche einstimmig sind und die von einander abzieht, die einander entgegengesetzt sind, geben ein Facit, das dem Zero gleich ist.

fundamentos reais internos, que são opostos entre si (= 0) – na relação entre a vontade divina e os fundamentos reais do mundo não há supressão e a soma é positiva, pois, aqui, não pode existir nenhuma oposição (as naturezas são diferentes). Mas, na relação entre os fundamentos do mundo, o resultado é = 0, há uma oposição em que os fundamentos positivos são somados e resultam em zero.

O terceiro ponto diz respeito à impenetrabilidade. Nesse ponto, Kant salienta que forças opostas atuam uma suprimindo a outra, mas sendo ambas de mesmo valor, o que ocorre é um "equilíbrio", ou, não há penetração de um corpo no outro – o mesmo ocorre com uma balança tradicional (de alavanca) ou no caso do repouso em relação a corpos que se movimentam um contra o outro com a mesma força motriz.

Já o quarto ponto trata da inexistência da relação de oposição na vontade divina, uma vez que nada é exterior a ela, pois ela não depende de nenhuma outra coisa:

> *Fundamentos da privação ou de uma oposição real não podem ter lugar no ser supremo, pois, visto que tudo é dado nele e através dele, a posse completa das determinações em sua própria existência impossibilita qualquer supressão interior. Eis por que o sentimento de desprazer não é um predicado que convenha à divindade.*[107] (NG, AA 02: pp. 200-201)

Diante dessas colocações sobre "grandezas negativas" aplicadas à filosofia, o que mais nos interessa, nessa terceira parte da obra, é o estabelecimento das duas determinações acerca da oposição real: *efetiva* e *possível* (potencial), do modo como segue: quando há uma oposição real de duas

---

107 In dem höchsten Wesen können keine Gründe der Beraubung oder einer Realentgegensetzung statt finden. Denn weil in ihm und durch ihn alles gegeben ist, so ist durch den Allbesitz der Bestimmungen in seinem eigenen Dasein keine innere Aufhebung möglich. Um deswillen ist das Gefühl der Unlust kein Prädicat, welches der Gottheit geziemend ist.

forças em um mesmo corpo, sendo que uma suprime a outra, denomina-se essa oposição como efetiva; ao contrário, quando dois corpos se distanciam em uma mesma linha reta, possuindo direções opostas, em que uma força se opõe à força do outro, tem-se que um corpo é o negativo do outro, estando em uma oposição potencial (ocorre em dois corpos diferentes em que um possui a força contrária à do outro. Porém, pode ocorrer em um mesmo corpo – em um sujeito, por exemplo – sendo necessário que exista um impulso para que uma oposição se manifeste perante a outra, pois as oposições sempre estão presentes, mas é necessário um impulso para que elas se manifestem).

Essa apresentação da oposição real como efetiva ou potencial, por parte de Kant, será para nós de grande importância para o questionamento, que será feito a seguir, acerca da possível aproximação do *Único argumento possível* com *Grandezas negativas*, no que diz respeito à existência real e efetiva do simples possível, demonstrando uma outra via de interpretação de *Grandezas negativas*.

De modo geral, *Grandezas negativas*, entre outras coisas, faz referência à pelo menos três questões que contribuem para a evolução do pensamento kantiano.[108] A primeira diz respeito à moral, em que um sujeito pode ser bom ou mau ao mesmo tempo sem que deixe de ser bom ou mau em algum momento. Em outras palavras, o homem é bom, mas ele pode em certa situação ser mau sem que isso o leve a ser dito como um homem mau que não possui nada de bom em si. Pois, sendo ele bom, o mal irá suprimir algo dele configurando uma oposição estabelecida como privação do bem, uma oposição real e sem contradição, ao passo que uma oposição lógica não permitiria um mesmo sujeito ser e

---

[108] Arana (1982, p. 174) afirma que as *Grandezas negativas* possuem três temas, a saber: a aplicação dos raciocínios obtidos na matemática à metafísica; a subordinação da lógica à metafísica; a demonstração da concepção analítica do juízo como algo impróprio.

não ser mau ao mesmo tempo, já que o sujeito estaria em contradição consigo mesmo.[109]

Por outro lado, o ensaio trata da causalidade fazendo referência a Hume, acerca da necessidade de algo ser posto em consequência do outro, além de se compreender que causa e efeito só podem se desenrolarem no campo da experiência, mas não deixam de ser uma categoria do entendimento tal como será estabelecido na *Crítica da razão pura*. Por fim, a questão que mais interessa aqui concerne à oposição real efetiva ou potencial, que faz referência ao *Único argumento possível* e à argumentação da existência ou não do simples possível, além da constatação da oposição lógica (princípio de contradição) como insuficiente para provar a existência das coisas e, consequentemente, do mundo real. Como pretende-se mostrar na próxima seção.

1.3.1 - *Grandezas negativas* e a possível aproximação com o *Único argumento possível*

Jaume Casals Pons (1982, p. 37), em seu "comentário" ao *Grandezas negativas* e *Sonhos*, acredita na possibilidade de aproximar esses dois escritos de *Crítica*, uma vez que

---

109 Tal oposição real, acerca do valor bom e mau, está presente na obra *A religião nos limites da simples razão* (Die Religion innerhalb der Grenzen der blossen Vernunft – RGV) de 1793, obra em que Kant retoma a oposição real para afirmar que um mesmo sujeito pode ser bom ou mau ao mesmo tempo, sem que ele deixe de ser bom ou mau em algum momento. Ou seja, o sujeito tem disposição para o bem e propensão para mal, sendo que o mal suprime determinado valor do bem, fazendo com que o homem, mesmo agindo "mal" em certo momento, não deixe de ser "bom", já que o mal somente suprime parte do valor bom (RGV, AA 06: pp. 22-23, nota de rodapé).

ressalta as obras como escritos que não poderiam ser classificados como "escritos de juventude" kantiana, devido à aproximação das problemáticas tratadas nas três obras.

Considerando que é relevante a opinião de Pons, aproveitaremos essa perspectiva e lançaremos um olhar ao *Único argumento possível* e tentaremos aproximá-lo de *Grandezas negativas*, visto que as argumentações desenvolvidas por Kant nessas duas obras estão muito próximas no que concerne à existência ontológica do simples possível e a existência efetiva desse mesmo conceito, ao passo que a introdução do conceito de grandezas negativas em filosofia abre, supostamente, as portas para a construção da oposição real como algo efetivo no campo da experiência. Ela pode demonstrar que em um mesmo sujeito há a possibilidade de existir oposições que não se contradizem, algo que vem ao encontro da refutação do princípio de contradição como o único princípio de conhecimento conforme ressaltava a escola Leibniz-wolffiana, criticada por Kant no ano de 1755 com a *Nova Dilucidatio* e parece ser novamente abordada na década de 1760 com as duas obras em questão.

> *[...] No esforço de 1763 (Beweisgrund), distinguia-se um fundamento real de um fundamento lógico, e viria, com a proposição que a causalidade real é sintética, de encontro ao pensamento lógico que seria analítico, para estabelecer aquele problema da causalidade do qual seria mais e mais desenvolvido o problema crítico.*[110] (LOMBARDI, 1946, p. 126, tradução nossa)

Pode-se perceber nas palavras de Lombardi, que a oposição lógica e a oposição real já haviam sido pensadas no

---

110 [...] Nel Tentativo de '63 (Único argumento possível), a distinguere un fondamento reale da un fondamento logico, e sarebbe venuto, com la proposizione che la causalità reale è sintetica, di contro al pensiero logico che sarebbe analitico, a stabilire quel problema della causalità dal quale si sarebbe di più in più sviluppato il problema critico (LOMBARDI, 1946, p. 126).

Único argumento possível, uma vez que o argumento ontológico de 1763 não apreendia a realidade, ao mesmo tempo em que o princípio de contradição tornava o conceito de simples possível algo impossível se esse estivesse em contradição consigo mesmo. Ao contrário, a oposição real corresponde à existência do simples possível no campo da experiência sensível, já que as coisas que existem efetivamente são postas no espaço, possuem uma *posição absoluta*. Desse modo, a oposição real que será abordada em *Grandezas negativas* corrobora a argumentação tratada no *Único argumento possível* no que concerne à existência efetiva do conceito de simples possível que não se encontra em contradição.

Ao retomar o argumento kantiano (o conceito de simples possível é somente possível se esse não se contradiz, e que realidades não se contradizem, mas se opõem) pode-se compreender o plano estabelecido com a oposição real. Para melhor entender esse ponto, cito o trecho retirado do *Único argumento possível* em que Kant afirma a não contradição de realidades que se opõem, criticando a posição daqueles que afirmam que realidades não se contradizem somente porque são verdadeiras:

> Dizem: que uma realidade e uma outra realidade jamais se contradizem, porque ambas são afirmações verdadeiras; visto que ambas não estão em conflito num sujeito. Mesmo se concordo que aqui não há nenhum conflito lógico, a incompatibilidade real não desaparece. Isso se mostra cada vez que alguma coisa, enquanto causa, aniquila, por uma oposição real, o efeito de uma outra coisa.[111] (BDG, AA 02: p. 86, tradução nossa)

---

111 Es heißt: Realität und Realität widersprechen einander niemals, weil beides wahre Bejahungen sind; demnach widerstreiten sie auch einander nicht in einem Subjecte. Ob ich nun gleich einräume, daß hier kein logischer Widerstreit sei, so ist dadurch doch nicht die Realrepugnanz gehoben. Diese findet jederzeit statt, wenn etwas als ein Grund die Folge von etwas anderm durch eine reale Entgegensetzung vernichtigt.

Aqui, Kant aponta para o fato de que aquilo que está posto – existe – possui uma existência real e efetiva no campo da experiência sensível, enquanto se enquadra em uma posição no espaço. Assim, Kant contesta a afirmação de que realidades não se contradizem porque são verdadeiras – isso em comparação com o conflito lógico, em que se existe contradição não há existência efetiva, ou, se algo pode existir, esse algo não pode estar em contradição consigo mesmo, seus predicados não podem estar em contradição – uma vez que realidades podem estar em oposição por meio da oposição real, em que não há contradição. Isso leva a crer que um conceito que se coloca como real e existente deve ser posto no campo da experiência sensível, visto que é aqui que a realidade se desenrola e é aqui que se pode afirmar que duas realidades não se contradizem. Pois, não há a possibilidade da contradição (como fundamento lógico), já que o simples possível só pode existir se ele não se contradiz. A existência não pode ser estabelecida no campo lógico, mas na experiência, onde se encontram os eventos da oposição real. Nesse sentido, a oposição real pode ser estabelecida como o *princípio do existente efetivo*, aquele que existe efetivamente e sem contradição, permitindo que o sujeito cognitivo possa construir representações dos objetos que se colocam no espaço (e no tempo).

Levando em consideração essa interpretação (oposição real como o *princípio do existente efetivo*), será possível, em certa medida, aproximar as duas obras em questão por um outro viés, resgatando o plano da causalidade tratado em *Grandezas negativas* em relação ao conceito de força no campo da oposição real efetiva (atual) ou potencial (possível), quando se estende esses dois tipos de oposição ao argumento do simples possível e daquele que existe efetivamente.

Acerca da oposição efetiva (ou atual), Kant afirma:

> *Assim se passa, por exemplo, com forças motrizes de um mesmo corpo que seguem direções exatamente opostas: os fundamentos, nesse caso, suprimem efetivamente suas consequências recíprocas, isto é, os movimentos. Por isso gostaria, a partir de agora, de denominar efetiva essa oposição (opposition actualis).*[112] (GN, AA 02: p. 193, grifo do autor)

Acerca da oposição possível (ou potencial), ele diz:

> *Em contrapartida, é lícito denominar diferentemente aqueles predicados que pertencem a coisas diversas e que não suprimem imediatamente suas consequências recíprocas, embora sejam um o negativo do outro, na medida em que cada um deles é constituído de modo que poderia suprimir a consequência do outro, ou, ao menos, algo que seja tão determinado quanto essa consequência, e igual a ela. Essa oposição pode ser chamada de possível (oppositio potentialis).*[113] (GN, AA 02: p. 193, grifo do autor)

Com a aplicação do conceito de grandezas negativas à filosofia, juntamente com as duas determinações da oposição real expostas acima, a tese da oposição real é estabelecida com o intuito de demonstrar que duas coisas contrárias (de grandezas opostas) podem estar em um mesmo sujeito sem que haja contradição, mas há uma supressão. Isso fica claro se levarmos em consideração o conceito de força física, visto

---

112 [...] Z.E. Bewegkräfte eben desselben Körpers nach einander gerade entgegengesetzten Richtungen, und da heben die Gründe ihre beiderseitige Folgen, nämlich die Bewegungen, wirklich auf. Daher will ich für jetzt diese Entgegensetzung die wirkliche nennen (*oppositio actualis*).
113 Dagegen nennt man mit Recht solche Prädicate, die zwar verschiedenen Dingen zukommen und eins die Folge des andern unmittelbar nicht aufheben, dennoch eins die Negative des andern, in so fern ein jedes so beschaffen ist, daß es doch entweder die Folge des andern, oder wenigstens etwas, was eben so bestimmt ist wie diese Folge und ihr gleich ist, aufheben könnte. Diese Entgegensetzung kann die mögliche heißen (*oppositio potentialis*).

que é nesse ponto que Kant exemplifica a oposição real em suas subdivisões, a saber: *atual e potencial* (ARANA, 1982).

Quando Kant relaciona os conceitos de *força* com a *oposição real*, uma vez que ambas são configuradas no plano empírico, pode-se ponderar que Kant parece iniciar um rompimento com certos princípios racionalistas:

> O ponto de vista segundo o qual a lógica, sob sua forma tradicional de silogística, podia ser suficiente para "refletir" o sistema da realidade, cai por terra de uma vez por todas, pois tanto ela como seu princípio supremo, o princípio de contradição, não bastam sequer para definir no que tem de peculiar a relação real mais simples de todas, ou seja, a relação de causa e efeito.[114] (CASSIRER, 1948, p. 95, grifo do autor, tradução nossa)

De acordo com a citação, a oposição lógica com seu princípio de contradição *não dá conta* de explicar a realidade e muito menos a causalidade encontrada no campo da experiência sensível. Ou seja, a oposição real deveria ser posta como o princípio da possibilidade da existência do conceito de simples possível engendrado logicamente, pois só assim ele terá sua posição absoluta no espaço e poderá ser configurado como uma realidade existente em que nada lhe é acrescentado. Isto é, sua existência não lhe acrescenta nada em relação ao que estava contido enquanto ele permanecia como um simples possível (BDG, AA 02: p. 75).

Aqui caberiam duas questões: seria possível aproximar a oposição lógica e a oposição real com o contexto do *Único argumento possível*? E se fosse possível, poderia-se dizer

---

[114] El punto de vista según el cual la lógica, bajo su forma tradicional de silogística, podía bastar para "reflejar" al sistema de la realidad, se viene a tierra una vez por todas, pues tanto ella como su pricipio supremo, el principio de contradicción, no bastan siquiere para definir en lo que tiene de peculiar la relación real más simple de todas, o sea la relación de causa e efecto (CASSIRER, 1948, p. 95, grifo do autor).

que *Grandezas negativas* possui uma terceira via de interpretação que não seja nem da ordem moral e nem da ordem causal? Diante disso, a relação que pode ser estabelecida entre o *Único argumento possível* e *Grandezas negativas* consiste em: o simples possível é engendrado logicamente e é dado como possível se, e somente se, não está em contradição (BDG, AA 02: pp. 72-73, 77). Assim, o conceito de simples possível é dado como existente na sensibilidade, em que o sujeito cognoscente pode construir suas representações e conhecer os objetos que ali se encontram.

Nesse sentido, tem-se a oposição lógica que se relaciona ao simples possível no que diz respeito ao princípio de contradição; ou seja: se não se contradiz, existe. Porém, se considerarmos a oposição real em suas características *potencial* ou *efetiva* pode-se dizer que o simples possível está em potência (ele não está em contradição) e pode constituir-se em um ser existente por meio da conjugação da oposição lógica, que lhe confere a não contradição e a oposição real, que lhe confere a existência, uma vez que essa se apresenta na sensibilidade em que não se desenrola a contradição (porque somente existe aquilo que não se contradiz). Portanto, o ser está em potência pelo viés da oposição real mesmo que esse seja estabelecido primeiramente pelo viés da oposição lógica, e o mesmo ser é existente por meio da oposição real efetiva que lhe concebeu a realidade – nesse ponto, a primeira questão estaria respondida e, consequentemente, a segunda seguiria o mesmo resultado, pois esse seria o terceiro viés para interpretar *Grandezas negativas*: *atribuir a oposição real ao conceito de simples possível como um princípio que garante sua existência efetiva no campo sensível, onde se encontram as coisas que existem efetivamente (reais).*

A argumentação desenvolvida acima é uma possível interpretação do conceito de "grandezas negativas", envolvido com a crítica ao argumento ontológico presente no *Único argumento possível*. Somente com a introdução desse conceito é possível pensar em uma oposição que não se contradiz. É por meio dessa oposição (real) que Kant dá mais um passo em direção à crítica ao dogmatismo, uma vez que no escrito *Sonhos*, como veremos, os argumentos continuarão no mesmo plano entre o que existe de modo efetivo e o que é postulado como existente. Desse modo, as três obras tratadas até então poderiam configurar o criticismo presente na década de 1760.

Com efeito, *Grandezas negativas* se coloca como um escrito que se mostrará como uma obra que une o *Único argumento possível* e *Sonhos*, à medida que os problemas abordados permanecem os mesmos, mudando somente o tom do tratamento dado a eles. Mas, pode-se adiantar que *Sonhos* o conceito de espírito veste com outra roupagem a argumentação da prova da existência de Deus presente no *Único argumento possível*. E a necessidade do conceito de simples possível dado como existente, somente quando posto no espaço (obtendo sua realidade), é abordado em *Sonhos* por meio da prova sensível para os seres que são dados como existentes no mundo suprassensível, sendo transportados pelos visionários ao campo da experiência através do espaço e tempo, que são formas da sensibilidade (no contexto da redação da *Crítica da razão pura*) responsáveis pelo conhecimento dos seres visíveis (e invisíveis no contexto de *Sonhos*).

1.3.2 - Prelúdio à Revolução Copernicana

Considerando o escrito *Grandezas negativas* como uma obra, sob certos aspectos, de cunho crítico, é preciso fixar o argumento no plano da própria especulação de Kant presente nessa obra, que conduz a afirmações que abririam definitivamente as portas para a crítica à razão de forma bem fundamentada com a publicação da *Crítica da razão pura* em 1781.

No final da terceira seção de *Grandezas negativas*, Kant cita Leibniz no que diz respeito à compreensão do mundo. Nesse ponto, é possível perceber que Kant não critica Leibniz abertamente, mas aponta certa concordância com sua doutrina. Porém, o pano de fundo dessa possível concordância pode ser considerado o primeiro passo para a *Revolução Copernicana*, uma vez que no argumento de Kant encontram-se dois *usos* que são atribuídos à faculdade do entendimento que serão apresentados na *Dissertação de 1770*.

> *Há algo de grande e, a meu ver, de acertado no pensamento do Sr. von Leibniz: a alma apreende o todo do universo com sua faculdade de representação, embora apenas uma parte infinitamente pequena dessas representações seja clara. De fato, todas as espécies de conceitos precisam repousar somente sobre a atividade interna de nosso espírito, como seu fundamento. Coisas externas bem podem conter a condição sob a qual se apresentam dessa ou daquela maneira, mas não a força para efetivamente produzi-los. A faculdade de pensar da alma precisa conter os fundamentos reais de todos eles, tanto quanto eles devem originar-se naturalmente nela, e as aparições de noções que surgem e desaparecem devem, segundo todo aspecto, ser atribuídas somente à concordância ou à oposição de toda essa atividade.*[115] (NG, AA 02: pp. 199-200)

---

115 Es steckt etwas Großes und, wie mich dünkt, sehr Richtiges in dem Gedanken des Herrn von Leibniz: Die Seele befaßt das ganze Universum mit ihrer Vorstellungskraft, obgleich nur ein unendlich kleiner Theil dieser Vorstellungen klar ist. In der That müssen alle Arten von Begriffen nur auf der innern Thätigkeit unsers Geistes, als auf ihrem Grunde, beruhen. Äußere Dinge können wohl die Bedingung enthalten, unter welcher sie sich auf eine oder andere Art hervorthun, aber nicht die Kraft sie wirklich hervorzubringen. Die Denkungskraft der Seele muß Realgründe zu ihnen allen enthalten, so viel ihrer natürlicher Weise in ihr entspringen sollen, und die Erscheinungen der entstehenden und vergehenden Kenntnisse sind allem Ansehen nach nur der Einstimmung oder Entgegensetzung aller dieser Thätigkeit beizumessen.

Dessa citação pode-se retirar, pelo menos, três pontos-chave para o desenvolvimento do argumento em favor da *Revolução Copernicana*. O primeiro no que se refere a Leibniz: a alma apreende o todo do mundo, porém somente uma parte das representações é clara e possível de ser compreendida. Nesse ponto, Kant está de acordo com Leibniz, pois afirma que os conceitos devem provir do interior do espírito (alma), uma vez que as coisas que são externas ao sujeito somente possuem a capacidade de se apresentarem de uma forma e não de outra, e não são dotadas de força suficiente para produzir conceitos. Assim, Kant pode dizer que a alma contém o fundamento dos conceitos que ela mesma produz. O segundo ponto concerne ao uso real e ao uso lógico do entendimento: "a faculdade de pensar da alma precisa conter os fundamentos de todos eles (conceitos)" – referência ao uso real; e "as aparições de noções que surgem e desaparecem devem [...] ser atribuídas somente à concordância ou à oposição de toda essa atividade" – referência ao uso lógico.

O terceiro ponto compreende uma crítica ao princípio de contradição leibniziano, pressuposto para todo o conhecimento. Porém, para Kant somente esse princípio não corresponde ao conhecimento, sendo necessária a articulação com o uso real do entendimento. Aqui, Kant se opõe a Leibniz e essa oposição será retomada, em alguns aspectos, na afirmação kantiana de que o entendimento e a sensibilidade são as responsáveis pelo conhecimento, já que na segunda parte da Doutrina Transcendental dos Elementos da *Crítica,* tem-se a seguinte afirmação: "Pensamentos sem conteúdo são vazios, intuições sem conceitos são cegas"[116] (KrV, B 75), que aponta o labor entre a intuição sensível e os conceitos puros do entendimento.

A identificação dos germes da *Revolução Copernicana*, dirigido ao trecho citado, pode ser corroborada pelo artigo

---

[116] Gedanken ohne Inhalt sind leer, Anschauungen ohne Begriffe sind blind.

de Pons (1982, p. 40), que afirma na mesma passagem a posição kantiana como uma preparação para a revolução que ele fará no campo do conhecimento, estabelecendo o sujeito como o detentor do conhecimento e não mais como um mero espectador. Ou seja, o conhecimento só é obtido por meio das capacidades cognitivas do sujeito, que através da intuição sensível pode abarcar os objetos e submetê-los ao exame das categorias da faculdade do entendimento.

Com efeito, Pons afirma que os conhecimentos da razão são opostos logicamente (contradição), já que permanecem no campo das inferências. Por outro lado, o conhecimento do entendimento pode formar oposições reais (positivas) o que conduz à aproximação com os argumentos da *Dissertação de 1770* no que diz respeito ao uso lógico e uso real do entendimento. Isso porque o primeiro compara dados e o segundo configura os próprios conceitos do entendimento, à medida em que a relação entre o uso lógico e o uso real promove o conhecimento.

Nesse sentido, é possível observar, na argumentação de *Grandezas negativas*, uma possível "alusão" ao uso lógico e uso real da faculdade de conhecimento, nas palavras de Kant:

> *Compreendo perfeitamente como uma consequência é posta mediante um fundamento conforme a regra da identidade, porque a análise do conceito a encontra contida nele. [...] E posso compreender distintamente essa ligação do fundamento com a consequência, porque a consequência efetivamente coincide com um conceito parcial do fundamento e, na medida em que já está contida nele, é posta por ele mediante a regra do acordo. [...] Denomino fundamento lógico a primeira espécie de fundamento, pois sua referência à consequência pode ser compreendida logicamente, isto é, de maneira distinta segundo a regra da identidade; porém, denomino fundamento real o fundamento da segunda espécie, pois essa referência, embora pertença*

a meus conceitos verdadeiros, é de uma espécie que não pode ser julgada de modo algum.[117] (NG, AA 02: p. 202)

Assim, é possível estabelecer uma ligação entre *Grandezas negativas* e *Dissertação de 1770*, no que diz respeito aos fundamentos lógico e real. Do mesmo modo, é possível promover uma articulação com o *Único argumento possível* no que concerne à oposição real, uma vez que a formulação lógica de um conceito de simples possível só será válida se, e somente se, ocorrer uma correspondência desse conceito com o sensível e esse é o campo da oposição real. Caso contrário, o conceito permanecerá no campo lógico, sem existência concreta.

Para concluir esse ponto, cito abaixo as palavras de Kant retiradas da *Dissertação de 1770*, em que ele afirma o *uso lógico* e *o uso real* do entendimento:

> *Ao conhecimento da sensibilidade pertence, por conseguinte, tanto a matéria que é a sensação e em virtude da qual os conhecimentos se chamam* sensíveis, *como a forma, em virtude da qual as representações, ainda que se mostrem sem qualquer sensação, são chamadas* sensitivas. *Por outro lado, no que concerne às* intelectuais, *deve, antes de mais nada, advertir-se cuidadosamente o seguinte: o uso do entendimento, ou seja, da faculdade superior*

---

117 Ich verstehe sehr wohl, wie eine Folge durch einen Grund nach der Regel der Identität gesetzt werde, darum weil sie durch die Zergliederung der Begriffe in ihm enthalten befunden wird. [...] Und diese Verknüpfung des Grundes mit der Folge kann ich deutlich einsehen, weil die Folge wirklich einerlei ist mit einem Theilbegriffe des Grundes und, indem sie schon in ihm befaßt wird, durch denselben nach der Regel der Einstimmung gesetzt wird. [...] Ich nenne die erstere Art eines Grundes den logischen Grund, weil seine Beziehung auf die Folge logisch, nämlich deutlich nach der Regel der Identität, kann eingesehen werden, den Grund aber der zweiten Art nenne ich den Realgrund, weil diese Beziehung wohl zu meinen wahren Begriffen gehört, aber die Art derselben auf keinerlei Weise kann beurtheilt werden.

> *da alma, é duplo: mediante o primeiro, que é o Uso Real, são dados os conceitos mesmos, seja das coisas, seja das relações; mediante o segundo, porém, qualquer que seja a sua origem, apenas são submetidos os inferiores aos superiores (às características comuns) e comparados entre si segundo o princípio de contradição – esse é o chamado Uso Lógico.* (MSI, AA 02: p. 393, grifo do autor)

Parece notável, pela citação, a aproximação com *Grandezas negativas*, ao menos no que se refere à oposição lógica e à oposição real. No que diz respeito à *Revolução Copernicana*, transparece a importância que Kant concebe ao uso das faculdades cognitivas do sujeito para aquisição do conhecimento. Diante de toda a argumentação desenvolvida até aqui, pode-se afirmar que o caminho traçado por Kant, juntamente com seu amadurecimento diante das questões que concernem à metafísica e aos limites da razão, desemboca na crítica àqueles que Kant nomeia como racionalistas dogmáticos refletida nas obras da década de 1760 e na própria virada no campo do conhecimento estabelecida, seguindo a história da filosofia kantiana, no ano de 1770.

Por fim, Kant anuncia em *Grandezas negativas* que, numa obra futura, a oposição lógica e real será apresentada de modo mais pormenorizado, o que nos leva a "hipostasiar" a relação "estreita" entre essa obra e a *Dissertação de 1770*:

> *Refleti acerca da natureza de nosso conhecimento relacionado a nossos juízos sobre fundamentos e consequências, e, algum dia, apresentarei pormenorizadamente o resultado dessas considerações. Delas resulta que a relação de um fundamento real a algo que por meio dele é posto ou suprimido de modo algum pode ser expresso por um juízo, mas sim apenas por um conceito, o qual mediante decomposição, pode ser trazido a conceitos mais simples de fundamentos reais, de tal modo que, ao fim, todo nosso conhecimento dessa relação finda em conceitos simples e indecomponíveis de fundamentos reais, cuja relação à*

consequência não pode absolutamente fazer-se distinta.[118]
(NG, AA 02: pp. 203-204, grifo nosso)

1.3.3 - Crítica aos dogmáticos: aproximação entre *Grandezas negativas* e *Sonhos*

Para preparar o terreno para argumentar acerca da problemática que será engendrada no escrito *Sonhos de um visionário*, traçamos abaixo uma aproximação, de certo modo temática, entre essa obra e *Grandezas negativas*.

O desfecho de *Grandezas negativas* parece conduzir ao início de *Sonhos*, visto que em ambos Kant se dirige aos racionalistas e seu pedantismo em saber – tudo de tudo – e tudo explicar. Na primeira, Kant afirma: "Nada sabe, nada compreende, mas fala de tudo e tira partido do que fala"[119] (NG, AA 02: p. 200). Pode-se perceber que essa afirmação segue em direção aos racionalistas, como Wolff, levando Kant a chamá-los, em *Sonhos*, para a discussão acerca do conceito de "espírito", conceito por muitos utilizado e por quase nenhum explicado.

Corroborando os argumentos finais de *Grandezas negativas*, Kant escreve logo no início de *Sonhos*:

---

118   Ich habe über die Natur unseres Erkenntnisses in Ansehung unserer Urtheile von Gründen und Folgen nachgedacht, und ich werde das Resultat dieser Betrachtungen dereinst ausführlich darlegen. Aus demselben findet sich, daß die Beziehung eines Realgrundes auf etwas, das dadurch gesetzt oder aufgehoben wird, gar nicht durch ein Urtheil, sondern bloß durch einen Begriff könne ausgedrückt werden, den man wohl durch Auslösung zu einfacheren Begriffen von Realgründen bringen kann, so doch, daß zuletzt alle unsre Erkenntnisse von dieser Beziehung sich in einfachen und unauflöslichen Begriffen der Realgründe endigen, deren Verhältniß zur Folge gar nicht kann deutlich gemacht werden.

119   Er weiß nichts, er versteht nichts, aber er redet von allem, und was er redet, darauf pocht er.

> *O palavrório metódico das universidades é muitas vezes tão só um acordo em desviar de uma questão de difícil solução através de palavras ambíguas, porque dificilmente se ouve nas academias o cômodo e o mais das vezes razoável "eu não sei"*.[120] (TG, AA 02: p. 319, grifo nosso)

Conforme Pons (1982, p. 42), a atitude de Kant nesse escrito culmina nas obras críticas, pois há a mistura da metafísica com as fantasias de *Swedenborg*[121] (o visionário)

---

120 Das methodische Geschwätz der hohen Schulen ist oftmals nur ein Einverständniß, durch veränderliche Wortbedeutungen einer schwer zu lösenden Frage auszuweichen, weil das bequeme und mehrentheils vernünftige: Ich weiß nicht, auf Akademien nicht leichtlich gehört wird.

121 O sobrenome Swedenborg é de origem sueca. Na Suécia era comum mudar o sobrenome das famílias de acordo com a região onde elas residiam ou mesmo quando a família recebia um título de nobreza concedido pelo rei. No caso da família Swedenborg, nota-se o seguinte: a palavra "Sweden" era o nome do domicílio da família: a Suécia; o sufixo "borg" é oriundo de um título de nobreza concedido à família de Swedberg; assim, o sobrenome da família passou a ser: Swedenborg (no texto *Sonhos de um visionário*, na versão original em alemão e na tradução brasileira, encontra-se o nome Schwedenberg e não Swedenborg; porém, em outras traduções ou mesmo em obras de intérpretes da filosofia kantiana, vê-se Swedenborg). Pode-se dizer que Emanuel Swedenborg passou da ciência natural à teologia quando já passava da meia idade e tal teologia pode ser explicada pela origem hereditária, uma vez que seu pai era um bispo luterano, Jesper Swedberg, que acreditava na presença de anjos entre os homens, anjos como "espíritos ministrados", os quais cabiam a tarefa de anunciar aos homens aqueles que serão os "legatários da salvação". Jesper afirmava viver e conversar com seu "anjo da guarda", acreditando na posse de dons espirituais e poder hipnótico de cura. Com isso, não é difícil aludir à influência do pai sobre Emanuel Swedenborg, o qual afirmava possuir um relacionamento íntimo com o mundo espiritual. Emanuel Swedenborg nasceu em Estocolmo (29 de janeiro de 1688), realizando diversas viagens pelo mundo adquirindo conhecimentos diversos, o que justifica seus projetos: projeto de um navio que podia mergulhar com a tripulação ao fundo do mar e atacar o navio inimigo; sistema de comportas para suspender navios cargueiros; sistema de moinhos movido pela ação do fogo sobre

demonstrando pouco a pouco os limites da razão promovendo a crítica ao idealismo. Nesse sentido, Kant postula que todo o conhecimento deve possuir validade na experiência, ou melhor, todo conceito deve possuir uma correspondência sensível, justificando assim o trabalho daqueles que falam do conceito de espírito (ser imaterial) e provam sua existência por meio de inferências lógicas sem medo de refutação. Pois, toda a explicação é dada racionalmente sem fundamento algum, e com a credulidade dada aos visionários, fica fácil acreditar na existência de um ser imaterial: "porque sempre foi assim e certamente continuará a ser no futuro que certas coisas absurdas encontrem aceitação junto a pessoas racionais, só porque se fala geralmente delas"[122] (TG, AA 02: p. 357).

Ao tratar do conceito de espírito, Kant se refere à necessidade da existência de um mundo dos espíritos, o que fica explícito à medida que os racionalistas, como: Descartes, Leibniz e Wolff utilizam a alma humana para configurar a relação entre o mundo material com o mundo imaterial, promovendo assim uma visão una da mesma coisa. Ou seja, o homem abarca

---

a água; metralhadora pneumática que podia dar de sessenta a setenta tiros sem recarga; máquina voadora. Mas, entre todas as invenções, o principal invento foi a descoberta do método para determinar a longitude da Terra com base na Lua. Tal método não foi bem acolhido pelos sábios da época. Teve como profissões: assessor titular do Conselho de Mineração, engenheiro, teólogo-espiritual (após receber a missão divina de explicar aos homens o verdadeiro sentido das palavras da Escritura), filósofo, físico, "médico" (por conta de suas pesquisas de anatomia), matemático, astrônomo, por fim, visionário. Muitos de seus projetos e obras, não obtiveram êxito, mas hoje há Institutos (principalmente na Inglaterra, mas também no Brasil – "A Nova Jerusalém") que se dedicam a estudar a vida e obra de Swedenborg. Sobre o assunto ver: TROBRIDGE, G.L. *Swedenborg, vida e ensinamentos*. Rio de Janeiro: Sociedade Religiosa, A Nova Jerusalém, 1998. Ver também: <www.swedenborg.com> (Sociedade Swedenborg).

122   Denn es ist zu allen Zeiten so gewesen und wird auch wohl künftighin so bleiben, daß gewisse widersinnige Dinge selbst bei Vernünftigen Eingang finden, bloß darum weil allgemein davon gesprochen wird.

o mundo visível e o invisível, pois atribui a infinidade a Deus que supostamente reside no mundo imaterial (dos espíritos), ao mesmo tempo em que abarca o mundo real. Mas o problema reside no modo através do qual os "indivíduos" podem abranger o invisível, isto é, aquilo que ultrapassa o campo da experiência e também os próprios limites do conhecimento humano.

Com efeito, a experiência parece ser o único meio que concebe validade objetiva a todo o conceito engendrado e a todo o objeto possível de ser conhecido. Assim, Kant estabelece que a base para o conhecimento seguro é a experiência, pois é somente nesse campo que o homem conhece, visto que é ali que ele possui a sensação dos objetos colocados no espaço. Por fim, a argumentação de *Sonhos* caminha em direção aos limites do conhecimento humano, uma vez que os visionários utilizam as condições da sensibilidade espaçotemporal para abarcar seres imateriais, ao passo que os racionalistas utilizam os mesmos critérios e confirmam a existência de seres que transcendem o mundo material. Nesse sentido, os filósofos racionalistas são comparados por Kant aos visionários, uma vez que esses seriam os únicos que poderiam salvar a metafísica de sua decadência, pois eles podem provar a existência do mundo imaterial além da própria possibilidade de representar tais seres no espaço e no tempo, ou seja, na sensibilidade.

Na sequência cito uma passagem de *Grandezas negativas* que corrobora o trecho citado acima com referência ao *palavrório metódico*, que Kant atribui àqueles que dizem tudo saber e nem ao menos provam o que falam:

> *É, sobretudo, digno de nota o fato de que, quanto mais sondamos nossos juízos mais comuns e confiantes, mais descobrimos ilusões dessa espécie, pois contentamo-nos com palavras, sem compreender o que quer que seja das coisas.*[123] (NG, AA 02: p. 192)

---

123   Es ist überaus merkwürdig: daß, je mehr man seine gemeinste

1.3.4 - As possíveis relações entre o *Único argumento possível, Grandezas negativas* e *Sonhos*

As obras da década de 1760 apresentam relações entre si que podem corroborar a argumentação acerca do período em que Kant é considerado um filósofo antidogmático. Nesse sentido, buscaremos mostrar alguns pontos de aproximação entre elas a fim de apresentar o criticismo kantiano presente nessa época.

No livro de Daniel Omar Perez intitulado *Kant pré-crítico: a desventura filosófica da pergunta* (1998) encontra-se uma articulação entre as obras da década de 1760 no que diz respeito à determinação lógica e real, que culminam na crítica kantiana à metafísica tradicional.

Em sua argumentação, Perez afirma que nos anos de 1750 Kant antecipa uma preocupação que será tratada em 1763 na obra *Grandezas negativas*, na tentativa de delimitar a explicação do real (a existência), através do princípio lógico (princípio de contradição). Na *Nova Dilucidatio* seu intuito era elucidar os primeiros princípios do conhecimento humano baseando-se no princípio de contradição, em que um sujeito não pode ser e não ser ao mesmo tempo, o que impossibilitaria sua existência, uma vez que a melhor formulação seria dizer que uma coisa é (existe) quando o seu oposto é falso.

O princípio de contradição, tão caro ao princípio de identidade, transforma-se, em Kant, em princípio derivado e não primeiro, ou seja, ele é afirmativo e/ou negativo: "tudo aquilo que é, é"; "tudo aquilo que não é, não é". Assim, na filosofia kantiana o princípio de contradição é caracterizado diante daquilo que se diz como impossível, isto é, não dá

---

und zuversichtlichste Urtheile durchforscht, desto mehr man solche Blendwerke entdeckt, da wir mit Worten zufrieden sind, ohne etwas von den Sachen zu verstehen.

conta da existência do real, uma vez que o conceito permanece como um simples possível e se houver contradição ele se torna impossível.

Na busca por esclarecer o problema da distinção entre lógico e real, empreende-se uma reformulação do princípio de razão suficiente, que em Kant é uma razão determinante (contra a concepção wolffiana). Para Wolff, a razão esclarece porque uma coisa é em vez de não ser, ao passo que para Kant a razão se encontra na relação do sujeito com o seu predicado e, nesse sentido, ele considera um princípio de determinação (razão determinante) que exclui de um predicado o seu oposto.

Portanto, surge uma razão determinante que se divide em duas partes respondendo ao quê e ao porquê, a razão de ser e a razão de não ser. Logo, Kant concebe uma razão anteriormente determinante "cuja noção precede àquilo que é determinado"; e uma razão posteriormente determinante em que "a noção do determinado deve ser dada". Essas duas determinações permitem distinguir o estatuto lógico do estatuto do existente, ao passo que a afirmação wolffiana acerca da razão não esclarece o existente e sim aquilo que pode ser determinado de modo lógico. Ou seja, a razão produz existentes com regras lógicas e não promove a existência de modo efetivo, o que levou Kant, no *Único argumento possível*, a uma crítica do modo lógico de determinar aquilo que só pode existir como mera possibilidade e mesmo assim é dada a sua existência como efetivamente válida.

A proposta kantiana diante do existente caminha em direção à distinção entre ordem lógica e ordem real, uma vez que a existência de Deus é determinada por si mesma, sendo uma operação de ordem ideal, não real. Tem-se a noção de Deus como ideia do ponto de vista da essência, que reforça ainda mais a possibilidade da razão, em seu uso lógico, determinar o existente, pois ela pode somente configurar a essência de um conceito e prová-lo como existente; porém, não efetivamente em uma ordem real (somente conceitual).

> *A diferença entre operações de ordem ideal e de ordem real começa a ser estabelecida a partir da relação com o sensível. A ordem lógica, sem qualquer relação com o sensível é uma operação de caráter ideal, desse modo vai se colocando um limite ao princípio de determinação em relação com a existência. O logicismo parece ser uma espécie de* bunker *da metafísica tradicional, pelo fato de fornecer uma aparência de imagem verdadeira à posições dogmáticas. A operação consiste em considerar o que é meramente lógico como se fosse conhecimento real do objeto.*
> (PEREZ, 1998, p. 60, grifo do autor)

A oposição entre ordem lógica e ordem real é tratada em 1763 com o ensaio de *Grandezas negativas*, uma vez que a oposição lógica é uma contradição e a oposição real é algo dado sem contradição. Para Kant, a ordem real foi esquecida pelos metafísicos, o que levou os mesmos a diversos erros e provas duvidosas.

Por definição, a oposição lógica é quando em um mesmo sujeito se afirma e se nega algo ao mesmo tempo, o que gera contradição, se reduz a nada; a oposição real é a possibilidade de afirmar algo de um sujeito por meio de dois predicados que se opõem, mas não são contrários e podem suprimir um ao outro sem contradição e tem-se como consequência algo.

O tratamento dado nesse ensaio à operação lógica e à operação real, se assemelha ao tratamento dado no *Único argumento possível* acerca da existência com relação ao pensamento lógico e a verdade existente, ou seja, não se pode provar a existência por inferências, uma vez que ela é *posição absoluta*. Em uma nota, na *Crítica*, Kant corrobora tal argumentação, no contexto da validade objetiva dos conceitos em conceber sua validade e disso inferir sua realidade como existente:

> *O conceito é sempre possível se não se contradiz. Essa é a nota lógica da possibilidade, e por ela o seu objeto distingue-se do* nihil negativum. *Mas não deixa menos de ser um conceito vazio se não for particularmente demostrada a realidade objetiva da síntese pela qual o conceito é produzido. Mas como se mostrou acima, isso repousa sempre sobre princípios da experiência possível, e não sobre princípio da análise (o princípio de contradição). Essa é uma advertência para que da possibilidade dos conceitos (lógica) não se infira logo a possibilidade das coisas (real).*[124]
> (KrV, B 626, nota, grifo do autor)

Como pode-se observar, a existência não é um atributo e nem mesmo um complemento daquilo que existe efetivamente, ela não é um acréscimo. Para Kant a existência não é aquilo que falta a uma coisa, o que o leva a afirmar que há uma diferença entre o pensável e o realmente existente, visto que da reunião de certos atributos designados a um sujeito não prova que ele realmente existe – o mesmo vale para a existência de Deus.

Pode-se observar que no ano de 1763, Kant engendra uma investigação à procura por uma metafísica que possa se fundamentar como ciência, com a crítica aos racionalistas presente nessas obras. Seguindo esse raciocínio, Kant escreve em 1766 *Sonhos de um visionário explicados por sonhos da metafísica*, uma obra que supostamente possui

---

124 Der Begriff ist allemal möglich, wenn er sich nicht widerspricht. Das ist das logische Merkmal der Möglichkeit, und dadurch wird sein Gegenstand vom *nihil negativum* unterschieden. Allein er kann nichts destoweniger ein leerer Begriff sein, wenn die objective Realität der Synthesis, dadurch der Begriff erzeugt wird, nicht besonders dargethan wird; welches aber jederzeit, wie oben gezeigt worden, auf Principien möglicher Erfahrung und nicht auf dem Grundsatze der Analysis (dem Satze des Widerspruchs) beruht. Das ist eine Warnung, von der Möglichkeit der Begriffe (logische) nicht sofort auf die Möglichkeit der Dinge (reale) zu schließen.

um conteúdo ou uma problemática de cunho crítico, à medida que vai de encontro à metafísica tradicional; e cética quando duvida dos dogmas da razão e compara as teses metafísicas a sonhos de fantasistas.

A argumentação desenvolvida no escrito aponta um elemento de cunho crítico que será utilizado na *Crítica da razão pura*, a saber: conceitos possíveis e impossíveis estão relacionados à experiência uma vez que um conceito que possui uma referência sensível é possível, ao passo que um conceito somente abstrato sem referência empírica é impossível. Com efeito, nas palavras de Franco Lombardi, pode-se aproximar *Sonhos* com *Crítica* e, consequentemente, com o *Único argumento possível*.

> *Nesse aqui (Träume) Kant também dirá que talvez alguém poderá, em seguida, apresentar diversas opiniões em relação à metafísica, mas não poderá apresentar conhecimento real. São esses acentos que já prenunciavam a* Crítica*, e, se esses se encontram por um lado em* Sonhos*, já podemos sentir ou pressentir no mesmo escrito em que Kant parece querer apresentar o argumento para uma demonstração da existência de Deus.*[125] (1946, p. 201, grifo do autor, tradução nossa)

Segundo afirma Lombardi, no *Único argumento possível* encontram-se argumentos que provam a existência de Deus, os quais são, de certo modo, dirigidos às provas já existentes sobre o assunto. Nesse sentido, Kant afirma que somente é necessário se convencer da existência de Deus

---

125 [...] In essi (*Sonhos*) Kant ci dirà anche che forse qualcuno potrà in seguito presentare in riguardo alla metafisica diverse opinioni, ma non potrà presentare vere e proprie conoscenze. Sono, questi, accenti che già preludono alla *Critica*, e, se essi si ritrovano per uno lato nei *Sogni*, si possono già sentire o presentire nello stesso scritto in cui Kant sembra voglia presentare l'argomento per una dimostrazione dell'esistenza di Dio. (1946, p. 201, grifo do autor)

sem a necessidade de demonstrá-la, porém a demonstração é essencial aos argumentos posteriores dirigidos aos dogmáticos da razão, o que aproxima a obra de 1763 a *Sonhos*, visto que nessa obra a metafísica é posta em questão e não se difere muito da argumentação do *Único argumento possível*, pois, aqui, fala-se de Deus e sua existência; lá fala-se da existência do espírito e das provas *a priori* e constatadas por um visionário que transporta os invisíveis para o campo sensível e os abarca no suprassensível por meio do espaço e tempo.

Para encerrar essa seção, vale ressaltar uma aproximação entre o *Único argumento possível* e *Grandezas negativas*, pois considerando a primeira no que diz respeito ao conceito de simples possível e a segunda no que concerne à oposição real em detrimento da oposição lógica, pode-se falar aquilo que Kant pretende: dizer que algo é possível significa dizer que ele não existe e afirmar que algo existe também não demonstra que esse nunca foi um simples possível. Em outras palavras, a oposição lógica tida como contradição aplicada ao simples possível não permite a sua existência, mas a oposição real com sua divisão em atual e potencial permite afirmar que algo, respectivamente, existe ou está em potência, pode ou não existir.

Com efeito, o *Único argumento possível* abre, de certo modo, as portas para a argumentação de *Grandezas negativas*, pois a existência como *posição absoluta* se refere à oposição real, uma vez que essa se desenrola no campo empírico (causalidade). Ao mesmo tempo, a oposição lógica justifica a impossibilidade do princípio de contradição determinar a existência, pois tal princípio não está articulado com o campo sensível permanecendo no campo lógico, ou seja, inferências que não estão relacionadas ao sensível não podem provar a existência de nenhum objeto (conceito).

Do mesmo modo, as duas obras culminam no escrito *Sonhos*, já que é nessa obra que é possível observar a distinção entre um mundo visível e um mundo invisível, além da articulação entre o conceitual e o empírico, pois todo o conceito deve possuir uma correspondência sensível para obter validade objetiva. Ou seja, o conceito de algo existente se encontra no espaço e no tempo que são formas puras da sensibilidade que permitem o conhecimento do sensível, bem como dos conceitos puros do entendimento.

Enfim, pode-se dizer que as obras da década de 1760 estão estritamente interligadas, e se olharmos mais de perto, a obra *Sonhos* anteciparia, em alguns aspectos, a argumentação da *Dissertação de 1770* e também da *Crítica*. Portanto, torna-se visível que os escritos pré-críticos são relevantes para a compreensão do criticismo, além disso, as obras da década de 1760 caracterizam, em diversos aspectos, as argumentações posteriores que serão encontradas nas obras críticas de Kant.

1.3.5 - Uma leitura de *Sonhos de um visionário*

A obra *Sonhos de um visionário explicados por sonhos da metafísica* tem como problema a passagem do mundo sensível para o mundo inteligível, ou por objetivo, o estabelecimento dos limites da razão fixados pela metafísica não dogmática, uma metafísica que acompanha o conhecimento. Nesse sentido, Kant engendra uma articulação entre a razão especulativa e a razão prática, sendo que a primeira nos concebe o conhecimento e a segunda estabelece os limites para o conhecimento. Nesse contexto, a problemática do espírito dá azo para as ilusões da razão e, ademais, para a imaginação dos fantasistas, pois somente esses são capazes de atingir o suposto mundo espiritual.

Na obra pode-se perceber o tratamento dado à razão que ultrapassa seus limites, não obstante, à experiência que amadurece a razão e priva essa de suas ilusões. Kant começa a amadurecer o plano de unificar dois esforços em um só,[126] demonstrando que os conceitos racionais devem passar pela aprovação na experiência para adquirir uma validade objetiva. Desse modo, a razão e a experiência, que ao longo dos séculos caminharam paralelamente, acabam confluindo em um ponto, em que ambas serão responsáveis pelo conhecimento.

Conforme Philonenko (1983, p. 50), *Sonhos* representa o primeiro passo para o criticismo e a confirmação de uma crítica aos racionalistas que procuram demonstrar tudo racionalmente por meio do uso lógico das faculdades de conhecimento, configurando-se como um racionalismo dogmático. Dentro desse contexto, Kant tem a pretensão de estabelecer os limites da razão e elevar a metafísica ao estatuto de ciência que limita o uso da razão e concilia essa à experiência, contrariando Leibniz, que estabelece a verdade e o conhecimento somente pelo princípio de contradição (identidade) deixando de lado o uso real do entendimento.

Seguindo o mesmo raciocínio, Cassirer (1948) confirma a crítica à metafísica dogmática que trata suas questões sem uma prova consistente e, estendendo isso a *Sonhos*, ele se apoia na argumentação de Kant e afirma que a metafísica fala do conceito de espírito, de sua relação com o corpo, da influência material sobre o imaterial, mas corrobora que ela nunca demonstrou com fundamentos objetivos a existência de seres suprassensíveis, como o espírito. Com efeito, nos argumentos de Cassirer constata-se que esse sistema filosófico está repleto de oposições entre as realidades que postula, ressaltando que ele não busca de modo detalhado expor os

---

126 Joseph Marechal (1958, p. 287, grifo do autor) concorda com esse ponto: "Reencontrar la verdad parcial del empirismo y de la metafísica racionalista, elevarse por encima de su punto lógico de divergencia y conciliarlos corrigiendo las causas de su desviación, es decir, el dogmatismo racionalista y el exclusivismo empirista: tal será la tarea asumida por Kant. Para abreviar la expresión, llamaremos a esta tarea un intento de *síntesis del racionalismo y el empirismo*".

dados que estão disponíveis a ele para concluir suas teorias. Nesse ponto, Kant teria percebido os absurdos e as contradições existentes na metafísica, obtendo o impulso para redigir sua obra de 1766, compreendendo que a explicação possível acerca da existência de seres espirituais, bem como o próprio mundo suprassensível escapa à especulação teórica, sendo a razão prática a responsável pelos limites da razão e pela postulação de um mundo espiritual.

Em relação ao conteúdo da obra, podem-se destacar duas partes:[127] uma que apresenta um caráter dogmático, em que Kant aborda a visão racionalista tratando do conceito de espírito; outra que aborda um fundo histórico, que apresenta as histórias do visionário Swedenborg, considerado o meio-termo entre o mundo sensível e o mundo inteligível, uma vez que ele consegue transportar suas visões suprassensíveis para o campo sensível, acreditando na existência de seres espirituais que podem ser abarcados e conhecidos sensivelmente.

Na primeira parte, o conceito de espírito[128] é definido como um ser imaterial dotado de razão, que pode ocupar o mesmo espaço de um ser material sem preencher tal

---

127 Lombardi (1946, p. 297) considera três momentos na obra, a saber: momento que fala de um mundo inteligível (imaterial) configurando o mundo racional; o primado da experiência, que pode contrapor o primeiro momento; mundo moral, como base para a metafísica.

128 No mesmo sentido, Kant trata do assunto no *Escrito do prêmio* (1764), afirmando que o conceito de espírito é arbitrário e possui definições gramaticais; e conclui que a determinação do significado de palavras não são definições filosóficas: "Indessen, wird man sagen, erklären die Philosophen bisweilen auch synthetisch und die Mathematiker analytisch: z.E. wenn der Philosoph eine Substanz mit dem Vermögen der Vernunft sich willkürlicher Weise gedenkt und sie einen Geist nennt. *Ich antworte aber: dergleichen Bestimmungen einer Wortbedeutung sind niemals philosophische Definitionen*, sondern wenn sie ja Erklärungen heißen sollen, so sind es nur grammatische. Denn dazu gehört gar nicht Philosophie, um zu sagen, was für einen Namen ich einem *willkürlichen Begriffe* will beigelegt wissen" (UDGTM, AA 02: p. 277, grifo nosso).

espaço, pois não oferece resistência ao material (impenetrabilidade). Esses seres imateriais participam de um mundo imaterial (espiritual), sendo que nesse mundo reside o princípio da vida. Dessa forma, os seres corporais possuem uma relação com esse mundo, pois o que vivifica o ser é a alma (que mantém uma conexão com o espírito). Diante disso, o sujeito se encontra tanto no mundo visível quanto no mundo invisível, porém as representações não serão as mesmas, visto que enquanto alma ele não lembra o que representa o mundo espiritual e enquanto espírito não lembra o que observava como homem (alma).[129]

Após a definição de espírito, Kant estabelece como e por quem o espírito é conhecido (ou percebido). Segundo suas conclusões, somente aqueles que possuem uma imaginação criadora e que são cometidos por doença é que podem ver espíritos. A explicação consiste no fato desses indivíduos representarem quimeras, criadas por eles mesmos, apresentando-as como entidades reais que podem aparecer em suas sensações externas. Assim, o espírito seria uma criação da razão que ilude os indivíduos alienados que criam fantasias e as transportam para o mundo real.

Na segunda parte, Kant apresenta o visionário Swedenborg, o ser que afirma conversar com espíritos. Aqui, Kant apresenta a metafísica que ultrapassa os limites do conhecimento, comparando-a com as fantasias de Swedenborg buscando, por meio dessa analogia, estabelecer os limites da razão.

---

[129] Não se pode descartar a visão platônica desse escrito kantiano, pois a representação do sensível é exposta como a imagem do mundo espiritual, isto é, a conexão do espírito com a alma traduz uma comunicação das ideias espirituais ligada à experiência da linguagem externa (sensível). Nesse contexto, a alma possui um lugar no mundo dos espíritos e no momento da morte ela despoja-se do corpo e contempla de forma clara e natural as coisas daquele mundo. Isso conduz ao Diálogo Fédon de Platão e o "Mundo das ideias", além da imortalidade da alma conectada, após a morte do corpo, com as formas puras do mundo inteligível.

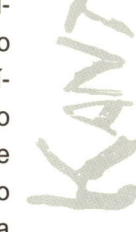

A figura de Swedenborg é relevante do ponto de vista da suposta aproximação dos mundos, a saber: visível e invisível. Desse modo, o Swedenborg é o "oráculo dos espíritos" (TG, AA 02: p. 362), que pode revelar ao sensível o que contempla no mundo espiritual, ao passo que a contemplação do mundo real não é representada aos espíritos, pois esses não possuem uma intuição sensível. Logo, esses seres têm a ilusão de estarem contemplando um mundo corporal.

Pode-se dizer, em resumo, que a obra apresenta a confluência entre razão e experiência para conceber o conhecimento, pois conceitos racionais devem possuir validade e o que é dado pela experiência deve ser sintetizado racionalmente. Com efeito, a metafísica pretendida por Kant tem como tarefa estabelecer os limites da razão e acompanhar o saber, ressaltando a impossibilidade da razão em atingir o mundo invisível. Mesmo que crie conceitos, ela não pode configurar a existência dos mesmos de modo puramente racional, pois, feito isso, somente é possível obter conceitos mal fundamentados, o que faz com que as quimeras produzidas conduzam a acreditar que elas possam possuir sua existência no campo da sensibilidade (tendo a insanidade dos visionários que acreditam caminhar em um mundo onde o irreal é simplesmente a realidade em que eles vivem).

Nessa seção buscou-se uma leitura de *Sonhos* a fim de proporcionar uma compreensão do pano de fundo que sustenta o escrito; buscou-se também sustentar que a obra carrega consigo uma crítica à metafísica tradicional. Veremos como *Sonhos* pode ser configurado como um escrito de cunho crítico e o quanto podem ser verdadeiras as afirmações encontradas acerca dessas pressuposições de caráter crítico presente nessa obra. Tentaremos mostrar que ela pode marcar a virada crítica da filosofia de Kant (ou mesmo ser a demarcação do fim do período pré-crítico) e preparar a *Dissertação de 1770* no que concerne às condições da sensibilidade espaço e tempo, bem como a "ilusão" da faculdade de conhecimento apresentada de maneira melhor fundamentada na Dialética Transcendental da *Crítica da razão pura*. Após tal tentativa, veremos se ainda é possível pressupor uma divisão estrutural na filosofia de Kant, entre um período pré-crítico e crítico.

1.3.6 - Considerações

A investigação realizada buscou elucidar a crítica (promovida por Kant ao longo da década de 1760) à pretensão da razão em abarcar por meio das categorias lógico-formais aquilo cujos conceitos são adquiridos por inferências e são dados como existentes. Tomando as próprias obras e utilizando os argumentos ali encontrados tentou-se, ao menos, mostrar a crítica que se encontra no teor delas, às vezes direta e, outras vezes, um pouco mitigadas. Com efeito, seria relevante delinear os pontos tomados até o momento.

O primeiro ponto a ser ressaltado diz respeito à crítica ao argumento ontológico cartesiano vestido com a roupagem do argumento leibniziano, apontado no *Único argumento possível* e que serviu de base para o desenvolvimento dos argumentos juntamente com a tentativa de mostrar as aproximações entre *Grandezas negativas* e *Sonhos*. Nessa crítica, encontra-se um Kant descontente com o caráter dogmático atribuído à razão, uma vez que os racionalistas atribuem a ela a tarefa de construir conceitos por meio de inferências, ao mesmo tempo em que ela mesma deveria garantir a existência efetiva desses conceitos. Entretanto, a razão não dá conta da existência do simples possível e sim do caráter ontológico do mesmo. Ela pode configurar a essência desse simples possível e não sua existência no mundo real. Desse modo, chegou-se à conclusão de que a existência não é um predicado real, mas um predicado verbal à medida que ela não acrescenta nada ao conceito de simples possível e afirmar que algo é existente por meio de inferências não prova que esse exista efetivamente.

Nesse contexto, nos deparamos com o teatro da oposição real em contraste com a oposição lógica, em que Kant estabeleceu uma aproximação entre a matemática e a filosofia no âmbito do conceito de "grandezas negativas", a fim de esclarecer esse conceito e aplicá-lo aos objetos da filosofia. O resultado foi uma crítica dupla: por um lado Kant criticou os matemáticos por utilizarem o conceito *como* uma negação necessariamente contrária ao que ela se opunha, ao passo que ele acredita que o conceito de grandeza negativa é uma grandeza positiva, que não é contrária a outra grandeza positiva, mas oposta. Com isso, Kant contrasta a oposição real e a oposição lógica promovendo uma crítica tanto aos metafísicos quanto aos matemáticos, que ao longo do tempo utilizaram essas duas oposições como equivalentes.

Diante do contexto do *Único argumento possível,* juntamente com *Grandezas negativas*, propusemos uma aproximação entre as duas obras e o resultado pareceu positivo, uma vez que a divisão proposta por Kant com respeito à oposição real, que pode ser tratada como efetiva ou potencial, levou a direcioná-las ao argumento ontológico e afirmar que a oposição real é a *possibilidade da existência do simples possível*, já que ela se desenrola na experiência e a existência do conceito de simples possível deve ser posto no espaço. Ou seja, a existência é configurada como *posição absoluta*, o que refuta a tese logicista (princípio de contradição) como único meio para se provar a existência e o conhecimento das coisas. Portanto, a experiência começa a ganhar espaço nos argumentos kantianos acerca do conhecimento e isso abrirá as portas para *Sonhos* com os argumentos que concernem ao espaço e tempo, que serão desenvolvidos na *Dissertação de 1770* de modo mais efetivo.

Dessa forma foi obtido, pelo menos, um resultado positivo: *Único argumento possível* e *Grandezas negativas* parecem ser obras que configuram o criticismo kantiano da década de 1760. Com isso, apresentamos a possível interpretação de *Grandezas negativas* por uma terceira via que consiste em aproximá-la do *Único argumento possível* por meio da oposição real efetiva e potencial, ao mesmo tempo em que aproximamos a mesma obra de *Sonhos*, estabelecendo uma possível ligação temática entre os três escritos, o qual nos rendeu mais um resultado: *Grandezas negativas* representa um meio-termo entre o *Único argumento possível* e *Sonhos*. Com efeito, a aproximação das obras nos levou até *Sonhos* e as façanhas de Swedenborg, a ponto de Kant promover uma análise das histórias fantasiosas desse visionário apontando o mesmo como o único que poderia salvar a metafísica do abismo em que ela se encontra.

Por fim, pode-se compreender a importância desses escritos no que diz respeito ao caráter de cunho crítico que eles carregam. Com essa bagagem, será tratado a seguir *Sonhos de um visionário explicados por sonhos da metafísica* (1766) a fim de configurar a virada crítica de Kant apontando a possibilidade da obra ser o marco dessa virada. Para isso, buscaremos uma leitura que possa contextualizar a obra como contendo elementos de caráter crítico fundamentando os argumentos propostos sob a base oferecida por alguns dos intérpretes da filosofia de Immanuel Kant, que acreditam na possibilidade de *Sonhos* ser uma obra que fecha o período pré-crítico abrindo as portas para a *Crítica*, configurando a *Dissertação de 1770* como uma obra de passagem entre esses dois períodos. Tendo em vista que o marco da filosofia kantiana pode ser contestado, se for possível considerar sua filosofia como um amadurecimento e desenvolvimento de teses e conceitos, que se ampliam e se aprofundam ao longo das décadas de 1760 e 1790.

2- Contextualização de *Sonhos de um visionário* como escrito de cunho crítico

Para tratar *Sonhos de um visionário* como um escrito de cunho crítico, é preciso se perguntar sobre quais seriam os aspectos que poderiam caracterizá-los como contendo elementos críticos. Nesse sentido, em primeiro lugar, serão abordadas as opiniões acerca dos argumentos encontrados em *Sonhos* considerados como críticos; em segundo lugar, será esboçada uma contextualização acerca da obra com o intuito de apontar quais seriam os elementos que consideramos como críticos. Por fim, será engendrado um terceiro momento, que tratará da possibilidade de configurar *Sonhos* como um escrito que, ao mesmo tempo, fecha o período pré-crítico e abre as portas para o criticismo.

Com respeito à pergunta (sobre quais seriam os elementos críticos) podem-se indicar alguns aspectos: a filosofia crítica de Kant pode ser apresentada como "filosofia transcendental"; concordando com isso, o problema da "dedução transcendental das categorias do entendimento" está prenunciado na *Carta a Marcus Herz* em fevereiro de 1772. Em outro sentido, a filosofia kantiana enunciada na *Dissertação de 1770* indica uma "virada crítica", em outras palavras, a obra apresenta o espaço e tempo como ideais e subjetivos: são estruturas *a priori* pertencentes ao sujeito cognitivo[130] (que conhece). Nesse sentido, os elementos críticos que acreditamos configurar os argumentos engendrados na *Crítica da razão pura* e mesmo na *Dissertação de 1770*, concernem ao espaço e tempo como meios para a intuição sensível dos objetos da experiência. Além disso, as ilusões dos "visionários" apresentadas no escrito *Sonhos* anunciam aquilo que será abordado na "Dialética Transcendental" da *Crítica*. No primeiro, as quimeras são abarcadas por meio do espaço e tempo que devem abarcar somente objetos sensíveis (são formas puras da intuição sensível); na segunda, a faculdade do entendimento busca, de modo natural, ampliar seu conhecimento para além da experiência possível, fazendo isso com a utilização das categorias que são aplicadas a fenômenos (aquilo que aparece), transportando-as para objetos que transcendem seu uso empírico – ocorre a ilusão do entendimento.

Com a abordagem acima, obtêm-se dois elementos que são enunciados como críticos: a caracterização do espaço e tempo como estruturas que só podem ser aplicadas ao sensível; e, os limites do conhecimento humano que não podem transpor a barreira da experiência, ao menos, pode-se pressupor a existência de objetos (ou conceitos) transcendentes como: Deus, alma e liberdade. Assim, abordaremos *Sonhos* considerando duas questões:[131] os limites do conhecimento humano e o espaço

---

130   Isso não quer dizer que a caracterização de espaço e tempo como ideais e subjetivos não se enquadram dentro do contexto da Filosofia Transcendental. Fazemos aqui a perspectiva de interpretação em promover "pontos de vistas": observar a Carta a Marcus Herz de 1772 como marco da "virada crítica" por conter o anúncio da necessidade de promover a "dedução transcendental das categorias" e a Dissertação de 1770 por promover a distinção de dois mundos e a caracterização do espaço e tempo como condições subjetivas da sensibilidade.

131   Temas principais, no entanto, num ou noutro momento, serão abordados: a divisão do mundo em sensível e inteligível como tema também presente em *Sonhos*.

e tempo como estruturas que são responsáveis pela intuição dos objetos sensíveis. Abordaremos esses dois pontos como elementos de cunho crítico, uma vez que ambos aparecem na *Dissertação de 1770* e na *Crítica*, o que nos conduz à interpretação de *Sonhos* como escrito de cunho crítico.

2.1 - As opiniões acerca de *Sonhos* como escrito de cunho crítico

Gostaríamos de começar com os apontamentos de Pons (1982, p. 44), que realiza uma aproximação de *Grandezas negativas* com *Sonhos*, afirmando que ambos guardam questões que posteriormente serão estabelecidas e melhor trabalhadas na *Crítica*. Começo com Pons por acreditar em duas afirmações: primeiro, ele acredita que *Sonhos* estabelece o limite da razão em direção à crítica ao idealismo; segundo, "A Dialética Transcendental não é senão uma ampliação de *Sonhos*".[132]

Segundo Pons, a atitude de Kant em *Sonhos* culmina nas obras críticas, pois ali ele mistura a metafísica com as fantasias de *Swedenborg* demonstrando pouco a pouco os limites da razão promovendo a crítica ao idealismo. Kant postula que todo o conhecimento deve possuir validade na experiência, ou melhor, todo conceito deve possuir uma

---

132 "La Dialèctica Transcendental no és sino una ampliació fonamentada del *Sommis d'un visionari*". Essa afirmação vai de encontro a interpretação que outrora pensávamos ao ler a Dialética Transcendental tendo a obra *Sonhos* em mãos; pois, nesse escrito o espaço e tempo são utilizados para abarcar os seres do mundo suprassensível, o que causa a ilusão dos sentidos (e por que não da razão?); ao passo que na Dialética a ilusão é causada pela necessidade do entendimento em ampliar seus conhecimentos e para isso utiliza suas categorias para se lançar ao outro mundo, causando a ilusão do entendimento – essa aproximação parece válida, já que Pons também acredita nessa possibilidade.

correspondência sensível. Assim, Kant parece justificar o trabalho daqueles que falam do conceito de espírito (ser imaterial) e provam sua existência por meio de inferências lógicas sem medo de refutação, pois toda explicação é dada racionalmente sem fundamento algum e com a credulidade dada aos visionários fica fácil acreditar na existência de um ser imaterial.

Ainda considerando as argumentações de Pons, constata-se que Kant, ao tratar do conceito de espírito, deduz a necessidade da existência do mundo dos espíritos mostrando que isso é imprescindível à medida que os racionalistas utilizam a alma humana para configurar a relação entre o mundo material com o mundo imaterial, promovendo uma visão una da mesma coisa. Ou seja, o homem abarca o mundo visível e o invisível, pois atribui a infinitude a Deus que supostamente reside no mundo imaterial (dos espíritos) ao mesmo tempo em que abarca o mundo real, mas o problema reside no modo pelo qual podem abarcar o invisível, isto é, aquilo que ultrapassa o campo da experiência e também os próprios limites do conhecimento humano.

Com efeito, pode-se constatar que a experiência,[133] dentro do universo kantiano, é o meio que concebe validade objetiva a todo o conceito criado e a todo o objeto possível de ser conhecido. Em suma, a argumentação de *Sonhos* consiste em afirmar que os visionários utilizam as propriedades espaço-temporais para abarcar seres imateriais, sendo que os racionalistas utilizam os mesmos critérios para confirmar a existência de seres que transcendem o mundo material. Nesse sentido, estendendo a argumentação acerca da aproximação que Kant estabelece,

---

133 A experiência deve ser entendida no contexto do período pré-crítico da filosofia kantiana, uma vez que nesse período (antes de 1770) espaço e tempo ainda não eram estruturas da sensibilidade, que no criticismo fazem o papel de validar conceitos racionais como os da matemática.

em *Sonhos*, entre a metafísica tradicional e os visionários (Swedenborg), ele afirma, na *Reflexão 5027*, que a metafísica dogmática é visionária, ela não é o *organon*, mas sim a *catarcticon* da razão transcendente.[134]

Um outro ponto de vista interessante, que não se distancia muito desse último, é a interpretação de Lombardi (1946) acerca da posição kantiana no escrito de 1766. Ele considera tal obra como a mais importante do período pré-crítico, que possivelmente fecha o pensamento desse período e inaugura o percurso crítico conjugando o ensaio *Acerca do primeiro fundamento da diferença das regiões no espaço* (1768) e a *Dissertação de 1770* desembocando na *Crítica da razão pura*.[135]

Além disso, parece fundamental a afirmação de Lombardi acerca da aproximação da obra de 1766 à *Crítica* e também à *Dissertação de 1770* no que diz respeito ao espaço e tempo. Em sua obra, ele afirma que o tratamento dado por Kant em relação ao ser material e imaterial, no contexto de *Sonhos* no que concerne ao conceito de espírito, traz um dos problemas que se ocuparão as duas obras citadas acima: o espaço e o tempo. Em *Sonhos* esse problema diz respeito à condição daquilo que se pode efetivamente conhecer em contraponto àquilo que se pode somente pensar; ou seja, isso conduz ao período crítico e à "Analítica Transcendental", bem como à "Estética Transcendental" da *Crítica*, ou mesmo, à "Dialética Transcendental" e os limites da razão. Desse modo, tem-se que algo pode ser possível de ser pensado, mas não abarcado, isto é, não é dado na experiência (espaço) e sim dado

---

134 Die dogmatische metaphysic ist eine Magia iudiciaria, visionaria. Sie ist nicht das organon, sondern das catarcticon der transscendenten Vernunft (grifo do autor).
135 Nas palavras de Lombardi (1946, p. 290): "I Sogni di un visionario chiariti con i sogni della matafísica sono certamente il più importante scritto di questo periodo e conchiudono nello stesso tempo l'intero periodo che siamo fin qui venuti esaminando".

como um conceito racional com possibilidade de ser real – como o espírito.

Pode-se perceber, tanto em Pons quanto em Lombardi, que as questões encontradas no escrito *Sonhos* apontam para um contexto crítico e também para uma caracterização da obra como crítica, ou de passagem entre um período e outro, que parece ser reforçada a cada argumento. Nesse sentido, esboçado essas duas interpretações, passaremos aos argumentos de David-Ménard (1996) que traz, entre outras coisas, uma passagem que corrobora o objetivo aqui pretendido.

David-Ménard considera *Sonhos* como a obra principal para compreender o trabalho crítico de Kant, uma vez que ela acredita no debate entre Kant e Swedenborg (pensamento louco) como o ponto essencial para o desenvolvimento da *Crítica*. Vale lembrar que sua obra está dentro do *viés psicanalítico*, porém, seus argumentos são caros à compreensão da obra de 1766 como o ponto da crítica à metafísica tradicional.

> Sonhos de um visionário *é o livro que inaugura, se não na maioria, pelo menos diversos temas essenciais da filosofia crítica e transcendental: a própria ideia da filosofia crítica como ciência dos limites da razão; a ideia da separação entre o sensível e o suprassensível; o conceito novo de modalidade e, em particular, o conceito do que não é impossível sem nem por isso ser possível; a teoria negativa do transcendente; enfim, o método cético que permitirá construir uma dialética da razão.* (DAVID-MÉNARD, 1996, p. 98, grifo da autora)

Parece evidente que David-Ménard considera a obra em questão como aquela que definitivamente abre as portas para o contexto crítico, refletindo acerca do encontro[136]

---

136 Sobre tal assunto, ver: Carta a Mendelssohn (8 April 1766): "[...] Ich

de Kant com Swedenborg que, segundo a autora, teria proporcionado a possibilidade de se pensar as relações entre o pensamento e a existência de tudo aquilo que se pode conhecer.

Em outra passagem da obra, a autora aponta para a relação entre o delírio e o próprio entendimento, mostrando que o idealismo metafísico e as alucinações de Swedenborg possuem uma estrita aproximação. Assim, quando se considera que os doentes (loucos) em certa medida devem ser curados, poderia ser dito que os idealistas também deveriam passar pelo mesmo processo. Desse modo, do encontro com o visionário Swedenborg à crítica da razão dogmática, Kant começa a elaborar já no escrito *Sonhos* a temática que irá desenvolver na *Crítica*. É possível perceber que essa afirmação parece recorrente entre alguns pensadores como é o caso de Pons, Lombardi, David-Ménard, Philonenko e Torretti que veremos em seguida.[137]

---

weiß nicht ob Sie bei Durchlesung dieser in ziemlicher Unordnung abgefaßten Schrift einige Kennzeichen von dem Unwillen werden bemerkt haben womit ich sie geschrieben habe; denn da ich einmal durch die Vorwitzige Erkundigung nach den visionen des Schwedenbergs sowohl bei Personen die ihn Gelegenheit hatten selbst zu kennen als auch vermittelst einiger Correspondenz und zuletzt durch die Herbeischaffung seiner Werke viel hatte zu reden gegeben so sahe ich wohl daß ich nicht eher vor die unablässige Nachfrage würde Ruhe haben als bis ich mich der bei mir vermutheten Kenntnis aller dieser Anecdoten entledigt hätte [...]" (Br, AA 10: pp. 69-73).

137   Em uma passagem da obra de Cassirer (1948, p. 98) – *Kant, vida e doutrina* – encontra-se uma posição muito próxima dos autores que aqui citamos, passagem essa que endossa a tese que apresenta *Sonhos* como um possível escrito crítico e que encerra o período pré-crítico: "Cuando la gente esperaba (após 1763) y exigia de él projecto de una nueva, más concienzuda y más solida metafísica, un estudio analítico abstrato de sus premisas y un sereno examen teórico de sus resultados generales, nuestro filósofo sacaba de las prensas una obra (Sonhos de um visionário) que ya por su forma literaria y su ropaje estilístico echava por tierra todas las tradiciones de la literatura filosófico-científica".

Para endossar o argumento acima cito mais uma passagem da obra *A loucura na razão pura* a fim de estabelecer a mais estreita aproximação de *Sonhos* com o período crítico:

> *[...] O pensamento louco de Swedenborg, que inaugura a problemática crítica do limite [...] encena um questionamento da metafísica por um delírio e conclui, dessa experiência, a necessidade de reformar a filosofia em uma filosofia crítica.*
> (DAVID-MÉNARD, 1996, p. 159)

De acordo com a citação, o questionamento da metafísica por parte de Kant se estabeleceu juntamente com a tentativa de compreender a obra maior de Swedenborg, a *Arcana Celestia*, obra que trata da correspondência entre o mundo espiritual e o mundo real, entre a alma e o mundo dos espíritos, tendo nas histórias fantasiosas do autor o testemunho de sua própria tese: a possibilidade de transpor aquilo que se localiza no mundo do suprassensível para o mundo da sensibilidade com a utilização das estruturas espaçotemporais (até aqui não entendidas como *formas puras da intuição sensível*).

Ainda dentro do conteúdo da passagem citada acima, deve-se compreender que o encontro com o visionário sueco (Swedenborg) proporciona a Kant o pensamento acerca dos limites do conhecimento humano, os limites da razão, o que parece ser o pano de fundo de *Sonhos*.

Para finalizar essa seção, gostaria de apontar as opiniões de Philonenko e Torretti acerca da proposta em questão: *Sonhos* como escrito de cunho crítico ou de passagem entre os dois períodos pré e crítico.

> *Uma atenção especial deve ser dada aos Träume, em Sonhos, que constituem de alguma maneira a conclusão do período pré-crítico e anunciam a passagem ao criticismo [...] mas não é preciso ali enganar-se: Kant, ao mesmo tempo em que se diverte com os sonhos de Swedenborg,*

> *empreende a crítica fundamental da metafísica racionalista.*[138] (PHILONENKO, 1983, pp. 50-51, tradução nossa)

Lembre-se que a posição de Philonenko (1983, p. 55ss) em relação a *Sonhos* é a caracterização do escrito como o primeiro passo para o criticismo e a confirmação de uma crítica ao racionalismo. Na citação acima, Philonenko articula *Sonhos* como a obra que fecha o período pré-crítico e configura a mesma como passagem para o criticismo. Com a obra de 1766, segundo o autor, Kant pretende estabelecer os limites da razão e elevar a metafísica ao estatuto de ciência que limita o uso da razão e concilia essa à experiência; ou seja, o labor do conhecimento e sua verdade devem ter como respaldo a base empírica que confirma a possibilidade de se conhecer aquilo que se quer conhecer.

Dentro da mesma perspectiva, Torretti (1980) afirma que o conteúdo de *Sonhos* diz respeito aos limites da razão e isso poderia configurar tal obra como um texto de virada crítica, uma vez que antecipa os argumentos da *Crítica* na pretensão de fundamentar a metafísica como ciência. Ele considera que em 1766 Kant percebe a necessidade de uma investigação a qual estabeleça a segurança que a metafísica necessita. Ademais, Torretti (1980, p. 261) argumenta que na *Dissertação de 1770* Kant afirma o que antes esboçou em *Sonhos*: o estabelecimento dos limites do conhecimento humano, o não contágio do sensível com o inteligível e a impossibilidade de estender o conhecimento para além da sensibilidade. Mas Kant, segundo o autor, postula a possibilidade de, ao menos, "conhecer cientificamente o suprassensível" como símbolo,

---

138 Une attention toute spéciale doit être accordée aux Träume, aux Rêves, qui constituent en quelque sorte la conclusion de la période pré-critique et annoncent le passage au criticisme. [...] Mais il ne faut pas s'y tromper: Kant, en même temps qu'il s'amuse avec les rêveries de Swedenborg, entreprend la critique fondamentale de la métaphysique rationaliste (PHILONENKO, 1983, pp. 50-51).

visto que o sujeito possui intuição sensível e não intelectual, ou seja, só pode conhecer os objetos que repousam sobre a sensibilidade tanto empírica quanto pura (*a priori*), que possibilita e fundamenta a empírica.

Seguindo uma interpretação semelhante, Lebrun (1981, p. 40) afirma que Kant, na *Dissertação de 1770*, vê que o grande problema da metafísica (contra Leibniz e Wolff) foi a não distinção entre mundo sensível e mundo inteligível, o contágio do primeiro com o segundo, o que supostamente causa o grande desvio da metafísica: ou seja, a não preocupação com a sensibilidade e os juízos que poderiam ser influenciados por ela. Concordando com essa interpretação e aproximando a mesma com a argumentação acima, *Sonhos* poderia ser tomado como prenúncio do contágio entre os dois mundos ou, em outras palavras, teriam prescrito os limites do conhecimento desembocando na divisão do mundo em sensível e inteligível na *Dissertação de 1770*.

Para finalizar essa seção, cito uma passagem de cunho cronológico, que pode alimentar a interpretação de *Sonhos* como um escrito que encerra o período pré-crítico:

> *Se acostumbra a distinguir dos grandes etapas en el desarrollo del pensamiento de Kant: el período precrítico, en que Kant habría adherido a la metafísica dogmática tradicional y que termina con la radical puesta en cuestión de esa metafísica en los Sueños de un visionario (1766), y el período crítico, cuyo primer testimonio público es la Crítica de la rázon pura (1781). Entre ambas etapas se encontraría como un jalón que a la vez las une y las separa, la disertación inaugural Sobre la forma y los principios del mundo sensible y el mundo inteligible (1770), publicada por Kant al asumir la cátedra de lógica y metafísica en la Universidad de Königsberg. En ella, en efecto, Kant parece alimentar de nuevo una esperanza de restablecer la metafísica sobre suas antiguas bases, al tiempo que expone las nuevas*

ideas que lo conducirán luego a superarla definitivamente.
(TORRETTI, 1980, p. 40, grifo do autor)

Com isso, na interpretação do autor, vê-se que o início da etapa crítica se dá com a publicação da *Crítica da razão pura* e não com a *Dissertação de 1770*, contrário ao que Kant anuncia na *Carta a Tieftrunk* (1797). Assim, se *Sonhos* é colocado como fim de um período e *Crítica* como início de outro, tendo a *Dissertação de 1770* como um escrito de passagem, é possível colocar três questões: *a Carta a Tieftrunk* não dá margem à interpretação de que o fim do período anterior à *Crítica* não está na *Dissertação de 1770*, pois ela é considerada o início? Se a *Dissertação de 1770* é o início, o fim deve estar colocado em algum escrito anterior; talvez em *Sonhos*? Agora, se os marcos iniciais e finais de um período e outro parecem não estar bem definidos, se se leva em consideração o teor da *Carta*, bem como o teor da citação acima (como uma interpretação), não é possível supor que não há marco divisório entre um período e outro? Essas questões surgem quando as obras da filosofia kantiana são aproximadas e percebe-se que questões são retomadas ou melhor desenvolvidas, o que conduz à interpretação de um amadurecimento e desenvolvimento da filosofia kantiana sem marcos divisórios. Mas isso deixaremos para as considerações finais.

2.2 - Análise da obra *Sonhos de um visionário:* apontamentos

Ao iniciar *Sonhos*, Kant esboça em um "Relatório Preliminar" alguns pontos fundamentais para a compreensão do que ele pretende. Logo de início, ele levanta quatro questões que são articuladas ao longo do escrito: por que histórias inúteis possuem tanta credibilidade sem ao menos serem contestadas? Há algum filósofo que nunca transformou fantasias e figuras pensadas racionalmente em coisas existentes e com convicção? Como refutar as manifestações de espíritos, se muitos alegam que ele existe, mas mesmo assim ninguém nunca os viu ou talvez, se viu, não sabem dar testemunho que convença? Agora, deve o filósofo acreditar nisso tudo?

Diante dessas questões é possível traçar o plano da obra: Kant parte da definição do conceito de espírito para buscar a articulação entre o possível mundo dos espíritos e o mundo real, apontando seus argumentos em direção aos racionalistas que provam suas teses fora do campo sensível e por meio de inferências lógicas, não mostrando a prova que possa determinar a verdade de tudo o que eles dizem. Depois, desembocará na passagem do mundo inteligível para o mundo sensível, com o intuito de promover os limites do conhecimento racional, tomando como base para a sua argumentação as histórias fantasiosas de Swedenborg – o vidente de espíritos – que acredita transpor o que vê no invisível para o real que ele acredita estar vivendo.

Acreditar ou não em histórias que possuem credibilidade, ou mesmo acreditar em manifestações metafísicas, conduz os indivíduos ao ponto de acreditar em tudo e ao mesmo tempo em nada. Nesse sentido, Kant (TG, AA 02: p. 318) ressalta que é um preconceito não acreditar em nada que possa parecer verdade, mas também é um preconceito acreditar em tudo sem prova alguma. Nesse âmbito, Kant inicia sua obra dividindo a investigação em duas partes: uma dogmática, em que se encontram os argumentos que concernem ao conceito de espírito; e outra histórica, no qual se encontram as histórias de Swedenborg e a aproximação dele com a metafísica.

2.3 - Swedenborg e a metafísica

Em *Sonhos*, as fantasias criadas por Swedenborg e as provas metafísicas são aproximadas; por um lado, temos a credibilidade das histórias dos visionários; por outro lado, temos as provas dos racionalistas que são aceitas sem uma comprovação concreta, já que de tanto falar de determinados conceitos, como espírito, acredita-se que ele existe sem ao menos conhecê-lo efetivamente.

Nesse sentido, Kant aponta na direção da ignorância daqueles que não percebem o quanto é contestável as histórias dos visionários, bem como as provas metafísicas:

> *[...] Hipóteses metafísicas possuem nelas mesmas uma flexibilidade tão incomum que se deveria ser muito inábil para não acomodar as atuais a uma história qualquer, até mesmo antes de ter investigado sua veracidade, o que em muitos casos é impossível e, em mais ainda, descortês.*[139]
> (TG, AA 02: p. 341)

Pode parecer estranho, mas Kant ressalta que as constatações dos metafísicos e as histórias que possuem sua credibilidade estão muito próximas, uma vez que seria ignóbil aquele que não percebe o quão óbvio é essa aproximação, considerando ambos os lados que possuem ou não a certeza da verificação.

No mesmo sentido, virando a página, Kant aponta para a necessidade de uma fundamentação da metafísica ou mesmo uma crítica à razão a fim de estabelecer a metafísica como a ciência dos limites da razão; ou ainda obter a clareza e certeza das ciências como a matemática. Seguindo esse contexto, ele se dirige aos racionalistas, em especial Wolff e Crusius e constata a necessidade de despertá-los do sono dogmático:

---

139 [...] Metaphysische Hypothesen haben eine so ungemeine Biegsamkeit an sich, daß man sehr ungeschickt sein müßte, wenn man die gegenwärtige nicht einer jeden Erzählung bequemen könnte, sogar ehe man ihre Wahrhaftigkeit untersucht hat, welches in vielen Fällen unmöglich und in noch mehreren sehr unhöflich ist.

> *Pois, quando eles alguma vez, queira Deus, estiverem acordados, isto é, abrirem os olhos em uma direção que não exclui a concordância com o entendimento de outro homem, nenhum deles verá algo que não devesse, à luz de suas demonstrações, mostrar-se evidente e certo também a qualquer um dos outros, e os filósofos habitarão então um mundo comum, tal como os matemáticos já possuem há muito tempo, um acontecimento importante que já não pode demorar muito, na medida em que se possa confiar em certos sinais e premonições que apareceram há algum tempo sobre o horizonte das ciências.*[140] (TG, AA 02: p. 342)

Na citação acima, Kant ressalta a importância da fundamentação da metafísica, além do "salvamento" dos filósofos racionalistas que continuam a caminhar entre conceitos incertos sem provas concretas, parecendo visionários que gozam de outro mundo e buscam passar esse suposto prazer àqueles que continuam com os pés no chão.

Sobre esse ponto, Schönfeld (2000, p. 241) ressalta que a metafísica tradicional com sua proposta sintética e especulativa cai por terra e Kant, com sua redefinição da metafísica como a ciência dos limites da razão, estabeleceu as sementes que germinariam as três *Críticas* posteriores. Como vimos no início do livro, o Projeto Pré-crítico tinha por objetivo construir uma filosofia da natureza, e seguindo a opinião de Schönfeld, no escrito *Sonhos*, com a figura de

---

140 Denn wenn sie einmal, so Gott will, völlig wachen, d.i. zu einem Blicke, der die Einstimmung mit anderem Menschenverstande nicht ausschließt, die Augen aufthun werden, so wird niemand von ihnen etwas sehen, was nicht jedem andern gleichfalls bei dem Lichte ihrer Beweisthümer augenscheinlich und gewiß erscheinen sollte, und die Philosophen werden zu derselbigen Zeit eine gemeinschaftliche Welt bewohnen, dergleichen die Größenlehrer schon längst inne gehabt haben, welche wichtige Begebenheit nicht lange mehr anstehen kann, wofern gewissen Zeichen und Vorbedeutungen zu trauen ist, die seit einiger Zeit über dem Horizonte der Wissenschaften erschienen sind.

Swedenborg, vê-se que suas visões descrevem a realidade angelical; ou seja, há uma incompatibilidade ontológica entre a proposta kantiana e as investigações de Swedenborg. Esse adota as concepções de substância e causa de Leibniz, bem como a caracterização das mônadas, comparando essas com anjos e configurando a estrutura do mundo espiritual com a caracterização da harmonia preestabelecida. No entanto, continua Schönfeld, isso tudo é rejeitado por Kant na década de 1750 (em especial na *Nova Dilucidatio*). Além disso, o sistema que Kant busca estabelecer para a natureza não é compatível com o sistema de Swedenborg.

Ainda dentro dessa caracterização da metafísica dogmática, cito outra passagem que vai em direção à aproximação de Swedenborg com a metafísica, que busca esclarecer o embaraço que a metafísica se encontra:

> *A filosofia, cuja presunção faz com que ela mesma se exponha a todo tipo de questões fúteis, vê-se frequentemente em um sério embaraço por ocasião de certas histórias, diante das quais não pode duvidar de tudo impunemente, nem crer-lhes na íntegra sem, com isso, expor-se ao ridículo.*[141] (TG, AA 02: p. 353)

É assim que, em *Sonhos*, Kant irá tratar a conexão entre as teses metafísicas e as fantasias de Swedenborg, do mesmo modo que a razão acredita poder alcançar o mundo invisível. Considerando a figura de Swedenborg como o ser que poderia confirmar a existência do outro mundo, a metafísica deve, sendo esse o único meio, se apoiar nele para que suas teorias possam obter uma prova *in concreto*. Visto que somente ele poderia constatar a existência do mundo suprassensível mediante

---

[141] Die Philosophie, deren Eigendünkel macht, daß sie sich selbst allen eiteln Fragen bloß stellt, sieht sich oft bei dem Anlasse gewisser Erzählungen in schlimmer Verlegenheit, wenn sie entweder an einigem in denselben ungestraft nicht zweifeln oder manches davon unausgelacht nicht glauben darf.

suas histórias e o influxo que ele promove entre o visível e o invisível, passando informações àqueles que querem conhecer o outro mundo. Nas palavras de Kant:

> [...] *Ou se deve supor nos escritos de Swedenborg mais inteligência e verdade do que parece à primeira vista ou é apenas por acaso que ele concorda com meu sistema, do mesmo modo que às vezes poetas em delírio profetizam, como se acredita ou pelo menos como eles mesmos dizem, se de vez em quando estão de acordo com os acontecimentos.*[142] (TG, AA 02: p. 359)

A utilização do autor Swedenborg é importante do ponto de vista das provas das teses racionalistas, pois um ser que pode transportar ao sensível aquilo que contempla no mundo invisível é o único indivíduo capaz de confirmar as teorias metafísicas acerca da existência de seres suprassensíveis. Porém, aceitar Swedenborg é uma tarefa difícil para os metafísicos que Kant considera como dogmáticos, visto que ele é tido como louco; mas não aceitá-lo é descartar a única possibilidade da prova sensível para as teses racionalistas.

Com respeito à possibilidade de transposição entre o mundo sensível e inteligível, Swedenborg mostra o segredo de suas aventuras no outro mundo e seu dom em passar as informações que lá encontra para o mundo dos humanos. Tal segredo está em seu *âmago*, uma vez que todos os homens estão em ligação íntima com os espíritos do outro mundo; porém, a diferença entre ele e tais homens está no fato de que seu *âmago está aberto* para receber o influxo dos espíritos (TG, AA 02: p. 361). Considerando que o âmago

---

142 [...] Daß man entweder in Schwedenbergs Schriften mehr Klugheit und Wahrheit vermuthen müsse, als der erste Anschein blicken läßt, oder daß es nur so von ungefähr komme, wenn er mit meinem System zusammentrifft, wie Dichter bisweilen, wenn sie rasen, weissagen, wie man glaubt, oder wenigstens wie sie selbst sagen, wenn sie dann und wann mit dem Erfolge zusammentreffen.

é a chave para a apreensão do outro mundo, poder-se-ia dizer que a metafísica estaria a salvo, uma vez que poderia ter conhecimento do outro mundo por meio do âmago que se abre ao desconhecido e de lá adquire informação? Se isso for possível, tal como acredita Swedenborg, os homens de razão (enquadra-se aqui a metafísica tradicional) poderiam comprovar seus argumentos acerca da existência de espíritos e outras quimeras que residem em outro mundo distinto do nosso mundo sensível.

A investigação contida na obra *Sonhos* apresenta o meio pelo qual busca-se conhecer os seres suprassensíveis, porém o próprio Kant salienta que tais seres são conhecidos por meio de inferências, ao contrário do que acontece com os objetos reais. Em outras palavras, para buscar aquilo que transcende seria necessário a utilização das estruturas espaçotemporais, que são utilizadas para intuir os objetos sensíveis. A utilização do espaço e tempo para abarcar os seres do universo suprassensível e transportá-los para o campo sensível tornariam esses passíveis de conhecimento. Mas, tal utilização arrasta o indivíduo à confusão daquilo que é real com o irreal, construindo quimeras e fantasias (como é o caso dos espíritos), pois o sujeito ao "intuir" os seres suprassensíveis através do espaço e do tempo não consegue mais distinguir o que pode ou não conhecer.

> *[...] Porque uma ilusão coerente dos sentidos é um fenômeno de todo muito mais notável do que o engano da razão, cujos fundamentos são suficientemente conhecidos, podendo ser em grande parte evitados por uma direção voluntária das forças do ânimo e um pouco mais de sujeição de uma curiosidade vazia, ao passo que aquela ilusão dos sentidos atinge o fundamento primeiro de todos os juízos, contra o qual, estando errado, pouco podem as regras da lógica! [...] Assim como muitas vezes se tem de separar num filósofo aquilo que ele observa daquilo que ele racionaliza, sendo até mesmo experiências aparentes o mais*

das vezes mais instrutivas do que os fundamentos aparentes da razão.[143] (TG, AA 02: pp. 360-361)

Para compreender o ponto entre a passagem do suprassensível para o sensível e o contágio daquilo que lá pode existir, juntamente com aquilo que aqui é posto como real e existente, pode-se tomar como base a distinção entre os *sonhos da razão* e *os sonhos da sensação*, que culmina na aproximação da metafísica com as fantasias de Swedenborg.

Os sonhadores da razão estão no grupo daqueles filósofos que acreditam conhecer além da experiência, criando um mundo distinto que muitas vezes até negligencia a visão de outro filósofo. Os sonhadores da sensação estão no grupo dos que possuem uma visão mística que causa a ilusão dos sentidos com a aparência de verdade (quimeras), esse grupo é composto, segundo Kant, por loucos que possuem algum tipo de doença mental e afirmam ter a visão de espíritos. Dentro desse grupo encontra-se o *sonhador acordado* que, por sua vez, possui objetos que lhes são internos – como as quimeras – e objetos externos que pertencem ao campo sensível; porém, esses objetos dos sentidos são as transposições dos objetos internos para a sensibilidade. Ou seja, o sonhador acordado oscila entre o dormir e o estado de vigília chegando a se aprofundar demais em suas fantasias a ponto de dormir. Agora, a chave

---

143 [...] Weil eine zusammenhängende Täuschung der Sinne überhaupt ein viel merkwürdiger Phänomenon ist, als der Betrug der Vernunft, dessen Gründe bekannt genug sind, und der auch großen Theils durch willkürliche Richtung der Gemüthskräfte und etwas mehr Bändigung eines leeren Vorwitzes könnte verhütet werden, da hingegen jene das erste Fundament aller Urtheile betrifft, dawider, wenn es unrichtig ist, die Regeln der Logik wenig vermögen! [...] eben so wie man sonst vielfältig bei einem Philosophen dasjenige, was er beobachtet, von dem absondern muß, was er vernünftelt, und sogar Scheinerfahrungen mehrentheils lehrreicher sind, als die Scheingründe aus der Vernunft.

para compreensão está em diferenciar esses sonhadores acordados dos visionários que se aparentam àqueles sonhadores da razão.

Os visionários transportam suas quimeras para o campo sensível e acreditam que elas são verdadeiras, uma vez que eles a veem em sua sensibilidade. Além disso, apreendem tais quimeras por meio do espaço e tempo que são instrumentos de intuição sensível (conforme será melhor explicado na *Dissertação de 1770*), ou seja, existe uma confusão entre sonho e realidade, entre verdade e fantasia, e assim Kant afirma:

> *Os conceitos educativos ou ainda uma série de ilusões, em geral introduzidas sub-repticiamente, teriam nisso a sua participação, misturando-se deslumbramento com verdade, e embora se tenha como base uma sensação espiritual efetiva, essa é transformada em silhuetas das coisas sensíveis.*[144] (TG, AA 02: p. 340)

Encontra-se aqui a razão de se impor limites para o conhecimento e propor critérios para aquilo que se pode conhecer, uma vez que a experiência será a base para as constatações daquilo que pode ser abarcado pelos sentidos dentro das formas espaçotemporais. Kant irá constatar que os visionários, assim como os metafísicos, utilizam o espaço e o tempo para abarcar seres que não se enquadram nessa forma. Esse seria o ponto da argumentação que justifica a necessidade da imposição de limites para o conhecimento, bem como a fundamentação da metafísica que se encontra em situação embaraçosa e desconfortável.

---

144 Die Erziehungsbegriffe, oder auch mancherlei sonst eingeschlichene Wahn würden hiebei ihre Rolle spielen, wo Verblendung mit Wahrheit untermengt wird, und eine wirkliche geistige Empfindung zwar zum Grunde liegt, die doch in Schattenbilder der sinnlichen Dinge umgeschaffen worden.

2.4 - A experiência como limite para o conhecimento: os limites da razão

Sabe-se que existe uma grande diferença entre dizer que viu e ver de fato, ou melhor, dizer que existe e confirmar a existência daquilo que é tido como realmente existente. Nesse sentido, Kant ressalta que muitas das coisas que são tomadas como evidentes não passam de pura aceitação, ou por ouvir falar delas sempre, ou por simplesmente acreditar no que outros dizem. Isso pode ser exemplificado com o conceito de espírito, que todos dizem saber o que é, mas ninguém sabe definir o que seja e ninguém pode provar que viu; todavia, continuam veementemente dizendo que já presenciaram uma aparição de espíritos ou outros seres da mesma espécie (agora, qual é a espécie que abarca os espíritos?).

Na segunda parte da obra *Sonhos*, aquela intitulada como histórica, Kant oferece um exemplo que de tão simples parece motivo para depreciação:

> *Que minha vontade move o meu braço, não me é mais inteligível do que se alguém dissesse poder também deter a Lua em sua órbita, sendo essa a única diferença: daquilo tenho experiência, ao passo que isso nunca ocorreu em meus sentidos.*[145] (TG, AA 02: p. 370)

Aqui, é possível perceber que Kant aponta para aquilo que ocorre e temos experiência, julgando compreender tal experiência, mas o que temos é somente a experiência e não a compreensão. Isso quer dizer que a interação *psicofísica* que envolve a vontade e o movimento não é inteligível,

---

145 Daß mein Wille meinen Arm bewegt, ist mir nicht verständlicher, als wenn jemand sagte, daß derselbe auch den Mond in seinem Kreise zurückhalten könnte; der Unterschied ist nur dieser: daß ich jenes erfahre, dieses aber niemals in meine Sinne gekommen ist.

não conseguimos compreender, mas temos a sua experiência: pensamos e movemos o braço. Assim, Kant apresenta a mesma caracterização para aquilo que podemos pensar, entretanto, não temos experiência, como é o caso da criação de quimeras.

Partindo desse ponto, pode-se dizer que a relação de Swedenborg com a metafísica esclarece os devaneios da razão e o conhecimento daquilo que não se pode conhecer, mas ao menos pode-se pressupor; porém, não é algo que se possa abarcar pela intuição espaçotemporal, o meio para conhecer os objetos que se apresentam.

Com efeito, uma razão sem limites cria e se ilude ao pretender alcançar o inteligível e não podendo explicar, de fato, aquilo que é objeto de sua especulação, acaba sendo conduzida ao erro. Sabe-se que o conhecimento sensível possui seus limites, pois há critérios em que a experiência se baseia para proporcionar conhecimento; por exemplo: não se ultrapassa o que é possível ter acesso somente pelos sentidos. Ao contrário, os metafísicos, através do abuso da razão, ultrapassam todo o tipo de barreiras e saltam ao mundo do somente pensável e acreditam dar conta de explicar a existência de entidades não captadas de modo sensível. Nesse contexto, Kant engendra a possibilidade de impor limites à razão, configurando até que ponto ela pode chegar, além de determinar seus conhecimentos e, nesse sentido, ele afirma:

> *Quando essa investigação, no entanto, resulta em filosofia que julga sobre o seu próprio procedimento e conhece não só os objetos, mas ainda sua relação com o entendimento do homem, então os limites são estreitados e são colocados os marcos que nunca mais deixarão a pesquisa extrapolar sua própria esfera.*[146] (TG, AA 02: p. 369)

---

146   Wenn diese Nachforschung aber in Philosophie ausschlägt, die über ihr eigen Verfahren urtheilt, und die nicht die Gegenstände allein, sondern deren Verhältniß zu dem Verstande des Menschen kennt, so

A investigação acerca de hipóteses de cunho suprassensível, como espírito, Deus e liberdade resultam na extrapolação dos limites daquilo que se pode compreender, ultrapassando o próprio entendimento. É necessário, portanto, uma articulação entre a razão em seu labor especulativo (que conhece) e a razão prática, que se volta a si mesma e busca abarcar o conhecimento dos princípios que regem o mundo sensível, limitando a razão em seu uso especulativo. Assim, o conhecimento irá se estabelecer de modo concreto com o labor do sujeito perante o objeto que lhe é dado e "filtrado" por suas capacidades cognitivas, fazendo com que o indivíduo possa conhecer aquilo que é passível de conhecimento e não simplesmente o que transcende.

> *Ademais, a razão humana não é suficientemente alada para que pudesse compartilhar nuvens tão elevadas, que subtraem a nossos olhos os segredos do outro mundo, e aos curiosos que dele pedem informação com tanta insistência pode-se dar a notícia simplista, mas muito natural, que o mais sensato é decerto ter paciência até chegar lá.*[147]
> (TG, AA 02: p. 373, grifo do autor)

Pode-se perceber que "a razão humana não é suficientemente alada", ela não pode transpor os limites do conhecimento sensível, mas é muito natural que ela peça informações do outro mundo pela própria curiosidade e também pela fraqueza do entendimento que não procura se limitar ao sensível.

---

ziehen sich die Grenzen enger zusammen, und die Marksteine werden gelegt, welche die Nachforschung aus ihrem eigenthümlichen Bezirke niemals mehr ausschweifen lassen.

147 Es war auch die menschliche Vernunft nicht gnugsam dazu beflügelt, daß sie so hohe Wolken theilen sollte, die uns die Geheimnisse der andern Welt aus den Augen ziehen, und den Wißbegierigen, die sich nach derselben so angelegentlich erkundigen, kann man den einfältigen, aber sehr natürlichen Bescheid geben: daß es wohl an rathsamsten sei, wenn sie sich zu gedulden beliebten, bis sie werden dahin kommen.

No campo do conhecimento, Kant propõe o labor entre o entendimento e a experiência, a reunião de dois esforços que caminharam paralelamente e agora devem se unir para conceder ao sujeito a capacidade de conhecer com clareza os objetos que o cercam. Além disso, a razão tem como objetos Deus, Alma e Liberdade, o que estrapola o conhecimento sensível, mas, mesmo assim, permanece presa em seus limites, uma vez que somente é possível comprovar a existência daquilo que ela almeja se aquilo que existe estiver no campo da experiência. Ou seja, Deus, Alma e Liberdade permanecem no campo transcendental não podendo ser abarcados pela razão especulativa – a razão de conhecimento. Nesse sentido, Kant afirma:

> *Aqueles que, sem ter em mãos a prova a partir da experiência, quisessem ter inventado antes uma tal propriedade (dar razão a tudo mesmo com invenção de leis) teriam merecido com razão ser ridicularizados como loucos. Mas, como em tais casos as razões não têm a mínima relevância nem para descoberta nem para confirmação da possibilidade e impossibilidade, só se pode conceder às experiências o direito da decisão [...].*[148] (TG, AA 02: p. 371)

Retomando o argumento do *Único argumento possível*, a existência é a *posição absoluta* de um objeto efetivo, tal objeto está posto, ele está no espaço, ele está na experiência sensível. Portanto, a experiência no contexto do *Único argumento possível* possibilita a validade do conceito de simples possível e lembremos que nesse escrito Kant ainda

---

148 Diejenige, welche, ohne den Beweis aus der Erfahrung in Händen zu haben, vorher sich eine solche Eigenschaft hätten ersinnen wollen, würden als Thoren mit Recht verdient haben ausgelacht zu werden. Da nun die Vernunftgründe in dergleichen Fällen weder zur Erfindung noch zur Bestätigung der Möglichkeit oder Unmöglichkeit von der mindesten Erheblichkeit sind: so kann man nur den Erfahrungen das Recht der Entscheidung einräumen [...].

não define espaço como forma pura da sensibilidade, mas o mesmo já está relacionado com a existência daquilo que nos aparece – representação dos objetos sensíveis.

Com *Sonhos*, Kant também atribui um papel importante à experiência e ao espaço, entretanto, aqui o contexto ganha outra forma: os limites do conhecimento racional (aproximação mais estreita com os argumentos da *Dissertação de 1770* acerca da existência de dois mundos e do espaço e tempo como condições da intuição sensível).

Kant anuncia (na obra *Sonhos*) a aproximação a aproximação da metafísica tradicional com as histórias do visionário Swedenborg, o qual acredita ultrapassar a barreira do sensível e atingir o mundo do suprassensível, além de trazer para o campo da experiência tudo aquilo que lá observou ou mesmo contar o que "conversou" com os espíritos. No escrito, o tratamento dado ao conceito de espírito pode ser aproximado ao contexto do *Único argumento possível* no que concerne a existência desse conceito racional. O espírito, definido como um ser imaterial que age sobre o corpo, existe enquanto conceito, mas nunca houve uma prova concreta sobre sua aparição. Segundo Kant, muitos utilizam tal conceito, afirmam sua existência, mas nenhum deles sabe definir o que é um espírito, como ele atua e como se dá a ligação entre o corpo material com esse ser imaterial, tal como Kant se interroga, na *Reflexão 4230*,[149] acerca de como é possível a união do ser material com o ser imaterial? Além da passagem do mundo sensível ao mundo suprassensível, passo esse que é dado por Swedenborg e, segundo Kant, pela metafísica tradicional (escola Leibniz-wolffiana), que fala de espírito e utiliza tal conceito sem a prova da sua existência e sem, ao menos, definir de forma clara o que é que seja tal ser.

Considerando o papel da experiência em 1766, pode-se dizer que ela tem como função possibilitar a observação

---

149 [...] Wie die Vereinigung eines immaterialen Wesens mit einem materiellen moglich sey.

daqueles seres suprassensíveis que são trazidos ao campo da sensibilidade. Os visionários acreditam ver aquilo que observam no outro mundo e transportam essas quimeras dando-lhes formas estruturais configuradas no espaço e tempo. Ou seja, quando eles falam de seres que estão além da sensibilidade, os mesmos são postos no espaço (experiência) e são pensados através do tempo. Assim, as estruturas espaçotemporais que são utilizadas para abarcar objetos sensíveis são também utilizadas para abarcar objetos que transcendem a sensibilidade, causando as ilusões e a não distinção daquilo que é real com aquilo que é irreal (quimeras).

Nesse sentido, Kant começa a esboçar os limites do conhecimento humano, mostrando que o conhecimento está com base naquilo que é possível conhecer, aquilo que pode ser dado na experiência sensível, além de observar que as estruturas espaços-tempo possibilitam a apreensão dos objetos sensíveis. Abaixo cito uma passagem retirada de *Sonhos* que aponta o papel da experiência e a impossibilidade do conhecimento humano transpor a barreira do sensível:

> *Agora, todo aquele que for racional logo se conformará com o fato de a compreensão humana chegar aqui a seu fim, pois somente através da experiência podemos dar-nos conta de que coisas do mundo, por nós chamadas materiais, possuem uma tal força, mas jamais conceber a sua possibilidade.*[150] (TG, AA 02: p. 322, grifo do autor)

Tem-se, portanto, que o conhecimento humano prende-se ao sensível e necessita da experiência para provar aquilo que realmente é dado como existente. Na citação, Kant aponta para a questão da impenetrabilidade, uma vez que os seres

---

150 Nun wird sich ein jeder Vernünftige bald bescheiden, daß hier die menschliche Einsicht zu Ende sei. Denn nur durch die Erfahrung kann man inne werden, daß Dinge der Welt, welche wir *materiell* nennen, eine solche Kraft haben, niemals aber die Möglichkeit derselben begreifen.

imateriais atuam no mesmo campo dos seres materiais sem preencher o espaço. Portanto, o ser material e imaterial ocupam um mesmo espaço e a força da impenetrabilidade deveria ali atuar, visto que ela é possível de ser observada na experiência (choque entre corpos materiais). Aqui, Kant busca afirmar que o ser material não causa resistência ao imaterial e esse está no campo da experiência ao ocupar o corpo que é regido pela força da impenetrabilidade. Questão: como um ser pode ocupar o mesmo lugar de outro sem preencher o espaço? Esse é o problema que Kant aponta fazendo referência à força de impenetrabilidade, afirmando que no mundo residem coisas materiais e do resto não se pode saber, chegando a compreensão humana até o limite da experiência.

Dentro da questão da impenetrabilidade, Kant se questiona a respeito do lugar da alma no corpo, uma vez que ela está ali, ocupa o corpo sem preenchê-lo; ou seja, penetra no corpo material e deve estar em algum lugar determinado ou espalhada pelo corpo. No primeiro caso, Kant retoma Descartes acerca da *glândula pineal*, colocando a alma em um lugar no cérebro; no segundo, Kant retoma os escolásticos que afirmam que a alma está espalhada por todo o corpo – um absurdo, segundo Kant. Assim, deve-se perceber que a problemática do lugar da alma, em algum sentido, diz respeito à própria problemática do espaço. Isso porque Kant se preocupa em determinar onde está a alma no corpo, como é possível que ela exista ali (assim como é possível provar a existência do espírito), já que para algo existir é preciso que esse esteja posto, esteja em algum lugar, esteja em um espaço (posição).

Pode-se dizer, portanto, que perguntar pelo lugar da alma no corpo seria o mesmo que perguntar sobre o espaço que representa um ser existente. Se assim for, a questão do espaço como objetivo e real, ou subjetivo e ideal, começa a ganhar sua caracterização nesses primeiros passos acerca do ser imaterial presente no espaço material.[151]

---

[151] Sobre o assunto ver: TG, AA 02: pp. 323-326.

Além disso, vimos na obra *Sonhos* que a estrutura espaçotemporal era um dos meios para abarcar os objetos que transcendiam a experiência, uma vez que os visionários acreditavam transpor os objetos suprassensíveis para o campo da sensibilidade. Uma vez colocados no campo sensível tais objetos adquirem um "lugar", portanto, estão colocados no espaço sendo pensados através do tempo. Ou seja, espaço e tempo são abordados em 1766 como meios para se conhecer um objeto, caso esse que será melhor engendrado na *Dissertação de 1770*.

Nesse contexto, é possível observar que a problematização acerca de espaço e tempo já está, de certo modo, presente na obra de 1766, corroborando a tentativa de mostrar que tal obra adiantaria, em certo sentido, alguns dos argumentos que Kant utilizará para construir sua tese sobre o espaço e tempo, e sobre o modo de conhecer do sujeito cognitivo. Além disso, ao dar ênfase ao conhecimento daquilo que pode ser apresentado ao sujeito no campo sensível (por meio do espaço e tempo), Kant esboça os limites do conhecimento humano, articulando razão e sensibilidade ao afirmar que não se pode conhecer além do sensível, utilizando isso no enfrentamento das histórias fantasiosas de Swedenborg e nas provas mal fundamentadas da metafísica tradicional.

Assim, no escrito *Sonhos*, observa-se a articulação entre dois mundos: o que é possível de ser conhecido (sensível) e aquele que é suposto como existente (suprassensível), o qual a razão busca conhecer e pode ser levada à ilusão ao pretender ultrapassar os limites da experiência sensível. A divisão dos dois mundos é uma das teses presentes na *Dissertação de 1770* e os limites da razão enunciados em *Sonhos* podem ser configurados, em 1770, com a tese kantiana acerca do espaço e tempo como condições puras da intuição sensível, mantendo relação com a faculdade do entendimento e com a experiência sensível, ou seja, a intuição pura do sujeito faz a "ponte" entre a sensibilidade e o entendimento.

Considerando que as duas questões tratadas na *Dissertação de 1770* são apresentadas no escrito *Sonhos*, ainda que aqui os argumentos não estejam bem definidos, pode-se dizer que a obra de 1766 marcaria a "virada crítica" da filosofia kantiana, ou ao menos, fecharia o período pré-crítico abrindo as portas para o criticismo, ou ainda adiantaria as questões que serão encontradas e melhor trabalhadas na *Crítica da razão pura*.

Tomados dois argumentos que estão em *Sonhos* e que voltarão a ser abordados posteriormente com grande ênfase (espaço e tempo, e limites do conhecimento), pode-se afirmar a possibilidade de aproximação entre eles (e a própria *Dissertação de 1770*) seguindo as palavras de Kant:

> *Mas, como a filosofia que adiantamos era igualmente um conto do país das fadas da metafísica, não vejo nada de inconveniente em deixar aparecer a conexão entre um e outro. E por que então não deveria ser mais louvável deixar-se iludir pela confiança cega nos argumentos aparentes da razão do que imprudentemente dar fé a histórias enganosas.*[152]
> (TG, AA 02: p. 356)

O que se observa na citação é a conexão entre os dois mundos (sensível e inteligível), possibilidade dada em *Sonhos* – para soar como crítica à metafísica dogmática – e definitivamente não concedida na *Dissertação de 1770*, mas nos dois escritos o problema é o mesmo: os limites do conhecimento. Além disso, Kant articula a credibilidade

---

152 Allein da die Philosophie, welche wir voranschickten, eben so wohl ein Märchen war aus dem Schlaraffenlande der Metaphysik, so sehe ich nichts Unschickliches darin, beide in Verbindung auftreten zu lassen; und warum sollte es auch eben rühmlicher sein, sich durch das blinde Vertrauen in die Scheingründe der Vernunft, als durch unbehutsamen Glauben an betrügliche Erzählungen hintergehen zu lassen?

das histórias fantasiosas com as provas dadas *in abstrato* pela metafísica tradicional, consolidando sua crítica com a ironia de chamar a filosofia como "um conto do *país das fadas* da metafísica".

O que se vê é a necessidade de se impor limites à razão que busca conhecer o outro mundo, além da busca por uma melhor fundamentação da metafísica. Lembre-se de que a metafísica na obra *Sonhos* era a ciência dos limites da razão e na *Crítica* a metafísica será interrogada como uma possível ciência, aquela que Kant antes de 1770 acreditava não ter avançado, ou melhor, estar ainda tateando em meio a conceitos e provas confusas (KrV, B, p. 15). Diante disso, Kant afirma:

> *Quem está de posse de meios mais fáceis que possam conduzir a essa compreensão, esse não recuse seu ensinamento a alguém cioso de saber, diante de cujos olhos muitas vezes, no progresso da investigação, erguem-se Alpes, lá onde outros veem um caminho plano e cômodo, no qual eles andam ou acreditam andar.*[153]
> (TG, AA 02: p. 324)

Pode-se perceber que Kant busca compreender o caminho percorrido pela metafísica e o porquê de suas teses serem tão confusas e incertas. A investigação kantiana para fundamentar a metafísica continua; e os olhos que no progresso da investigação atingem Alpes somente podem observar o terreno que a metafísica tradicional acredita ter: um bom alicerce para fundamentar suas teses.

---

153 Wer im Besitze leichterer Mittel ist, die zu dieser Einsicht führen können, der versage seinen Unterricht einem Lehrbegierigen nicht, vor dessen Augen im Fortschritt der Untersuchung sich öfters Alpen erheben, wo andere einen ebenen und gemächlichen Fußsteig vor sich sehen, den sie fortwandern oder zu wandern glauben.

2.5 - Considerações acerca do comércio psicofísico: *Crítica, Sonhos e Dissertação de 1770*

No contexto de *Sonhos*, há um argumento que pode ser apresentado como um dos principais pontos para compreender os limites do conhecimento através das relações entre a alma humana e o suposto mundo dos espíritos. Tal argumento diz respeito ao *comércio psicofísico* (troca de informações) entre o mundo dos espíritos e o mundo sensível por intermédio da alma que se encontra no corpo do homem. Assim, o mundo espiritual teria um contato direto com o mundo sensível e vice-versa. Além disso, se o mundo dos espíritos existisse de fato, seria muito natural que todos os seres dotados de alma tivessem acesso a ele. O mesmo contato da alma humana com o mundo dos espíritos permitiria um contato telepático entre os seres racionais, uma vez ligados com o mundo espiritual através da alma.

Vale notar que, na obra *Preleções de metafísica* (Pölitz), a alma é tratada não somente como a alma do homem, como alma inteligente, mas também como estando em "contato" com o corpo. No entanto, ela não está somente em contato com o corpo, ela está também em comunidade, pois é possível estar em contato com outros corpos, como entre nós (eu e você), mas isso não é comunidade. A comunidade é o contato (a relação), onde a alma e o corpo produzem uma unidade, onde as alterações do corpo são ao mesmo tempo as mesmas alterações da alma e vice-versa. Ou seja, no ânimo não ocorre nenhuma alteração que não seja a alteração que corresponde à alteração do corpo[154] (V-MP-L 1, AA 28: p. 188).

---

154 Wenn wir die Seele des Menschen erwägen, so betrachten wir sie nicht blos als Intelligenz, sondern als Seele des Menschen, wo sie in Verbindung mit dem Körper steht. Allein sie ist nicht blos in Verbindung, sondern auch in Gemeinschaft; denn wir können mit anderen Körpern

Diante disso, esboçaremos a seguir alguns argumentos a esse respeito, encontrados nas obras: *Crítica da razão pura*, *Dissertação de 1770* e, especialmente, *Sonhos*. Vale lembrar que não entraremos no mérito da questão, uma vez que não abordamos *Sonhos* como um escrito de cunho psicanalítico, tal como realizado por Monique David-Ménard na obra *A loucura na razão pura*.

Na *Crítica*, Kant apresenta uma breve definição da alma como uma substância simples, una e existente, que mantém relações com objetos possíveis encontrados no espaço e os conceitos de sua doutrina teriam origem na composição desses quatro elementos: substância, simplicidade, unidade e relação (com objetos no espaço). Tal definição mostra a crítica de Kant às teorias tradicionais da doutrina pura da alma, semelhante ao que Kant procurou mostrar em *Sonhos*.

> *Desses elementos originam-se, unicamente pela composição, todos os conceitos da doutrina pura da alma, sem reconhecer minimamente um outro princípio. Essa substância, simplesmente como objeto do sentido interno, fornece o conceito de imaterialidade; como substância simples, o conceito de incorruptibilidade; a sua identidade como substância intelectual fornece a personalidade; todos esses três elementos em conjunto, a espiritualidade; a relação com os objetos no espaço fornece o* commercium *com os corpos. Por conseguinte, essa substância representa a substância*

---

auch in Verbindung stehen, z.E. mit unsern Kindern; das ist aber keine Gemeinschaft. Die Gemeinschaft ist die Verbindung, wo die Seele mit dem Körper eine Einheit ausmacht; wo die Veränderungen des Körpers zugleich die Veränderungen der Seele, und die Veränderungen der Seele zugleich die Veränderungen des Körpers sind. Es geschehen im Gemüth keine Veränderungen, die nicht mit den Veränderungen des Körpers correspondirten. Ferner so correspondirt nicht allein die Veränderung, sondern auch die Beschaffenheit des Gemüths mit der Beschaffenheit des Körpers. Was die Correspondenz der Veränderungen betrifft; so kann in der Seele nichts statt finden, wo der Körper nicht ins Spiel kommen sollte.

*pensante como o princípio da vida na matéria, isto é, como alma (*anima*) e como o fundamento da animalidade; essa, limitada pela espiritualidade, fornece a imortalidade.*[155] (KrV, B, p. 403, grifo do autor)

Pode-se perceber que a alma é imaterial (sentido interno), incorruptível (simples) e substância intelectual (identidade) – personalidade –, tais elementos concebem sua espiritualidade. Com respeito à relação da alma com objetos no espaço, vê-se o *comércio psicofísico* entre alma e corpos, ou seja, a alma por um lado é o princípio da vida, a animalidade; em outro, poderia se comunicar com outras almas mediante um mundo comum de espíritos, tal como Kant esboçou em *Sonhos*. Com isso, Kant afirma que tais conceitos (definições) "são *paralogismos* da Doutrina Transcendental da alma, a qual é tomada falsamente como ciência da razão pura sobre a natureza do ente pensante" (KrV, B, p. 403, grifo nosso).

Retomando os argumentos de *Sonhos*, a alma humana, que vivifica o corpo, deve estar ligada a dois mundos: sensível e espiritual. Ela enquanto ligada ao corpo sente o mundo imaterial; no entanto, ela transmite influências de um suposto mundo imaterial, pois está ligada também ao espírito, ou seja, a alma é uma espécie de meio-termo entre o mundo sensível e o mundo espiritual. Nesse ponto, deve-se compreender que a alma é distinta do espírito, à medida que o

---

155 Aus diesen Elementen entspringen alle Begriffe der reinen Seelenlehre lediglich durch die Zusammensetzung, ohne im mindesten ein anderes Principium zu erkennen. Diese Substanz bloß als Gegenstand des inneren Sinnes giebt den Begriff der *Immaterialität*, als einfache Substanz der *Incorruptibilität*, die Identität derselben als intellectueller Substanz giebt die *Personalität*, alle diese drei Stücke zusammen die Spiritualität; das Verhältniß zu den Gegenständen im Raume giebt das *Commercium* mit Körpern; mithin stellt sie die denkende Substanz als das Principium des Lebens in der Materie, d.i. sie als Seele (*anima*) und als den Grund der *Animalität*, vor, diese, durch die Spiritualität eingeschränkt, *Immortalität*.

espírito pertence a outro mundo que não é sensível. Através da alma, entretanto, busca conhecer tal mundo.

Com efeito, a alma ligada ao espírito concebe vida ao corpo contemplando por meio dele o mundo sensível; se desligada do corpo, passa a viver na comunidade espiritual, pois a ela está ligada. Porém, não carrega consigo o que outrora tinha por representação o mundo material (sensível).[156]

> *De acordo com isso, é certamente um mesmo sujeito que pertence como um membro simultaneamente ao mundo visível e invisível, mas não exatamente a mesma pessoa, porque as representações de uma não são ideias que acompanhem as representações do outro mundo, devido a sua constituição distinta, e, por isso, não lembro enquanto homem aquilo que penso como espírito e, vice-versa, meu estado como um homem não entra na representação de mim mesmo como um espírito.*[157] (TG, AA 02: pp. 337-338)

A suposição da existência de um mundo espiritual, de seres imateriais, deve ser pressuposta à medida que a matéria morta do mundo deve ser vivificada por algo distinto do corpo material; ou seja, por algo imaterial que não participa da força de impenetrabilidade e possa ocupar o corpo que não imprime resistência à sua presença.

Nesse sentido, se há ou não seres imateriais que vivifiquem a matéria morta, tais seres estariam em uma comunidade de seres imateriais em relações recíprocas e, possivelmente, em relações com os corpos materiais por

---

156 Visão *platônica* da obra.
157 Es ist demnach zwar einerlei Subject, was der sichtbaren und unsichtbaren Welt zugleich als ein Glied angehört, aber nicht eben dieselbe Person, weil die Vorstellungen der einen ihrer verschiedenen Beschaffenheit wegen keine begleitende Ideen von denen der andern Welt sind, und daher, was ich als Geist denke, von mir als Mensch nicht erinnert wird, und umgekehrt mein Zustand als eines Menschen in die Vorstellung meiner selbst als eines Geistes gar nicht hinein kommt.

intermédio da alma. Haveria, portanto, uma espécie de *comércio psicofísico*, uma relação da alma com a comunidade dos espíritos.

> *[...] Que a alma humana se encontra também nessa vida em uma comunidade indissolúvel com todas as naturezas imateriais do mundo dos espíritos, que ela tanto age sobre essas quanto recebe delas influências, das quais não tem, contudo, consciência como homem, enquanto tudo está bem. Por outro lado, é também provável que as naturezas espirituais não possam ter imediata e conscientemente impressão sensível do mundo corporal, porque não estão ligadas com nenhuma parte da matéria em uma pessoa, para por meio disso tornarem-se conscientes de seu lugar no mundo material e, através de órgãos artificiais, da relação dos seres extensos, seja consigo mesmos seja uns com os outros, mas que elas podem influenciar certamente as almas dos homens como seres de natureza idêntica e se encontram de fato sempre em comunidade recíproca com elas, só que de tal modo que, na comunicação das representações, aquelas que a alma contém em si como um ser dependente do mundo corporal não podem passar para outros seres espirituais e os conceitos dos últimos, como representações intuitivas de coisas imateriais, não podem ser apreendidos claramente pela consciência do homem, pelo menos não em sua constituição própria, porque os materiais para ambos os tipos de ideia são de espécie distinta.*[158] (TG, AA 02: p. 333)

---

158 [...] Daß die menschliche Seele auch in diesem Leben in einer unauflöslich verknüpften Gemeinschaft mit allen immateriellen Naturen der Geisterwelt stehe, daß sie wechselweise in diese wirke und von ihnen Eindrücke empfange, deren sie sich aber als Mensch nicht bewußt ist, so lange alles wohl steht. Andererseits ist es auch wahrscheinlich, daß die geistige Naturen unmittelbar keine sinnliche Empfindung von der Körperwelt mit Bewußtsein haben können, weil sie mit keinem Theil der Materie zu einer Person verbunden sind, um sich vermittelst desselben ihres Orts in dem materiellen Weltganzen und durch künstliche Organen des Verhältnisses der ausgedehnten Wesen gegen sich und

Diante disso, se tal *comércio* fosse possível e se a alma humana participasse dele, seria também possível que todos os seres racionais se comunicassem entre si, como por *telepatia* – o que não é o caso.

Essas argumentações presentes na obra *Sonhos* voltam a aparecer na *Dissertação de 1770*,[159] dentro de um contexto que se aproxima do suposto *comércio psicofísico*, mas, guardadas as devidas proporções, nesse último escrito as relações se estabelecem entre corpos físicos e entre tais corpos, e uma possível unidade do mundo encontrada em um ser fora do mundo, ou uma causa comum (única): Deus.

Surge então a questão: "[...] como é possível *que várias substâncias estejam em mútuo comércio e, por essa razão, pertençam ao mesmo todo ao que se chama mundo*?" (MSI, AA 02: p. 407, grifo do autor). Tal questão se origina em outra: "Em que princípio se funda essa mesma relação de todas as substâncias, a qual, considerada intuitivamente, se

---

gegen einander bewußt zu werden, daß sie aber wohl in die Seelen der Menschen als Wesen von einerlei Natur einfließen können und auch wirklich jederzeit mit ihnen in wechselseitiger Gemeinschaft stehen, doch so, daß in der Mittheilung der Vorstellungen diejenige, welche die Seele als ein von der Körperwelt abhängendes Wesen in sich enthält, nicht in andere geistige Wesen und die Begriffe der letzteren, als anschauende Vorstellungen von immateriellen Dingen, nicht in das klare Bewußtsein des Menschen übergehen können, wenigstens nicht in ihrer eigentlichen Beschaffenheit, weil die Materialien zu beiderlei Ideen von verschiedener Art sind.

159 Aqui, Kant (MSI, AA 02: p. 409) compreende dois tipos de comércio: real e físico; e, ideal e por simpatia. Pelo primeiro, o mundo é um todo real (por influência física); pelo segundo, o mundo é um todo ideal (por simpatia). Dada a existência das coisas no mundo mediante conexão com um princípio comum (causa comum) tem-se uma *harmonia geralmente estabelecida*; ao contrário, a relação entre substâncias, em que há adaptação dos estados individuais de cada substância com outro, tem-se a *harmonia singularmente estabelecida*. No primeiro caso há, portanto, um comércio real e físico; no segundo, um comércio ideal e por simpatia.

chama espaço?" (MSl, AA 02: p. 407). Essas duas questões procuram mostrar duas coisas: 1) a existência dos objetos se dá no espaço e tempo, campo sensível onde se dá a relação (comércio) entre corpos físicos; 2) o mundo como forma gera a questão acerca da totalidade e conexão de todas as substâncias, uma unidade: Deus.

> *Sendo dadas várias substâncias, o princípio do comércio possível entre elas não consiste na mera existência das mesmas, mas além disso algo a mais a partir do qual sejam compreendidas as relações mútuas. Com efeito, para subsistirem elas não necessitam de se relacionar com algum outro, a não ser porventura com a sua causa; porém, a relação do efeito à causa não é um comércio, mas uma dependência. Por conseguinte, se ocorre algum comércio de umas substâncias com outras, há a necessidade de uma razão especial que o determine com precisão.* (MSl, AA 02: p. 407, grifo do autor)

Para compreender as relações é preciso algo *a mais* do que a própria existência das coisas e, se há um comércio entre substâncias, é necessária uma razão para determinar tal comércio.[160] Nesse sentido, uma razão que determine

---

160 É possível dizer que a citação acima é de certo modo "parafraseada" na obra *Preleções de metafísica* (Pölitz), que assegura a afirmação da existência do *comércio* e a existência de uma causa única que determine as relações e conceda a unidade requerida. "Wie ist aber ein *commercium* in einem Ganzen überhaupt möglich? welche Frage mit der erstern einerlei ist; denn das ist noch nicht eine Welt, wo ein Aggregat von Substanzen ist, sondern das *commercium* der Substanzen macht erst eine Welt aus. Das bloße Daseyn der Substanzen aber macht noch kein *Commercium* aus, sondern zu dem Daseyn der Substanzen muß auch ein anderer Grund hinzukommen, wodurch ein *commercium* entstehet. — *Posito*: Alle Substanzen wären nothwendig, so würden sie in keinem *Commercio* stehen; denn jede würde an und für sich selbst so existiren, als wenn keine andere da wäre. Ihr Daseyn wäre von dem Daseyn anderer ganz unabhängig, und dann ständen sie in keinem

todas as relações e também conceda unidade deve ser única, pois se há um mundo deve existir uma única causa; caso contrário, se há várias causas para determinar a unidade do mundo, existiram, portanto, vários mundos – o que não é o caso. Assim, tudo deve ser sustentado pela força infinita de um só:

> [...] A mente humana não é afetada pelas coisas externas e o mundo não se oferece ilimitadamente ao seu olhar senão na medida em que ela mesma é sustentada com todas as outras pela mesma força infinita de um só. (MSI, AA 02: p. 409, grifo do autor)

De modo semelhante, na obra *Preleções de metafísica* (Pölitz), tem-se que onde existe um *comércio* há não só um influxo, mas também um influxo mútuo. No entanto, tal relação deve ser sustentada por um único ser, que garante a unidade do todo diante da variedade da substância que deve ser configurada numa unidade. Pois, se há um mundo, deve existir uma causa única que sustente as relações existentes nele, já que se existissem outras causas, existiriam outros mundos (V-MP-L 1, AA 28: p. 112) – o que não é o caso.

Com efeito, a suposição da existência de um mundo espiritual (*Sonhos*) ou um mundo inteligível (*Dissertação de 1770*), ou uma comunidade dos espíritos que mantenha relação com o mundo dos seres racionais vivificados por meio da alma, ou ainda um Deus que mantenha a unidade das relações entre as substâncias e entre uma causa única dessas relações leva a crer o seguinte: há, de fato, uma divisão

---

Commercio; demnach können absolut-nothwendige Substanzen in keinem *Commercio* stehen. *Posito*: Es wären zwei Götter, von denen jeder eine Welt schuf; so würde die Welt des einen mit der Welt des andern in keinem *Commercio* stehen können, sondern jede müßte für sich selbst bestehen. Es wäre keine Beziehung und kein Verhältniß möglich; aus diesem Grunde können auch nicht zwei Götter seyn". (V-MP-L 1, AA 28: pp. 110-111, grifo do autor).

entre mundo sensível e mundo inteligível e deve-se supor uma relação entre eles; há, de fato, um conhecimento do mundo sensível e a suposição de poder, ao menos, pensar um mundo inteligível; há, de fato, o conhecimento dos fenômenos e a suposição da existência de uma coisa em si mesma expressa pela *aparição* dos fenômenos. Não há, de fato, uma mesma argumentação com tons diferentes para um mesmo assunto? Ou uma argumentação semelhante para as mesmas problemáticas? Não há, de fato, uma relação entre as três obras citadas (respectivamente: *Dissertação de 1770*, *Sonhos* e *Crítica*)? Será que não se pode dizer que os *Sonhos* adiantam argumentações que estarão presentes e melhor trabalhadas no período que se costuma chamar de período crítico? Então, não se pode dizer que *Sonhos* encerra o período pré-crítico e a *Dissertação de 1770* abre o caminho definitivo para a *Crítica da razão pura*, ou serve mesmo de passagem entre um período e outro? Ou, ao contrário, se os argumentos se repetem em tons diferentes, não há a possibilidade de derrubar os marcos divisórios da filosofia kantiana?

Deixando essas indagações responderem por si mesmas, fecho a seção com as seguintes palavras de Kant:

> *Seria uma beleza se uma tal constituição sistemática do mundo dos espíritos, como a representamos, pudesse ser deduzida ou mesmo só inferida com a probabilidade de alguma observação qualquer efetiva e geralmente admitida, e não apenas do conceito da natureza espiritual em geral, demasiadamente hipotético.*[161] (TG, AA 02: p. 333)

---

161 Es würde schön sein, wenn eine dergleichen systematische Verfassung der Geisterwelt, als wir sie vorstellen, nicht lediglich aus dem Begriffe von der geistigen Natur überhaupt, der gar zu sehr hypothetisch ist, sondern aus irgend einer wirklichen und allgemein zugestandenen Beobachtung könnte geschlossen, oder auch nur wahrscheinlich vermuthet werden.

2.6 - *Único argumento possível*, *Sonhos* e *Crítica da razão pura*: uma tentativa de aproximação

Apresenta-se aqui um plano geral, uma ponte entre as três obras que, em alguns aspectos, formam uma linha contínua dentro da perspectiva kantiana acerca do conhecimento humano e o modo de engendrá-lo.

Vimos no *Único argumento possível* o ponto da crítica kantiana ao racionalismo do século XVIII tomando como preceito a prova ontológica da existência de Deus. Isso apontou pelo menos duas coisas: a razão só abarca a possibilidade de algo existir ou não, ou seja, ela dá conta das essências das coisas. Outro ponto é que se algo existe, ele deve estar em um espaço, uma vez que a existência é a *posição absoluta* das coisas. Nesse sentido, há no *Único argumento possível* uma crítica e uma limitação daquilo que é possível de ser conhecido, lembrando que essa tarefa é conduzida por Kant ao longo do período pré-crítico até o ponto em que ele define o espaço e tempo como formas da intuição sensível pertencentes ao sujeito cognoscente.

Diante disso, Kant argumenta logo no Prefácio do *Único argumento possível* que para atingir o objetivo acerca da prova da existência de Deus e, com isso, esclarecer outros pontos, por exemplo, a própria existência dos seres, ele diz:

> Mas, para chegar a esse fim, é preciso aventurar-se sobre o abismo sem fundo da metafísica. Um oceano tenebroso sem margens e sem faróis, onde se deve proceder como o marinheiro sobre um mar desconhecido, que, logo que entra em terra firme, examina seu trajeto e investiga se as correntes marítimas, sem que ele se desse conta, modificaram o seu curso, a despeito de todo o cuidado que

sempre ofereceu a arte de navegar.[162] (BDG, AA 02: pp. 65-66, tradução nossa)

Nessa passagem, Kant se utiliza de metáforas marinhas para apresentar a metafísica; assim, compreende-se que a metafísica é ainda um terreno vasto e inexplorado, como um oceano imenso sem que se possa enxergar seus limites (margens). Nesse sentido, aquele que se encontra no campo da metafísica deve estabelecer claramente os conceitos e as provas, procurando rever sempre o caminho percorrido, buscando uma base firme que possibilite a construção das teses; em outras palavras, a metafísica que busca estabelecer-se como ciência deve, em algum momento, ter algo *in concreto*, exposto no sensível, comprovado na experiência.

É possível perceber, pela citação acima, que no *Único argumento possível*, Kant já articulava a possibilidade de pressupor limites à razão e é assim que ele chega no escrito *Sonhos*, afirmando que a razão não pode transpor os limites do sensível para atingir o mundo do suprassensível, mas é natural que de lá ela peça informações. Assim, pode-se aproximar esse contexto a passagem da "Dialética Transcendental" da *Crítica da razão pura*, ponto em que Kant ressalta a curiosidade do entendimento em buscar conhecer o outro mundo (não sensível) dotado de suas categorias que devem ser aplicadas ao conhecimento do sensível (uso empírico do entendimento). O desejo do entendimento em ampliar seus conhecimentos para além do campo da experiência, o coloca em contato com "fantasmagorias" que culmina na ilusão transcendental. Ao mesmo tempo, a razão na busca

---

162 Zu diesem Zwecke aber zu gelangen muß man sich auf den bodenlosen Abgrund der Metaphysik wagen. Ein finsterer Ocean ohne Ufer und ohne Leuchtthürme, wo man es wie der Seefahrer auf einem unbeschifften Meere anfangen muß, welcher, so bald er irgendwo Land betritt, seine Fahrt prüft und untersucht, ob nicht etwa unbemerkte Seeströme seinen Lauf verwirrt haben, aller Behutsamkeit ungeachtet, die die Kunst zu schiffen nur immer gebieten mag.

pela determinação das coisas em si mesmas também será conduzida à ilusão, mas, segundo Kant, uma ilusão sadia, inevitável e natural (KrV, B, p. 354).

Na passagem abaixo, retirada da *Crítica*,[163] a metáfora marinha está novamente presente e parece dizer a mesma coisa: a metafísica é um campo vasto que deve possuir os seus limites.

> Agora não somente percorremos o domínio do entendimento puro, examinando cuidadosamente cada parte dele, mas também o medimos e determinamos o lugar de cada coisa nele. Esse domínio, porém, é uma ilha fechada pela natureza mesma dentro de limites imutáveis. É a terra da verdade (um nome sedutor), circundada por um vasto e tempestuoso oceano, que é a verdadeira sede da ilusão, onde o nevoeiro espesso e muito gelo, em ponto de liquefazer-se dão a falsa impressão de novas terras e, enquanto enganam com vãs esperanças o navegador errante a procura de novas descobertas, envolvem-no em aventuras, das quais não poderá jamais desistir e tão pouco levá-las a termo. Entretanto, antes de arriscarmo-nos a esse mar para explorá-lo em toda a sua amplidão, e de assegurarmo-nos se se pode esperar encontrar aí alguma coisa, será útil lançar ainda antes um olhar sobre o mapa da terra que precisamente queremos deixar, para perguntar, primeiro, se não poderíamos porventura nos contentar com o que ela contém, ou também se não teríamos que nos contentar com isso e por necessidade, no caso em que em parte alguma fosse encontrado um terreno sobre o qual pudéssemos edificar; segundo, sob que título possuímos essa terra e podemos considerar-nos assegurados contra todas as pretensões hostis.[164] (KrV, B, pp. 294-295)

---

163   Seção terceira da Doutrina Transcendental da capacidade de julgar (ou Analítica dos Princípios).
164   Wir haben jetzt das Land des reinen Verstandes nicht allein durchreiset und jeden Theil davon sorgfältig in Augenschein genommen, sondern es auch durchmessen und jedem Dinge auf demselben seine

A passagem não será analisada, uma vez que o conteúdo dela é análogo à citação anterior, expressando que a metafísica precisa ser melhor fundamentada para atingir o estatuto de ciência. Porém, vale ressaltar que a faculdade do entendimento possui a curiosidade de atingir o outro mundo e por sua fraqueza em distinguir o que pode ou não conhecer ultrapassa seus limites, fazendo com que "caia" por si mesma em ilusão e, aos poucos, retorne ao puro conhecimento do verdadeiro e real.

Para finalizar, cito a passagem de *Sonhos* que diz respeito à fraqueza do entendimento, corroborando a possibilidade da articulação entre o *Único argumento possível*, *Sonhos* e *Crítica*:

> A fraqueza do entendimento humano em ligação com sua curiosidade faz com que se juntem inicialmente verdade e mentira sem distinção, mas pouco a pouco os conceitos são depurados, uma pequena parte permanece, o resto é jogado fora como lixo.[165] (TG, AA 02: p. 357)

Stelle bestimmt. Dieses Land aber ist eine Insel und durch die Natur selbst in unveränderliche Grenzen eingeschlossen. Es ist das Land der Wahrheit (ein reizender Name), umgeben von einem weiten und stürmischen Oceane, dem eigentlichen Sitze des Scheins, wo manche Nebelbank und manches bald wegschmelzende Eis neue Länder lügt und, indem es den auf Entdeckungen herumschwärmenden Seefahrer unaufhörlich mit leeren Hoffnungen täuscht, ihn in Abenteuer verflechtet, von denen er niemals ablassen und sie doch auch niemals zu Ende bringen kann. Ehe wir uns aber auf dieses Meer wagen, um es nach allen Breiten zu durchsuchen und gewiß zu werden, ob etwas in ihnen zu hoffen sei, so wird es nützlich sein, zuvor noch einen Blick auf die Karte des Landes zu werfen, das wir eben verlassen wollen, und erstlich zu fragen, ob wir mit dem, was es in sich enthält, nicht allenfalls zufrieden sein könnten, oder auch aus Noth zufrieden sein müssen, wenn es sonst überall keinen Boden giebt, auf dem wir uns anbauen könnten; zweitens, unter welchem Titel wir denn selbst dieses Land besitzen und uns wider alle feindselige Ansprüche gesichert halten können.

165 Die Schwäche des menschlichen Verstandes in Verbindung mit

2.7 - Considerações acerca de *Sonhos* como um escrito de cunho crítico

Para apontar *Sonhos* como um escrito de cunho crítico e talvez como um escrito de virada crítica, deve-se ter como base três pontos básicos, a saber: a consciência da existência de dois mundos sensível e suprassensível; os limites da razão e a caracterização do espaço e tempo como meios para se abarcar aquilo que é possível conhecer; esses três pontos desembocam na *Dissertação de 1770* e também na *Crítica*.

Tendo isso em mente podemos retomar o escrito de 1766, e perceber quais são as questões ali tratadas e remetê-las às questões que serão abordadas nas duas obras posteriores. Já é sabido que a distinção entre mundo sensível e mundo inteligível é a base da argumentação da *Dissertação de 1770*, além de espaço e tempo serem caracterizados como condições subjetivas, intuição sensível (pura), tal como, posteriormente, serão abordados na *Crítica*, sendo caracterizados como condições subjetivas da sensibilidade sob as quais é possível ser dada uma intuição do objeto (enquanto fenômeno). Nesse sentido, já pressupomos que *Sonhos* é um escrito que poderia adiantar a argumentação acerca do espaço e tempo, bem como a existência de dois mundos distintos, considerando a abordagem da obra tal qual propusemos nessa investigação.

Para não perder o fio condutor dessas considerações, retomemos o ponto-chave do escrito de 1766 em relação à caracterização espaçotemporal. Lá, os visionários abarcavam seus objetos que transcendiam o mundo sensível por

---

seiner Wißbegierde macht, daß man anfänglich Wahrheit und Betrug ohne Unterschied aufrafft. Aber nach und nach läutern sich die Begriffe, ein kleiner Theil bleibt, das übrige wird als Auskehricht weggeworfen.

meio do espaço e tempo, uma vez que toda a descrição deles era possível colocando-os dentro das características espaçotemporais. Além disso, os visionários caiam em confusão ao utilizar espaço e tempo para abarcar coisas do mundo suprassensível, uma vez que esses são instrumentos da intuição sensível. Assim, parece que é em 1766 que Kant se dá conta de que espaço e tempo são responsáveis por aquilo que se pode conhecer, além de perceber que é o sujeito que possui as condições espaçotemporais.

Com efeito, *Sonhos* possivelmente pode ser caracterizados como um escrito que se encaixa no contexto crítico se considerarmos a problemática que concerne ao espaço e tempo e a distinção dos dois mundos; além dos limites da razão que configura de vez a obra com a possibilidade de ser caracterizada como o marco da virada crítica. Só há uma coisa a dizer acerca dos limites do conhecimento humano com relação ao escrito de 1766 desembocando na *Crítica*: tudo aquilo que se quer conhecer está no campo sensível – na experiência – e isso já foi apontado no *Único argumento possível* e agora em *Sonhos*, pois quimeras são fantasias que transpostas para o campo sensível não passam de ilusões. Ou seja, se não está no espaço e no tempo, e muito menos visível por todos não é possível de ser conhecido, e se alguém afirmar que vê e acredita ser verdadeiro é porque, segundo o próprio Kant, está cometido por alguma doença mental, em outras palavras, é um louco.

3 - As consequências de *Sonhos* para os escritos posteriores à 1766: a questão do espaço em 1768 e 1770

3.1 - Introdução

Antes de adentrarmos propriamente no assunto é preciso ressaltar três coisas: primeiro, em *Sonhos* considera-se como um escrito que poderia encerrar o período pré-crítico, quando se leva em consideração alguns pontos fundamentais para o criticismo kantinano, a saber: há limites para o conhecimento humano; espaço é condição de existência e representação sensível do mundo; há dois mundos (sensível e inteligível). Segundo, se a caracterização do espaço como pressuposto para a existência daquilo que se pode conhecer já está presente, de algum modo, em *Sonhos*, pode-se afirmar que tal escrito adianta argumentações que estarão presentes na *Dissertação de 1770*. Por fim, poderá parecer um salto e um desvio de caminho querer abordar a questão do espaço na filosofia de Kant, uma vez que tal problemática passa pelo viés físico-matemático e metafísico, com a questão encontrada em algumas obras da filosofia de Kant. Além disso, a mudança de percurso – tratamento da crítica ao racionalismo à problemática do espaço – se fez necessária, à medida que é preciso destacar o porquê a *Dissertação de 1770* é considerada o "marco da virada crítica" e o porquê *Sonhos* poderia encerrar o período pré-crítico. É somente nesse último sentido, portanto, que se aborda abaixo a questão do espaço; não em sua totalidade, ao menos, em sua importância.

Nesse contexto, será apresentado a consequência de *Sonhos* para o argumento do espaço como ideal-subjetivo, cuja caracterização somente será apresentada na *Dissertação de 1770*, mas antes passa pelo crivo do ensaio *Acerca do primeiro fundamento da diferença das regiões no espaço* (1768), como início de uma argumentação em favor de um espaço subjetivo.

O problema do espaço na filosofia de Kant foi abordado ao longo dos escritos do período pré-crítico. A maior ênfase desse assunto encontra-se na *Monadologia física* (1756), com a tentativa de conciliação entre as teses leibnizianas e newtonianas, respectivamente, um espaço ideal-relativo e um espaço real-absoluto. Essa tentativa de conciliação, por parte de Kant, corroborou o aceite da tese do espaço relativo, porém no *Ensaio de 1768* Kant retoma a tese do espaço absoluto.

Aceitar a tese de Newton não levou Kant a abandonar, definitivamente, a tese do espaço de Leibniz, já que Kant engendra sua tese sobre o espaço tomando-o como ideal. Assim, é possível observar a construção do espaço kantiano como ideal-subjetivo, mostrando que o sujeito possui uma estrutura cognitiva espaçotemporal que permite abarcar os objetos da sensibilidade. Isso mostra o papel do sujeito no conhecimento do mundo e os limites desse conhecimento, questão que Kant aborda na *Dissertação de 1770* com a divisão entre mundo sensível e inteligível, e espaço e tempo como condições de representação do sujeito cognitivo.

Diante da busca pela fundamentação da metafísica tradicional, que até o momento encontrava-se em situação embaraçosa, e a busca pelo modo como conhecemos os objetos (como eles são possíveis de serem conhecidos), Kant volta-se ao estudo do espaço, que é dado como pressuposto da existência das coisas.

A doutrina do espaço é configurada, antes e depois de Kant, como o meio em que os materiais e corpos se localizam, ao passo que no século XVIII a discussão girava em torno de saber se os corpos eram posteriores e anteriores ao espaço e tempo, respectivamente, Newton e Leibniz. Para ambos, entretanto, o espaço é uma referência a coisas materiais, sendo uma entidade física e não psíquica.

Em Kant, o espaço é definido como uma faculdade representativa, a faculdade das representações, culminando na doutrina de espaço e tempo. O espaço e o tempo não são entes, não existem por si mesmos, não são relações abstraídas das coisas espaciais e temporais, são, em certo aspecto, condições da sensibilidade. Ou seja, espaço e tempo são condições imprescindíveis para o conhecimento, pois os objetos que nos são apresentados, só são possíveis no espaço e tempo – intuição pura.

No século XVII, o espaço é distinto dos corpos que o ocupam culminado em uma dicotomia com respeito à definição de espaço. O físico Isaac Newton afirma que o espaço é independente dos corpos, ou seja, existe antes dos corpos aparecerem para ocupá-lo, preenchendo esse espaço vazio e infinito (espaço absoluto). Para o metafísico Leibniz, o espaço é constituído após o aparecimento das coisas (mônadas), essas possuem uma posição no espaço que gera uma relação com outras coisas, que podem mudar de posição e sua distinção seria possível por pensamento (espaço relativo).

Dentro dessas concepções antagônicas, Kant concorda com ambos, porém contrário a Leibniz, afirma que existe uma identidade do espaço físico com o espaço geométrico (tese newtoniana), visto que o espaço físico, distinto das coisas que o ocupa, possui características que se relacionam à geometria (como: linha, ponto, volume, limite etc.), sendo possível identificar os dois espaços.

A problemática do espaço a qual Kant se insere corresponde a compreender, dentro das concepções de Leibniz e Newton, se precede ou não as coisas e se o espaço é condição das coisas existirem e serem como são, além de se interrogar sobre a possibilidade das coisas serem determinadas sem a condição espacial.

O caminho traçado por Kant até a *Dissertação de 1770*, diz respeito a uma tentativa de conciliação entre leibnizianos e newtonianos. Em um primeiro momento, Kant concorda com Leibniz que afirma que o espaço é constituído depois do aparecimento dos corpos (espaço relativo) – isso fica evidente em sua primeira obra de 1747 (*Forças vivas*) – em que afirma que somente pela força de atração externa, as coisas possuem espaço e extensão; anos mais tarde, mudará de concepção e compartilhará com Newton a tese do espaço absoluto (anterior aos corpos), para futuramente elaborar sua própria concepção de espaço em espaço subjetivo (a partir de 1768).

No *Acerca do primeiro fundamento da diferença das regiões no espaço* (1768) observa-se, em alguns aspectos, o primeiro grande passo para a caracterização do espaço subjetivo, o qual melhor se fundamenta com a *Dissertação de 1770*. Como já foi dito, Kant compartilha com Leibniz a concepção de espaço relativo em detrimento do espaço absoluto newtoniano, porém ao interpretar Leibniz, Kant pressupõe o espaço absoluto. Nesse sentido, o *Ensaio de 1768* marca a passagem da necessidade de um ponto de referência externo que determine a diferença das regiões do espaço. No entanto, o espaço ainda é visto como algo real, mas aponta para um espaço como condição de experiência para um sujeito cognoscente.

3.2 - A problemática do espaço: apontamentos

No *Philosophiae Naturalis Principia Mathematica* (1686), Newton apresenta o espaço absoluto como algo anterior às coisas que o ocupam, ou seja, o todo é anterior às partes, mostrando que o espaço é sempre semelhante e imóvel, independente de qualquer objeto, em si mesmo, sem relação com nada que lhe seja externo.[166] Diante disso, Leibniz procura refutar o espaço absoluto de Newton e afirma que esse é um espaço substancial; ao passo que tal interpretação, na *Correspondência com Clarke*,[167] não é aceita, visto que Newton não se preocupa em provar a substancialidade do espaço (já que sua tarefa é demonstrar a ordem dos fenômenos da natureza através de caracteres matemáticos), pois seu interesse não se coaduna com o interesse leibniziano, que busca a causa última das coisas e não simplesmente a ordem causal próxima.

Leibniz pressupõe que o espaço absoluto é substancial, devido ao seu próprio conceito de substância, isto é, aquilo que independe de algo para existir, algo que não possui dependência com nada que lhe seja externo, possuindo uma autonomia existencial. Logo, sendo o espaço absoluto independente de qualquer objeto, esse seria, portanto, substancial.

Contrário a Newton, Leibniz afirma que o espaço é relativo, ulterior às próprias coisas, pois a parte seria anterior ao todo e estaria presente posteriormente a elas. Nesse caso, o espaço absoluto não seria substancial, podendo-se prová-lo através de uma relação sujeito e predicado (levando em consideração que o próprio autor não emprega tal prova, todavia, pode-se

---

166 Definição VIII, Escólio (na tradução da Coleção *Os Pensadores*, XIX, p. 14).
167 Tal argumentação se desenvolve na terceira, quarta e quinta Carta de Leibniz ou Réplica a Clarke (na tradução da Coleção *Os Pensadores*, XIX, pp. 412-439).

utilizá-la através da própria definição da substância leibniziana). Além disso, é preciso considerar que Leibniz considera o espaço absoluto como substancial para garantir a substancialidade do corpo, refutando, assim, o espaço newtoniano.

Consequentemente, se o espaço absoluto é substancial, ele não possui dependência em relação a nada, devendo-se levar em conta que o corpo pode ser uma substância. Se o corpo deve ocupar o espaço (tese newtoniana), esse "deve ocupar" seria o predicado do corpo, ou seja, o espaço absoluto perde sua substancialidade e o corpo passa a ser a substância. Já que do mesmo modo, se o espaço deve ser ocupado pelo corpo (predicado do espaço), perde-se a substancialidade do corpo. Entretanto, foi afirmado que o corpo é uma substância cujo predicado é a "ocupação" do espaço. Portanto, o espaço absoluto pode ser refutado através da substancialidade, afirmando assim a existência de um espaço relativo.[168]

> *Os argumentos preferíveis de Leibniz a esse respeito são aqueles que fazem uso dos princípios da identidade dos indiscerníveis e de razão suficiente: posto que o espaço, se real, é idêntico em todas as suas partes, portanto, indiscernível, não haveria razão suficiente para que as coisas existentes fossem dispostas dessa ou daquela maneira; assim, somente a relação de distâncias que as coisas mantêm entre si é que pode determinar a especificidade de um tal arranjo de copresentes espaciais.* (PRADO, 2000, p. 42)

Como definição de espaço relativo, tem-se que tal espaço é uma relação de copresença das substâncias (como

---

168 Tal prova enquadra-se no conceito substancial de Leibniz, porém, tomada a relação sujeito e predicado (substância e atributo) o espaço seria um atributo, caso esse que não se sustenta. Em contrapartida, Leibniz afirma que sendo o espaço real, esse é idêntico em todas as partes, logo, para haver uma diferenciação entre as coisas que o ocupam, o espaço deve ser relativo, isto é, uma relação de distâncias entre tais coisas (de seus lugares), especificando a copresença das substâncias no espaço.

elas estão dispostas). Leibniz mostra a não existência de uma relação entre as substâncias, mas sim uma relação entre as distâncias dos lugares ocupados por elas, sendo que o lugar não é a porção de espaço que a substância ocupa e sim o ponto de vista pelo qual ela reflete o mundo.

Há então duas teses que se opõem com relação ao espaço e é aqui que Kant engendra sua conciliação entre as teses newtonianas e leibnizianas buscando conciliar os dois lados. Busca, ao menos, convencer os adeptos da teoria de Leibniz a aceitarem algumas ideias de Newton sem descartar as de Leibniz, e vice-versa.

Certamente, o que estará em jogo não será somente a questão do espaço, mas também as teses que envolvem geometria e metafísica, as quais, nesse caso específico, utilizam o espaço, cada qual à sua maneira, uma contrariando a outra. A primeira afirma ser o espaço divisível ao infinito e considera a existência de um espaço vazio; já a segunda diz ser o espaço não divisível ao infinito e nega o espaço vazio (absoluto).

É nesse contexto que se encontra a base para a discussão acerca do espaço, a saber: Newton afirma que (1) o espaço é absoluto e (2) garante que o espaço físico é idêntico ao geométrico; Leibniz afirma que (3) o espaço é relativo e (4) nega que o espaço físico seja idêntico ao geométrico. Utilizando as teses 2 e 3, Kant buscará conciliar Newton e Leibniz, afirmando ambas e buscando convencer os leibnizianos da tese 2. Desse modo, Kant engendra sua tentativa de conciliação, partindo da tese de que o espaço é relativo e o espaço geométrico é idêntico ao espaço físico.[169]

Entretanto, o que irá ocorrer é que Kant acaba por criar outro espaço relativo diferente do espaço relativo de Leibniz, entendendo que essa é uma relação de substâncias, que

---

169 A identidade dos espaços, proposta na tese newtoniana, torna-se necessária na medida em que a matemática só pode ser um instrumento que permite traduzir a ordem dos fenômenos postulando que o espaço geométrico e físico sejam idênticos.

essas se relacionam sem ocupar o espaço da outra (impenetrabilidade), sendo que para Leibniz a relação se dá pela copresença das substâncias (como estão dispostas). Além disso, na *Monadologia física*,[170] Kant utiliza o termo "ocupar" durante toda a sua argumentação, demonstrando que o espaço é preexistente, ou seja, absoluto; pois, ocupar um espaço exige presumir que esse já exista.[171]

A partir do *Ensaio de 1768*, Kant teria se dado conta de que o espaço não é relativo e sim absoluto, reconhecendo as inovações que Newton trouxe para o campo da ciência. Porém, mais tarde, Kant irá afirmar que o conhecimento sensível não abarca o conhecimento por si só, mas que o próprio sujeito contribui com algo para o conhecimento do objeto.

No momento em que Kant afirma a tese de Newton, ele busca provar a validade dessa e, não obstante, utiliza o próprio espaço relativo para demonstrar uma outra relação que existe entre esses espaços (relativo e absoluto).

> *A deslocação de um corpo pode ser resultado de uma deslocação própria desse corpo ou da deslocação em sentido contrário do espaço que ele se inscreve [...] não sendo o espaço absoluto mais do que uma ideia que nos permite relacionar os espaços relativos. (MAGALHÃES, 1983, pp. 28-29)*

---

170 Acerca do título da obra: *Uso da metafísica unida à geometria em filosofia natural cujo espécime I contém a monadologia física,* vale notar, ao menos, quatro pontos que dizem respeito ao conteúdo completo da própria obra, a saber: "uso da metafísica", diz respeito aos argumentos referidos a Leibniz (também Wolff); "geometria" faz referência à Newton, bem como a "filosofia natural" (física); e, a "modalogia física", faz referência à obra de Leibniz (*Os princípios da filosofia ditos a Monadologia*), onde ele define, entre outras coisas, o conceito de mônada. Ou seja, Kant busca conciliar metafísica e física acerca do conceito de espaço e escreve a obra em *more geométrico* (Definição, Teorema e Escólio).

171 Essa é uma das teses principais defendidas em: PRADO, 2000.

Com a citação, seguindo a interpretação de Magalhães, é possível perceber que o espaço não depende das relações das matérias, mas essas dependem do espaço para existir, ou seja, o espaço que se dá por relativo (relação das partes) necessita de uma relação com algo que lhe seja externo para configurar sua existência, mantendo uma outra relação que se dá com o espaço externo, o qual Kant define como sendo um ponto exterior que estabelece a relação existente no espaço relativo.

No *Ensaio de 1768*, Kant expõe o conceito de *situação*, a relação no espaço de uma coisa com outras, buscando afirmar a existência do espaço absoluto. O conceito de situação nos dá a relação das partes e essas pressupõem uma região que não consiste na relação das coisas no espaço, mas na relação da situação com um ponto que seja externo: espaço absoluto. Kant afirma que é possível conhecer a relação das partes a partir delas mesmas, mas não conhecemos a região, só se conhece quando há uma relação das coisas com um espaço exterior e não com as posições que essas ocupam; e afirma que o fundamento da forma corporal não se define utilizando-se somente a relação das partes, mas levando em consideração um ponto externo.

> Com efeito, a situação das partes do espaço em suas relações recíprocas pressupõe a região de acordo com a qual elas estão ordenadas segundo uma tal relação, e, no sentido mais abstrato, a região não consiste na relação no espaço de uma coisa com uma outra o que, rigorosamente falando, é o conceito de situação, mas na relação do sistema dessas situações com o espaço absoluto do universo.[172] (GUGR, AA 02: p. 377)

---

172 Denn die Lagen der Theile des Raums in Beziehung auf einander setzen die Gegend voraus, nach welcher sie in solchem Verhältniß geordnet sind, und im abgezogensten Verstande besteht die Gegend nicht in der Beziehung eines Dinges im Raume auf das andere, welches eigentlich der Begriff der Lage ist, sondern in dem Verhältnisse des Systems dieser Lagen zu dem absoluten Weltraume.

O conceito de situação leva a crer que Kant está a conceber que o "conceito" (na *Crítica* espaço e tempo não são conceitos) de espaço não deriva da experiência, mas torna-se possível por meio de orientações (relações) com corpos subjetivos, os quais configuram um espaço absoluto e originário (*aquisição originária – Dissertação de 1770*). Em outras palavras, o *Ensaio de 1768* mostra que é necessário a referência a um espaço absoluto (entenda-se espaço puro) para perceber as coisas; tal espaço não é dado pela experiência, o mesmo pode ser dado pela relação das coisas tomando um ponto de vista externo (referência) a elas: espaço ou mesmo um sujeito (como referência externa para a diferenciação entre coisas distintas).

Ainda nesse contexto, Kant cita um exemplo que fundamenta a tese que ele propõe com relação ao ponto externo e, em oposição a Leibniz, que utilizou a expressão "congruência" para demonstrar a igualdade de corpos que se sobrepõem, Kant utilizará de "não congruência" para estabelecer a utilização de um ponto exterior que forneça a diferença entre dois corpos.

> *Quando duas figuras, traçadas sobre uma superfície plana, são iguais e semelhantes, sobrepõem-se. Mas não se passa o mesmo com a extensão corporal ou mesmo com linhas e planos que não se encontram numa superfície plana; elas podem ser perfeitamente iguais e semelhantes, e no entanto tão diferentes nelas mesmas, que os limites de umas não podem igualmente ser os limites das outras.*[173]
> (GUGR, AA 02: p. 381)

---

[173] Wenn zwei Figuren, auf einer Ebene gezeichnet, einander gleich und ähnlich sind, so decken sie einander. Allein mit der körperlichen Ausdehnung, oder auch den Linien und Flächen, die nicht in einer Ebene liegen, ist es oft ganz anders bewandt. Sie können völlig gleich und ähnlich, jedoch an sich selbst so verschieden sein, daß die Grenzen der einen nicht zugleich die Grenzen der andern sein können.

Para exemplificar sua afirmação, Kant utiliza como exemplo a *mão humana*, dizendo que as mãos são idênticas com relação à sua proporção, grandeza do todo e ainda com relação às suas partes, mas são "não congruentes", pois não podem ser colocadas nos mesmos limites; ou seja, não se sobrepõem. Com o exemplo, Kant conclui que para conceber uma determinação do espaço não é preciso utilizar as relações das partes da matéria, mas essas com relação a um espaço que seja preexistente, pois somente esse pode configurar a diferença entre corpos.

Desse modo, Kant afirma a existência de um espaço absoluto que determina a relação entre partes que se relacionam. Porém, esse espaço não é objetivo, como afirma Kant na *Dissertação de 1770*, pois, como já foi dito, o sujeito deverá contribuir com algo em relação ao objeto para que esse possa ser conhecido – esse algo, entre outras coisas, são o espaço e tempo.[174] Nas palavras de Kant em 1770:

> *O espaço não é algo objetivo e real, nem substância, nem acidente, nem relação; mas algo subjetivo e ideal, saído da natureza da mente por uma lei estável, à maneira de um esquema mediante o qual ela coordena para si absolutamente todas as coisas que são externamente sentidas. Aqueles que defendem a realidade do espaço ora o concebem como receptáculo absoluto e imenso de todas as coisas possíveis – sentença essa que, depois dos ingleses, agrada a muitos dos geómetras –, ora pretendem que o mesmo seja a própria relação das coisas existentes, a qual desaparece inteiramente uma vez suprimidas as coisas e que só é pensável nas coisas atuais, tal como, depois de*

---

174 A mesma caracterização para o espaço vale para o tempo: "*O tempo não é algo objetivo e real*, nem substância, nem acidente, nem relação, mas uma condição subjetiva, necessária em virtude da natureza da mente, para essa coordenar para si, segundo uma lei determinada, quaisquer coisas sensíveis, e, como tal, ele é uma *intuição pura*" (MSI, AA 02: p. 400, grifo do autor).

> *Leibniz, o afirma a maior parte dos nossos.* (MSI, AA 02: p. 403, grifo do autor)

No *Ensaio de 1768*, no momento em que Kant assume a necessidade de um ponto exterior que determine a diferença das regiões no espaço, ele toma como ponto de referência o corpo humano para elucidar as três dimensões do espaço, sendo elas em relação ao corpo: alto/baixo, frente/atrás, direita/esquerda, ou seja, o próprio sujeito é tomado como um ponto de referência externo e como o próprio Kant afirma:

> *No espaço próprio do corpo, em virtude das suas três dimensões, podemos ter a representação de três planos que se cortam em ângulo reto. Uma vez que não podemos conhecer tudo o que está fora de nós através dos sentidos a não ser na medida em que estiver em relação conosco, não é de se espantar que tiremos da relação desses planos em intersecção com o nosso próprio corpo o primeiro fundamento para formar o conceito de regiões do espaço.*[175]
> (GUGR, AA 02: pp. 378-379)

Com a afirmação acima, observa-se a primeira referência acerca de um espaço subjetivo, visto que o próprio sujeito é considerado como um ponto externo que configura uma região e determina a diferença entre corpos que se relacionam. Além disso, não é de se duvidar que um sujeito pode conceber um objeto espacial utilizando-se das três dimensões do espaço.

---

[175] In dem körperlichen Raume lassen sich wegen seiner drei Abmessungen drei Flächen denken, die einander insgesammt rechtwinklicht schneiden. Da wir alles, was außer uns ist, durch die Sinnen nur in so fern kennen, als es in Beziehung auf uns selbst steht, so ist kein Wunder, daß wir von dem Verhältniß dieser Durchschnittsflächen zu unserem Körper den ersten Grund hernehmen, den Begriff der Gegenden im Raume zu erzeugen.

Diante disso, pode-se dizer que: se o próprio sujeito pode conceber um objeto espacial, sem contudo, esse ser dado no sensível, o espaço deixaria de ser algo objetivo, pois o próprio sujeito teria "fornecido" o *espaço*. Portanto, o espaço seria algo subjetivo como Kant afirma na *Dissertação de 1770*, dizendo que o espaço é subjetivo e ideal, que coordena o que é sentido exteriormente, além de que esse provém da natureza do espírito, demonstrando que o espaço é adquirido pelo sujeito por meio de leis ínsitas à mente (inatas), fortalecendo a concepção de espaço subjetivo.[176] Retomando o argumento sobre regiões do espaço, encontra-se na *Dissertação de 1770* uma passagem que pode ser considerada como confirmação do argumento do *Ensaio de 1768*:

> *O conceito de espaço não é abstraído das sensações externas. Pois não é possível conceber algo como estando situado fora de mim, a não ser representando-o como estando num lugar diferente em que eu próprio estou; nem é possível conceber coisas como sendo exteriores umas às outras, a não ser colocando-as em diferentes lugares*

---

176 Os conceitos de espaço e tempo são adquiridos pelo sujeito por meio de leis ínsitas à mente, ou seja, leis do espírito, que no caso kantiano são entendidas como inatas (*Dissertação de 1770*); na Resposta a Eberhard (*Uber eine entdeckung nach der alle neue Kritik der reinen Vernunft durch eine altere entbeghrlich gemacht werden soll*) de 1790, todavia, Kant afirma que o espaço e tempo são "aquisição originária" e o inato não é senão um fundamento que permite que as coisas sejam de uma forma e não de outra. Considerando que o assunto é de extrema importância para a compreensão da aquisição das "representações elementares" (espaço e tempo e também categorias do entendimento), deixaremos para uma próxima oportunidade a abordagem e investigação dessa problemática, uma vez que ela é de difícil compreensão. Sobre o assunto ver: MARQUES, U.R. de A. Kant e o problema da origem das representações elementares: apontamentos. *Trans/Form/Ação*, São Paulo, n. 13, pp. 41-72, 1990. Notas sobre o "múltiplo" na primeira Crítica. *Doispontos*, Curitiba, São Carlos, v. 2, n. 2, pp. 145-156, out. 2005.

> *do espaço. Por conseguinte, a possibilidade das percepções externas, enquanto tais, não cria, mas antes supõe, o conceito de espaço, como também as coisas que existem no espaço afetam os sentidos, mas o espaço mesmo não pode ser captado pelos sentidos.* (MSI, AA 02: p. 402, grifo do autor)

Com a citação, pode-se entender que só é possível representar as coisas fora de mim, quando essas estão em um lugar diferente do qual estou. Ou seja, só é possível conceber coisas exteriores umas às outras em espaços diferentes (além da confirmação da necessidade da existência de um espaço como pressuposto para a própria existência das coisas).

A constatação da necessidade de um ponto externo para posicionar o objeto diante do sujeito e compreender a situação dos objetos na diferença das regiões no espaço pode ser corroborada com a *Reflexão 4675* (*Legado de Duisburg* – 1775), em que Kant diz que algo é posto fora de nós se sua representação constitui continuidade e um *ponto de referência* particular:

> *[...] Eu não representaria algo como fora de mim e, portanto, não transformaria aparência em experiência (algo objetivo), se as representações não se reportassem a algo que é paralelo ao meu* eu, *pelo qual eu as reconduzo de mim a um outro sujeito.*[177]

Levando em consideração a necessidade de um ponto de referência externo ao sujeito, bem como o modo de abarcar e conhecer um objeto, na *Reflexão 4674* (*Legado de Duisburg* – 1775), Kant afirma que aquilo que é dado, a matéria indeterminada, fundamenta-se na relação e concatenação

---

177 [...] Würde ich etwas nicht als außer mir vorstellen [wenn] und also Erscheinung zur Erfahrung machen (obiectiv), wenn sich die Vorstellung nicht auf etwas bezögen, was meinem Ich parallel ist, dadurch ich sie von mir auf ein anderes subiect referire.

das representações (sensações). Desse modo, a "exposição das aparências é o fundamento da exposição, em geral, daquilo que foi dado".[178] A concatenação das representações é realizada pela ação interna do ânimo, que engendra um todo de acordo com a matéria:

> *Aqui há, portanto, unidade não por força daquilo em que, mas pelo que o múltiplo é reunido em um único, portanto, validade universal. Por isso, não são formas, mas funções, em que se baseiam as relações das aparências. A exposição das aparências é, portanto, a determinação do fundamento em que se baseia o nexo das sensações nas mesmas.*[179]
> (REFL, AA 17: p. 643)

Nesse sentido, o sujeito contém as condições de representação de tudo que há conceito, sendo que em sua sensibilidade é determinado o objetivo desse conceito. Ou seja, para tal conceito "a" deve ser dado um objeto "x", ou na intuição pura ou na intuição empírica. O "x" é o objeto que se pode determinar por *a* e pode ser dado de modo *a priori*, na construção; mas na exposição, segundo Kant:

> *[...] podem ser conhecidas as condições* a priori *no sujeito, sob as quais "a" se relaciona em geral a um objeto, a saber, a um (objeto) real. Esse objeto só pode ser representado segundo suas relações e nada mais é do que a própria representação subjetiva (do sujeito), mas tornada*

---

178 [...] Von der exposition der Erscheinungen ist der Grund der exposition überhaupt von dem, was gegeben worden.
179 Hie ist also Einheit, nicht [der] vermöge desienigen: worin, sondern: wodurch das Manigfaltige in eines gebracht wird, mithin allgemeingültigkeit. Daher sind es nicht formen, sondern functionen, worauf die *relationes* der Erscheinungen beruhen. Die exposition der Erscheinungen ist also die Bestimmung der Grundes, worauf der Zusammenhang der Empfindungen [derse] in denselben beruht.

universal, pois eu sou o original de todos os objetos.[180]
(Refl, AA 17: p. 647)

As "condições *a priori* do sujeito" podem ser entendidas como "formas" puras da intuição sensível. Nesse sentido, é possível dizer com Kant (REFL, 17: AA, p. 645), que o *espaço é uma condição subjetiva*.

Com isso, é possível perceber a necessidade de uma estrutura de conhecimento que transforme matérias perceptíveis em objetos de conhecimento. Segundo Kant:

> *A distinção de todos os nossos conhecimentos é segundo a matéria (conteúdo, objeto) ou (segundo) a forma. No pertinente à última, ela é intuição ou conceito. Aquela (forma da intuição) é do objeto na medida em que ele é dado, essa (forma do conceito), na medida em que ele é pensado. A faculdade da intuição é sensibilidade, do pensamento é entendimento (do pensamento a priori, sem que o objeto seja dado). O entendimento é contraposto por isso à sensibilidade e à razão. A perfeição do conhecimento segundo a intuição é estética, segundo os conceitos é lógica. A intuição é ou do objeto* (apprehensio) *ou de nós mesmos; a última* (apperceptio) *reporta-se a todos os conhecimentos, também aos do entendimento e da razão.*[181] (REFL, AA 17: pp. 650-651)

---

180 [...] Können die Bedingungen *a priori* in dem Subiekt erkannt werden, unter denen a überhaupt sich auf ein Obiect, nemlich ein reales, beziht. Dieses obiect kann nur nach seinen Verhaltnissen vorgestellt werden und ist nichts anders als die subiective Vorstellung (des subiects) selbst, aber allgemein gemacht, denn Ich bin das original aller obiecte.
181 Der Unterschied aller unsrer Erkenntnisse (der) ist der Materie (Inhalt, Obiekt) oder der Form nach. Was die letzte betrifft, so ist Anschauung oder Begrif. Jene ist von dem Gegenstande, so fern er gegeben ist, diese: so fern er gedacht wird. Das Vermogen der Anschauung ist sinnlichkeit, des Denkens ist Verstand (des Denkens *a priori*, ohne daβ der Gegenstand gegeben ist, Vernunft). Der Verstand wird daher der Sinnlichkeit und der Vernunft entgegen gesetzt. Die Vollkommenheit der Erkenntnis der Anschauung nach ist ästhetisch, den Begriffen nach ist

Com isso, pode-se concluir com Kant (REFL, AA 17: p. 652), que as condições subjetivas da aparência são intuições: espaço e tempo. Nessa medida, a condição subjetiva de apreensão do conhecimento empírico, no *tempo em geral*, deve estar de acordo com as condições do sentido interno em geral (tempo). Por conseguinte, "a condição subjetiva do conhecimento racional é a construção através da condição da apreensão em geral".[182] Ou seja, a matéria para o conhecimento, de um dado empírico, é abarcada pelas *condições de apreensão* do sujeito em intuições de espaço e tempo, promovendo um conhecimento racional pela concatenação de representações das aparências por meio da ação do entendimento e sensibilidade: forma e conteúdo, pensamento e dado, faculdade do pensamento e faculdade da intuição. Tudo sob condições subjetivas, isto é, o "sujeito contém as condições de representação de tudo aquilo que temos conceitos e em sua sensibilidade tem de, afinal, ser determinado o objetivo dos mesmos"[183] (REFL, AA 17: p. 644). Desse modo, tem-se que o sujeito constrói o conhecimento, ou, representa o mundo que se apresenta a ele em uma multiplicidade transformada em unidade: conhecimento.

Do mesmo modo, na *Reflexão 4678* (*Legado de Duisburg – 1775*), Kant afirma:

> *Pois toda aparência com sua determinação completa tem de ter unidade no ânimo, por conseguinte (tem de) estar submetida àquelas condições pelas quais a unidade das representações é possível. Somente aquilo que é requerido*

---

logisch. Die Anschauung ist entweder des Gegenstandes (*apprehensio*) oder unsrer selbst; die letzte (*apperceptio*) geht auf alle Erkenntnisse, auch die des Verstandes und Vernunft.

182 Die subiective Bedingung der rationalen Erkenntnis ist die construction (in der Zeit) durch die Bedingung der apprehension überhaupt.

183 Subiekt enthalt die Bedingungen der Vorstellung alles desse, wovon wir Begriffe haben und in desses sinnlichkeit (müssen doch die Gegenstande) muβ doch das obiective derselben determinirt werden.

> *para a unidade das representações pertence às condições objetivas. A unidade da apreensão está ligada necessariamente à unidade da intuição no espaço e tempo, pois sem aquela essa não daria nenhuma representação real.*[184]
> (REFL, AA 17: p. 660)

Assim, objetos captados pelos sentidos devem ser apreendidos na intuição (espaço e tempo) segundo o "esquema": sensação – intuição – aparência – conceito (REFL, AA 17: p. 662). Grosso modo, os sentidos apreendem o múltiplo por meio da intuição que abarca tal múltiplo transformado em aparência constituída em conceito: sensibilidade e entendimento – determinação de um objeto "x" por meio do conceito "a".

O que Kant engendra ao longo de sua investigação acerca do espaço, bem como acerca da estrutura cognitiva do sujeito é a demonstração de que os objetos não mais regulam o conhecimento, ou seja, os objetos é que devem regular-se pelo conhecimento do sujeito. Assim, Kant eleva o sujeito ao ponto em que o objeto deve ser pensado e representado pelo sujeito tal como ele aparece, ou melhor, o mundo sensível é uma representação e construção do sujeito cognoscente. Há, portanto, um conhecimento *a priori* dos objetos, dado em uma intuição pura, possível por meio do espaço e tempo, à medida que o espaço não é nem absoluto e nem relativo, ele não é senão uma intuição pura.

Por fim, cito a passagem da *Crítica da razão pura*, em que Kant anuncia a revolução no campo do conhecimento, comumente conhecida como *Revolução Copernincana*:

---

[184] Denn alle Erscheinung mit ihrer durchgängingen Bestimmung muβ doch Einheit im Gemüthe haben, folglich solchen Bedingungen unterworfen sein, wodurch die Einheit der Vorstellungen möglich ist. Nur das, was zu der Vorstellung gefodert wird, gehört zu den obiectiven Bedingungen. Die Einheit der apprehension ist mit der Einheit der Anschauung Raum und Zeit nothwendig verbunden, denn ohne diese würde die leterze keine realvostellung geben.

Até agora se supôs que todo o nosso conhecimento tinha que se regular pelos objetos; porém, todas as tentativas de, mediante conceitos, estabelecer algo a priori sobre os mesmos, através do que ampliaria o nosso conhecimento, fracassaram sob essa pressuposição. Por isso tente-se ver uma vez se não progredimos melhor nas tarefas da metafísica admitindo que os objetos têm que se regular pelo nosso conhecimento, o que concorda melhor com a requerida possibilidade de um conhecimento a priori *dos objetos que deve estabelecer algo sobre os mesmos antes de nos serem dados.*[185] (KrV, B, p. 16, grifo do autor)

3.3 - A *Dissertação de 1770*: plano da obra

A *Dissertação de 1770* é considerada o início do criticismo devido à afirmação de que espaço e tempo são intuições puras pertencentes ao sujeito, o que nos conduz à virada no papel do conhecimento (esse é um viés de interpretação; há quem diga que as antinomias da razão já estariam presentes na *Dissertação de 1770*). Ou seja, os objetos do mundo exterior devem regular-se pelo conhecimento do sujeito, que possui, a partir desse momento, um papel ativo na aquisição do conhecimento, pois ele é dotado de capacidades cognitivas que são condições de conhecimento de todo o conteúdo sensível. Além disso, a obra como *marca* do criticismo se

---

185 Bisher nahm man an, alle unsere Erkenntniß müsse sich nach den Gegenständen richten; aber alle Versuche über sie *a priori* etwas durch Begriffe auszumachen, wodurch unsere Erkenntniß erweitert würde, gingen unter dieser Voraussetzung zu nichte. Man versuche es daher einmal, ob wir nicht in den Aufgaben der Metaphysik damit besser fortkommen, daß wir annehmen, die Gegenstände müssen sich nach unserem Erkenntniß richten, welches so schon besser mit der verlangten Möglichkeit einer Erkenntniß derselben *a priori* zusammenstimmt, die über Gegenstände, ehe sie uns gegeben werden, etwas festsetzen soll.

configura na superação das concepções dogmáticas da escola Leibniz-wolffiana, bem como se expressa na *Carta a Tieftrunk* de 1797 e na *Carta a Marcus Herz* de 1781.[186]

As divisões da obra lembram, em partes, as divisões que serão estabelecidas na *Crítica da razão pura*, do seguinte modo: a seção III assemelha-se à Estética Transcendental; a seção IV aproxima-se da Analítica Transcendental; a seção V faz referência à Dialética Transcendental e à Doutrina do Método. Comparações à parte, o interessante é notar o quanto a obra, que segundo o próprio Kant marca seu criticismo, é fundamental para compreender a nova perspectiva de trabalho de Kant: uma análise dos textos da década de 1750 e 1760 buscando uma sistematização.[187]

No contexto da obra, Kant expõe na primeira seção a noção de Mundo em sua dupla gênese, isto é, um mundo sensível e um mundo inteligível (do entendimento), sendo o mundo definido como um todo que não é parte (de outro). Para conceber a noção de mundo, deve-se considerar três aspectos, a saber: matéria, forma e universidade. Nesse sentido, a ordenação do mundo é dada da seguinte maneira: há um múltiplo que é o modo da representação da matéria, em que essa deve ser ordenada em uma forma e, consequentemente, em uma unidade (universidade), assim, é estabelecido o meio pelo qual o conhecimento é obtido.

A relevância dessa obra no contexto da filosofia crítica é a afirmação da existência de um mundo fenomênico e um mundo numênico, ou seja, o conhecimento se dá com o labor do entendimento (categorias) juntamente com a intuição pura (espaço e tempo), que abarca o múltiplo dos fenômenos, sintetizados pelos conceitos do entendimento puro.

---

186 Com respeito à primeira correspondência, Kant diz não querer publicar escritos anteriores a 1770; no que concerne à segunda, Kant afirma que a *Dissertação de 1770* contém temas que serão desenvolvidos em outra obra futura (*Crítica da razão pura*).

187 Dividimos essa interpretação com Perez (2008).

Nesse contexto, Kant demonstra a necessidade de se considerar tanto a experiência quanto o entendimento na aquisição do conhecimento, pois como podemos observar na introdução da *Crítica da razão pura*: "Todo o nosso conhecimento começa com a experiência, mas nem todo deriva dela"[188] (KrV, B p. 1). Portanto, o conhecimento é obtido pela ação do sujeito por meio de suas faculdades ao conteúdo da experiência, transformando esse em um "material" possível de ser compreendido e conhecido pelo sujeito.

Na segunda seção, há o contraponto entre fenômeno e númeno, sendo o último característico do conhecimento intelectual, incognoscível para o sujeito, não pertencente à intuição sensível; já o primeiro, é de conhecimento sensitivo, pois somente conhecemos aquilo que nos aparece, isto é, conhecemos o fenômeno. O fenômeno é aquilo que aparece da coisa em si (númeno), sendo essa o fundamento daquele, a pressuposição de algo que aparece aos sentidos e, consequentemente, é abarcado pela intuição.[189]

Nesse contexto, a sensibilidade pura é a receptividade da matéria que deverá ser ordenada pelo entendimento. Porém, é imprescindível a questão acerca da origem de nossa intuição e de nossas categorias, pois é por meio dessas capacidades que obtemos o conhecimento. Sabemos que nossas faculdades cognitivas são *a priori*, não são abstraídas

---

188 Daβ alle unsere Erkenntnis mit der Erfahrung anfange, daran ist gar kein Zweifel. [...] Wenn aber gleich alle unsere Erkenntnis mit der Erfahrung anhebt, so entspring sie darum doch nicht eben alle aus der Erfahrung.

189 Vale notar que até o momento não havia distinção entre faculdade sensível e faculdade inteligível, o que, supostamente, impossibilitou o estabelecimento da metafísica como ciência; pois se julgavam objetos da metafísica com os mesmos critérios que se julgam objetos da sensibilidade. No entanto, ao afastar o que provém da sensibilidade e que tal conhecimento da existência desse não amplia o conhecimento, Kant evita o erro da metafísica tradicional e não permite que o sensível contamine o inteligível. Sobre o assunto ver: LINHARES, 2007.

da experiência, ou seja, são aquisições obtidas pelo próprio sujeito. Nesse sentido, Kant afirma que essas capacidades são adquiridas por meio das leis ínsitas à mente (inatas), portanto, são *a priori* (puras) e não propriamente inatas, elas são adquiridas pelo esforço do sujeito em obter capacidades que o faça conhecer os dados fornecidos pela experiência. Desse modo, nossos conceitos não são inatos e sim, *a priori*, não abstraídos do empírico, mas adquiridos por meio da própria natureza subjetiva (leis ínsitas à mente).

Afirmada a existência de um mundo fenomênico receptivo pela sensibilidade humana na intuição de espaço e tempo e a pressuposição de um mundo numênico que contém a unidade das coisas em si mesmas, Kant confirma que só conhecemos aquilo que nos aparece, sendo esse aparecer possível somente no espaço e tempo, como condições puras da intuição sensível (condições da sensibilidade).

Possuímos, portanto, um mundo que nos apresenta e que nós o representamos, ou seja, o mundo é uma representação do sujeito através da intuição sensível (e também as categorias do entendimento), sendo esses anteriores a toda experiência, a condição do sensível, o meio pelo qual temos acesso ao mundo dos fenômenos.

A nossa sensibilidade, dotada de intuição espaço-temporal, se configura no ponto em que se pode afirmar o papel do sujeito na aquisição do conhecimento, pois essa intuição se encontra nele e por meio dele o objeto é pensado nas dimensões de espaço e na sucessão do tempo. O espaço e tempo possuem características comuns, mas sentidos diferentes, isso quer dizer, o espaço se configura como sentido externo na medida em que abarca os objetos em sua multiplicidade e de modo simultâneo; ao contrário, o tempo é a condição subjetiva do sentido interno, em que intuo a mim mesmo, representando o objeto em um tempo sucessivo. Espaço e tempo, todavia, estão interligados e pertencem à intuição sensível e se uma vez quisermos representar o tempo, o representaremos por uma linha ao infinito na intuição do espaço; e ambos são as condições da receptividade do objeto, sendo representado de modo sucessivo e simultâneo, respectivamente, no tempo e no espaço.

O exposto acima, referente à terceira seção da obra, confirma a tese acerca da filosofia transcendental kantiana,[190] o sujeito no centro do conhecimento, representando o mundo que o rodeia.

Na quarta seção se estabelece uma causa única para todas as coisas, que desemboca em um ser extramundano demonstrando que tudo deve ser sustentado por uma força infinita de um só. A argumentação se baseia no pressuposto que afirma: se existissem várias causas, existiriam vários mundos e não haveria uma conexão das partes em um mesmo todo. Portanto, se se considera o nexo das relações das partes em uma única causa, ter-se-á um mundo como forma (e não como matéria), obtendo a possibilidade do nexo entre várias substâncias em uma totalidade garantida por uma causa única, ou seja, um Deus.

---

190   Na *Reflexão 4455*, Kant afirma que "a filosofia transcendental é crítica da razão pura. Estudo do sujeito. Confusão do subjetivo com o objetivo. Prevenção". Ao passo que no *Opus Postumum*, ele parece mudar sua definição, dizendo que a "filosofia transcendental antecipa a asserção das coisas que são pensadas, como seus arquétipos, o plano segundo o qual elas devem ser colocadas". Ou seja, a novidade da filosofia kantiana está na pressuposição de um conhecimento *a priori* e que determine as coisas em seus respectivos lugares; em outras palavras, o conhecimento depende de algo que antecipe a representação das coisas, uma estrutura de representação e construção do mundo. Além disso, mais uma vez, não se pode descartar a visão platônica, já que Kant fala de arquétipos, ou mesmo ideias, como modelo das coisas. No entanto, não se pode levar isso ao "pé da letra", pois é sabido que Kant trata ideia como algo que não possui referência com representação sensível, seria ela uma unidade de conceitos, dentro do contexto da razão reguladora (ver Apêndice à Dialética Transcendental na *Crítica da razão pura*).

Considerando a existência de uma causa comum, a conexão primitiva das coisas é considerada como necessária obtendo assim uma harmonia, em que a relação é estabelecida como real e física, ademais, há uma harmonia singularmente determinada, onde os estados individuais das substâncias se adaptam com outras substâncias, resultando em uma relação ideal (e por simpatia). Destarte, corroborando o nexo necessário juntamente com a causa única, o mundo pode ser real (influência física) ou ideal (simpatia); sendo assim somos levados a acreditar em um Deus ao qual intuímos todas as coisas, pois ele é o responsável pela causa comum e, do mesmo modo, pelo nexo necessário, ou seja, possuímos um mundo dado como inteligível.[191]

A quinta seção trata do contexto em que se insere a Doutrina do Método na *Crítica* e essa seção se configura nas ilusões do entendimento (o que faz referência à Dialética Transcendental), quando mistura "conceitos" da sensibilidade (espaço e tempo) com questões metafísicas. Isto é, o entendimento busca abarcar seres em si mesmos com suas categorias, causando ilusões, de modo semelhante em *Sonhos* (1766): a criação de quimeras proveniente do contágio[192] entre entendimento e sensibilidade, no contexto da elucidação do conceito de espírito dado como existente e se possível é estabelecido dentro do espaço e tempo, caso esse que não se coaduna com as afirmações de que o mundo suprassensível não se configura dentro do espaço e tempo, como é o caso de Deus.

---

191 O mesmo foi tratado na seção 2.5: sobre o comércio psicofísico.
192 Segundo Linhares (2007), na *Dissertação de 1770* o problema metafísico está no contágio do sensível com o inteligível e a solução está na separação dos dois. Já na *Crítica*, o problema metafísico não está no contágio desses dois elementos, e sim na ilusão natural e inevitável da razão na exigência da busca pelo incondicionado. Uma vez que, em 1770, Kant ainda não distingue claramente as funções do entendimento e a diferença entre sensibilidade e entendimento, e suas funções como fará na *Crítica* (uso real do entendimento é a fonte das ilusões transcendentais).

Pode-se dizer, portanto, que a *Dissertação de 1770* é considerada o marco do criticismo kantiano devido ao contexto do conhecimento voltado ao sujeito, estabelecendo assim o início de uma filosofia transcendental, em que o sujeito é dotado de capacidades cognitivas onde o múltiplo dos fenômenos ganha forma e podem ser compreendidos em um todo que não é parte de outro todo – mundo.[193]

3.4 - A novidade da *Dissertação de 1770* e a aproximações entre as problemáticas

Entre os anos de 1765 e 1772 ocorrem mudanças no pensamento de Kant, entre elas podem-se destacar: a distinção entre um mundo sensível e inteligível, "grande luz de 1769", descoberta das Antinomias da razão, preocupação acerca da conformidade dos objetos com a capacidade cognitiva do sujeito, idealidade e subjetividade do espaço e tempo, entre outras coisas.[194]

---

193 Na opinião de Schönfeld (2000), na *Dissertação de 1770* Kant silencia de vez seu Projeto Pré-crítico (casamento da metafísica com a ciência), pois o modelo de realidade se divide em dois: mundo sensível explicado pela ciência e mundo inteligível explicado pela metafísica – grande passo para a filosofia crítica.

194 Segundo Joseph Marechal (1958, pp. 73-74), a grande luz de 1769 reflete diretamente na *Dissertação de 1770*, que assinala finalmente a distinção entre mundo sensível e mundo inteligível por meio das caracterizações de espaço de tempo. Nesse sentido, o ano de 1969 teria feito com que Kant se desse conta das antinomias, por exemplo, a antinomia do espaço: absoluto para os matemáticos e abstrato para os metafísicos (a referência a tal antinomia já está esboçada na *Monadologia física de 1756*). A antinomia do espaço nega a infinita divisibilidade do espaço (metafísica) e afirma a infinita divisibilidade do espaço (geometria); Mas isso, na interpretação de Joseph Marechal, já transcorre em 1768, quando Kant refuta o espaço relativo leibniziano e

Isso tudo desemboca, em certo sentido, na grande novidade da *Dissertação de 1770* que está no novo método de conhecimento, ou melhor, na *dupla gênese* do conhecimento: entendimento e sensibilidade, uma vez que tal gênese conduzirá Kant à descoberta do transcendental, o modo de conhecer *a priori*, tal como será exposto na *Crítica*. Com a distinção entre conhecimento sensível e conhecimento inteligível, tem-se a virada no modo de conhecer, pois o sujeito ao entrar em contato com a matéria do fenômeno aplica a esse determinações, as quais não se confundem com as configurações do próprio objeto, ou seja, os objetos são configurados e conhecidos pelas determinações cognitivas do sujeito e não ao contrário: pelas determinações do próprio objeto.

Nesse contexto, as estruturas espaçotemporais como condições puras da sensibilidade são configuradas como meios ativos para o conhecimento, ou seja, o conhecimento passa a ser subjetivo dependendo do sujeito na presença do objeto sensível.

> *Mas o mundo, na medida em que é considerado como fenômeno, isto é, relativamente à sensibilidade da mente humana, não conhece outro princípio da forma a não ser o subjetivo, isto é, uma certa lei do espírito mediante a qual se torna necessário que todas as coisas que podem ser objetos dos sentidos (mediante as suas qualidades) sejam consideradas como pertencendo necessariamente ao mesmo todo. [...] Esses princípios formais do universo enquanto fenômeno, absolutamente primeiros, universais, e que são além disso como que os esquemas e as condições de tudo o que é sensitivo no conhecimento humano, são dois, a saber, o tempo e o espaço [...].* (MSI, AA 02: p. 398, grifo do autor)

A construção do mundo sensível por meio das capacidades cognitivas do sujeito promove o que se costuma chamar

---

percebe que o problema da antinomia está no próprio conceito metafísico do espaço absoluto.

de Revolução Copernicana: o sujeito passa a ser o centro do conhecimento, a porta de entrada das representações através da sensibilidade pura de espaço e tempo.

Segundo Paton (1997), Kant empreendeu uma revolução na filosofia, uma mudança do método a fim de colocar a metafísica no caminho seguro da ciência. Dentro desse contexto, Kant estabeleceu a mudança no campo filosófico e comparou essa à revolução no campo da ciência realizada por Copérnico, pois nessa o sol passa a ser o centro do universo e os astros giram ao seu redor. Do mesmo modo, em Kant o sujeito se estabelece no centro do mundo fenomenal, fazendo com que os objetos girem em torno dele, sendo que antes da hipótese kantiana os objetos eram o centro e o sujeito um mero espectador. Com efeito, Kant estabelece que a realidade das coisas é dada pelo sujeito e a metafísica tem como uma de suas tarefas demonstrar esse conhecimento que acaba, de certo modo, se confundindo com o mundo da experiência, ou em outras palavras, uma metafísica que concerne com a experiência.

> *A sensibilidade é a receptividade do sujeito, mediante a qual é possível que o seu estado representativo seja afetado de uma certa maneira em presença de algum objeto. A inteligência (a racionalidade) é a faculdade do sujeito, mediante a qual ele pode representar aquelas coisas que, dada a sua natureza, não podem apresentar-se nos seus sentidos.* (MSI, AA 02: p. 392, grifo do autor)

Num primeiro momento, deve-se considerar a representação do objeto como fenômeno e não como coisa em si mesma, pois espaço e tempo abarcam somente fenômenos e não coisas em si. Um modo clássico de compreender uma distinção entre os dois modos de conhecer um objeto é observar o mundo por meio de óculos com lentes coloridas,[195] por exemplo, azul.

---

195 Sobre a explicação acerca da apreensão do mundo por meio de óculos azuis: "It is impossible to invent any exact parallel for this

Quando se observa o objeto com esses óculos, ele é visto como azul, porém esse é como ele é representado por mim, não sendo ele azul, isto é, ele não é em suas características ou em si mesmo azul, mas é assim que o represento. Isso é equivalente à estrutra da sensibilidade humana (espaço e tempo), pois é nessa sensibilidade que os objetos aparecem e ele nos aparece como nós os representamos, portanto, são as nossas próprias representações – o mundo é construção do sujeito.

A doutrina kantiana acerca do conhecimento atribui à sensibilidade e ao entendimento a responsabilidade pelo conhecer. O entendimento é a fonte de conceitos que possui as ideias gerais que diferenciam os objetos dados pela sensibilidade que é a receptividade dos objetos intuídos, portanto, são fontes de intuições de "ideias" singulares. Assim, a intuição está relacionada a um objeto individual (imediatamente) sendo distinto a partir do pensamento, pois esse é mediado e relacionado ao objeto dado pela intuição.

Com a separação entre mundo sensível e inteligível, distinção de conhecimento sensível e inteligível e a caracterização de espaço e tempo como condições para abarcar o mundo que se apresenta ao sujeito, Kant engendra sua filosofia transcendental e define a metafísica em diversos aspectos, colocando a mesma com a possibilidade de se fundamentar como ciência. Tal possibilidade modifica a caracterização da metafísica como *ciência dos limites da razão* (*Sonhos*), uma vez que "a metafísica não é ciência, nem erudição, mas sim o conhecimento que o entendimento tem de si mesmo, pois ela é somente a retificação do seu entendimento e da razão" (*Reflexão 4284*[196]).

---

revolutionary doctrine, but if we looked at everything through blue spectacles, we could say that the blueness of thing, as they appeared to us, was due, not to the things, but to our spectacles. In that case the spectacles offer a very rough analogy to human sensibility in Kant's doctrine". (PATON, 1997, p. 166).

196 Metaphysik ist nicht Wissenschaft, nicht Gelehrsamkeit, sondern blos der sich selbst kennende Verstand, mithin ist es bloß eine Berichtigung des Gesunden Verstandes und Vernunft.

No mesmo sentido, Kant fala de uma metafísica como "ciência do fundamento do conceito e fundamento de proposições da razão humana" (*Reflexão 3946*[197]), desembocando em um dos grandes problemas da filosofia transcendental, já que Kant a concebe como uma "ciência da possibilidade de um conhecimento sintético *a priori*" (*Reflexão 5133*[198]); ou seja, se objetos existem, como eles são possíveis? Como eles podem ser conhecidos? Ou, se há uma metafísica que necessita de uma fundamentação concreta, tal como se empreendeu na matemática, e tal metafísica deveria seguir o método matemático, que é sintético, é preciso investigar se há conhecimento sintético na metafísica; e se há, como é possível?

Nos parágrafos 8 e 24 da *Dissertação de 1770*, Kant trata, respectivamente, da definição de metafísica e do método da metafísica.[199] Tais questões servem para observar

---

197 A ciência dos limites da razão diz respeito aos primeiros princípios da razão e tais princípios são as condições do modo como pensamos as coisas: "Die metaphysic ist also eine Wissenschaft von den Grundbegriffen und Grundsätzen der Menschlichen Vernunft, und nicht überhaupt der Menschlichen Erkenntnis, darin viel empirisches und sinnliches ist; [...]".
198 Die transscendental Philosophie (welche die Elemente unserer Erkenntnis a priori vortragt) ist eine Wissenschaft von der Moglichkeit einer synthetischen Erkenntnis *a priori*.
199 Nesses parágrafos pode-se perceber que a busca pelo estabelecimento do método e do objeto da metafísica condiz com a busca pela fundamentação da metafísica como ciência. Num mesmo sentido, Joseph Marechal (1958, p. 86, grifo do autor) afirma que: "Kant mismo no aprecio primeramente, en su Disertación de 1770, sino una 'gran luz', una claridad nueva proyectada sobre la epistemologia; deslumbrado y satisfecto momentáneamente, descuido un resto de sombra que se referia a la distinción de lo sensible y de lo inteligibile, y que exigia una crítica más penetrante todavia. Creia de verdad haber alcanzado y fijado desde entonces los principios fundamentabeles de este 'Método de la Metafísica', hacia donde apuntaban desde hacía muchos años sus habituales preocupaciones". Sobre o assunto ver também: LINHARES, 2007.

a proximidade dos problemas e das obras, bem como mostrar como a novidade de 1770 (dupla gênese do conhecimento) contribui para o empreendimento crítico; mas também, serve para lembrar o quanto *Sonhos* está presente dentro das argumentações acerca da metafísica e do conhecimento sensitivo e da articulação entre intelecto e experiência sensível.

A definição de metafísica no parágrafo 8 como: "Filosofia que contém os primeiros princípios do uso do entendimento puro" (MSI, AA 02: p. 395), caracteriza a metafísica como ciência. No entanto, no final da *Dissertação de 1770* (§30), Kant anuncia a tarefa da *Crítica da razão pura* ao dizer:

> *Se, um dia, graças a uma investigação mais esmerada, isso (método da metafísica) for levado a cabo com perfeição, fará às vezes de uma ciência propedêutica, a qual será de imensa utilidade para todos os que hão de penetrar no próprio âmago da metafísica.* (MSI, AA 02: p. 418)

A respeito do método, vale notar a aproximação com *Sonhos* e a Dialética Transcendental, uma vez que no parágrafo 24 Kant fala dos limites do conhecimento e o contágio entre o sensível e o inteligível, tal como as ilusões na Dialética e as quimeras e fantasias em *Sonhos*.

> *Todo o método da metafísica, no que diz respeito às coisas sensitivas e às intelectuais, reduz-se principalmente a esse preceito: deve evitar-se cuidadosamente que os princípios próprios do conhecimento sensitivo ultrapassem os seus limites e afetem os conhecimentos intelectuais.*[200] (MSI, AA 02: p. 411, grifo do autor)

---

200 Em *Sonhos*, Kant se remete a uma argumentação semelhante acerca dos axiomas *sub-reptícios*, os quais demonstram a confusão em compreender aquilo que pertence ao sensível como sendo pertencente a coisas do intelecto, e que passam de um para outro sem comprovação alguma de sua veracidade. (TG, AA 02: p. 320n).

Como se vê, o método da metafísica está em evitar o contágio do sensível com o intelectual, ou seja: 1) A metafísica é a ciência dos limites da razão (*Sonhos*); 2) Deve-se evitar a *ilusão*, na busca pelo conhecimento do mundo que transcende o conhecimento sensível (ilusão natural – Dialética). Aqui, Kant mostra o erro em extrapolar a condição sensível do conhecimento, mostra que se fala do suprassensível como semelhante ao sensível, tal como exposto no escrito *Sonhos* juntamente com a crítica à metafísica que busca conhecer o outro mundo sem meios que comprovem sua investigação:

> *Ademais podem as representações do mundo do espírito ser tão claras e intuitivas quanto se queira, ainda assim isso não basta para tornar-me consciente delas enquanto homem, como, aliás até a representação de si mesmo (isto é, da alma) como um espírito é adquirida de fato por meio de conclusões, mas em homem algum é conceito intuitivo e de experiência.*[201] (TG, AA 02: p. 338)

Com a citação é possível traçar três questões que se relacionam, mas em momentos diferentes: 1) Exame dos limites do conhecimento humano (*Sonhos*); 2) Separação entre fenômeno e númeno (*Dissertação de 1770*); 3) Teoria do acesso ao númeno (*Crítica*). Assim, é possível perceber como as questões se aproximam e se repetem ao longo dos escritos kantianos, independente do período pré ou crítico, guardando as devidas proporções a respeito das problemáticas e do contexto abordado em cada período.

Além disso, é possível perceber na obra *Preleções de metafísica* (Pölitz), um certo encaminhamento, preparado por

---

201 Übrigens mögen die Vorstellungen von der Geisterwelt so klar und anschauend sein, wie man will, so ist dieses doch nicht hinlänglich, um mich deren als Mensch bewußt zu werden; wie denn sogar die Vorstellung seiner selbst (d.i. der Seele) als eines Geistes wohl durch Schlüsse erworben wird, bei keinem Menschen aber ein anschauender und Erfahrungsbegriff ist.

Kant, que conduz ao rompimento da filosofia kantiana com a filosofia anterior: dogmática. Segundo essas *Preleções*, a filosofia transcendental de Kant une e separa o conhecimento sensível do conhecimento intelectual, uma vez que afirma e pressupõe a existência de algo suprassensível, que somente pode ser abarcado por uma intuição intelectual – que não é a humana. Ao mesmo tempo em que afirma o conhecimento dos objetos sensíveis por meio de uma intuição sensível e, nesse sentido, trata-se: dos limites do conhecimento humano, o que pode ser conhecido e o que pode ser pensado; o entendimento aplica seus conceitos aos fenômenos, sendo esse seu uso empírico, não o conhecendo em si mesmo; a aparência é distinta da ilusão, sendo que ambas podem originar-se, ou melhor, ocasionar-se pelos sentidos, mas os mesmos não erram porque não julgam;[202] como é possível o conhecimento *a priori*?; nascimento da crítica e crítica do antigo. Essas são questões e comentários que aparecem na obra *Preleções de metafísica* (Pölitz), que nos levam a refletir sobre um possível caminho traçado por Kant, ou, simplesmente anotações de aulas que fazem a pensar dessa maneira.

A filosofia transcendental é definida, nessas *Preleções* (V-MP-L 1, AA 28: pp. 77-78), como filosofia dos princípios, dos elementos do conhecimento humano *a priori*. A partir disso, procura-se observar quais os problemas que dizem respeito à metafísica, como a origem das coisas, necessidade, acidentes, entre outros, que não possuem uma evidência tal como a geometria (ciência da matemática). Com isso, Kant teria refletido acerca da possibilidade do conhecimento *a priori*, um conhecimento que deve ser examinado e distinguido de outros, para dissolver "quimeras" (que são possíveis na metafísica) e estabelecer os limites do entedimento humano, com o estabelecimento de regras e princípios determinados. Desse modo, os princípios do conhecimento humano foram divididos em: princípios da sensibilidade *a priori* (Estética

---

[202] Sobre isso ver: KrV, B p. 350 (Introdução da Dialética Transcendental).

Transcendental) e princípios do conhecimento *a priori* (Lógica Transcendental).

Ao tratar do conhecimento das coisas, segundo a obra *Preleções* (V-MP-L 1, AA 28: p. 159), a primeira questão é saber se é possível conhecê-las como elas são. E se isso for possível, deve-se conhecer ou por conceitos ou por intuição. O entendimento do homem consiste numa faculdade que pode conhecer as coisas como elas são somente por conceitos e reflexão, como conhecimento discursivo, mas não intuitivo. Mesmo assim, é possível pensar um entendimento que possa conhecer as coisas como elas são através de uma intuição, sendo tal entendimento intuitivo. Entretanto, considerando que tal entedimento não é o entendimento do homem, já que esse, em referência aos objetos como eles são em si mesmos, é apenas discursivo, ele seria uma espécie de entendimento místico. O homem possui uma faculdade de entendimento para conhecer as coisas como elas são, mas não através da intuição, e sim através de conceitos. No entanto, somente quando tais conceitos são conceitos puros do entendimento, e são transcendentais. Não obstante, os conceitos do entendimento são aplicados aos fenômenos, são conceitos empíricos, ou seja, o uso do entendimento humano é um uso empírico e não transcendental.[203]

---

203 Wie kann ich aber Dinge erkennen, so wie sie sind? Entweder durch Anschauung oder Begriffe. Der menschliche Verstand ist nur ein Vermögen, Dinge zu erkennen, so wie sie sind, durch Begriffe und Reflexion, also blos discursiv. Alle unsere Erkenntnisse sind nur logisch und discursiv, aber nicht ostensiv und intuitiv. Wir können uns aber einen Verstand denken, der die Dinge erkennt, so wie sie sind, aber durch Anschauung. Ein solcher Verstand ist intuitiv. Es kann einen solchen Verstand geben; nur der menschliche ist es nicht. Diese Definition hat Anlaß gegeben zur mystischen Vorstellung des Verstandes. Denken wir uns nämlich den menschlichen Verstand als ein Vermögen, Dinge durch Anschauung zu erkennen, so wie sie sind; so ist dies ein mystischer Verstand; z.E. wenn wir glauben, daß in der Seele ein Vermögen intellectueller Anschauungen liege; so ist solches ein mystischer Verstand.

Como foi visto acima, na obra *Preleções* mostra-se que pode pressupor uma intuição intelectual, que não é a humana, que pode abarcar as coisas como elas são; mas o entendimento humano é uma faculdade que contém conceitos, os quais se aplicam a fenômenos e representa o uso empírico do entendimento. Caso tais conceitos fossem aplicados a coisas em si mesmas, o entedimento estaria propenso a ilusões, transpondo o campo de sua atuação: a experiência possível.

No que diz respeito às ilusões, é possível se pautar na explicação de Kant, dentro de *Preleções*, acerca da ocasião de examinar o fundamento do juízo e o fundamento do erro, uma vez que os sentidos nos concebem a ocasião para refletir sobre os objetos sensíveis, e julgar:

> *Os objetos dos sentidos nos provocam a julgar, sendo que tais juízos pautados na experiência são juízos provisórios, são aparências. Tal aparência é dada na ocasião da experiência quando o entendimento se aplica aos objetos dos sentidos e promove um juízo provisório, assim, a aparência não é nem verdadeira e nem falsa, pois, ela é a ocasião para julgar a experiência. É preciso saber que a aparência é distinta do fenômeno, uma vez que o fenômeno está nos sentidos, mas a aparência é somente a ocasião para julgar tais fenômenos. Deve-se considerar que da aparência do objeto nasce uma ilusão e também um engano dos sentidos. Mas a ilusão não é precisamente um engano dos sentidos, mas sim um juízo precipitado, que se segue a um conflito de observações, como por exemplo, quando somos enganados por uma caixa óptica e sabemos que aquilo não é mesmo o que estamos vendo, uma vez que somos induzidos pelo juízo, mas refreados pelo entendimento que "refuta" a observação*

Wir haben ein Vermögen, Dinge zu erkennen, so wie sie sind, aber nicht durch Anschauung, sondern durch Begriffe. Wenn diese Begriffe reine Verstandesbegriffe sind; so sind sie transscendental. Sind sie aber auf Erscheinungen angewandt; so sind es empirische Begriffe, und der Gebrauch des Verstandes ist ein empirischer Gebrauch.

ou o juízo precepitado. Nesse contexto, é possível confundir o engano dos sentidos com ilusão (ou fantasmagoria), que é descoberta na ocasião do engano. Porque os objetos dos sentidos nos provocam a julgar, os erros são assentados neles, mas é preciso notar que: os sentidos não falham. Isso não acontece porque eles julgam corretamente, mas porque eles não julgam de modo algum, mas a aparência reside nos sentidos e eles nos induzem a julgar, mas eles não enganam. O princípio (os sentidos não falham) nos dá a ocasião de examinar o fundamento do juízo, além de nos levar a descobrir a solução dessa ilusão. Tal princípio nos concebe também o motivo para procurar o fundamento do erro, sabendo que conceitos universais não nascem dos sentidos, mas do entendimento. [204](V-MP-L 1, AA 28: pp. 147-148)

---

204 Die Gegenstände der Sinne veranlassen uns zum urtheilen. Diese Urtheile sind Erfahrungen, so fern sie wahr sind; sind sie aber vorläufige Urtheile, so sind sie ein Schein. Der Schein gehet vor der Erfahrung vorher; denn es ist ein vorläufiges Urtheil durch den Verstand über den Gegenstand der Sinne. Der Schein ist nicht wahr und auch nicht falsch; denn er ist die Veranlassung zu einem Urtheile aus der Erfahrung. Der Schein muß also von der Erscheinung unterschieden werden. Die Erscheinung liegt in den Sinnen; der Schein ist aber nur die Veranlassung, aus der Erscheinung zu urtheilen. Die Wahrnehmung geht sowohl auf den Schein, als auf wirkliche Gegenstände der Erfahrung; z.E. die Sonne geht auf, sie geht unter, bedeutet einen Schein. Aus dem Scheine der Gegenstände entspringt eine Illusion, und auch ein Betrug der Sinne. Illusion ist noch kein Betrug der Sinne; es ist ein voreiliges Urtheil, dem das nachfolgende gleich widerstreitet. Solche Illusionen lieben wir sehr; z.E. durch einen optischen Kasten werden wir nicht betrogen; denn wir wissen es, daß es nicht so ist; wir werden aber zu einem Urtheil bewogen, welches gleich durch den Verstand widerlegt wird. Die Blendwerke sind von dem Betruge der Sinne unterschieden; beim Blendwerke entdecke ich den Betrug. Weil uns die Gegenstände der Sinne zum Urtheilen veranlassen; so werden die Irrthümer fälschlich den Sinnen zugeschrieben, da sie doch eigentlich der Reflexion über die Sinne beizulegen sind. Demnach werden wir den Satz merken: Sensus non fallunt. Dieses geschiehet nicht deßwegen, weil sie richtig urtheilen, sondern weil sie gar nicht urtheilen, aber in den Sinnen liegt der Schein. Sie verleiten zum urtheilen, obgleich sie nicht betrügen. Der Satz giebt uns Gelegenheit,

Tendo em vista que a filosofia transcendental é a filosofia dos princípios, a filosofia dos elementos do conhecimento humano *a priori* (V-MP-L 1, AA 28: p. 77), e considerando a Revolução Copernicana como a mudança no quadro do conhecimento, mostrando que o sujeito atribui algo ao objeto do conhecimento para conhecê-lo, e esse deve se regular pelo conhecimento do sujeito e não ao contrário, a *Crítica* se pergunta: como é possível um conhecimento *a priori*? Mais uma vez o tratamento dado à questão aparece em *Preleções de metafísica* (Pölitz), e vale observar o modo como ela é colocada. Toda a matemática pura é uma ciência que contém somente conceitos *a priori*, sem que ela apoie os fundamentos sobre conceitos empíricos. Que a matemática concebe conhecimento *a priori* e que ela é a ciência mais antiga que contém conceitos puros do entendimento, já é algo conhecido. A ciência que responde essa pergunta chama-se: *Crítica da razão pura*. A filosofia transcendental é o sistema de todo nosso conhecimento puro *a priori*, que usualmente era chamada de *Ontologia*. A ontologia trata de objetos em geral por abstração (abstraindo tudo do objeto), compreendendo todos os conceitos puros do entendimento e todos os princípios do entendimento ou da razão[205] (V-MP-L 1, AA 28: p. 18).

---

die Gründe der Urtheile zu examiniren, und durch deren Auflösung den Trug zu entdecken. Dieser Satz giebt uns also Anlaß, hinter den Grund der Irrthümer zu kommen. Allgemeine Begriffe entspringen nicht durch die Sinne, sondern durch den Verstand.

205 Es ist eine Hauptfrage: wie sind Erkenntnisse *a priori* möglich? Die ganze reine Mathematik ist eine Wissenschaft, die bloße Begriffe *a priori* enthält, ohne daß sie den Grund auf die empirischen Begriffe stützt. Daß es also wirklich Erkenntnisse *a priori* giebt, ist schon bewiesen; ja es giebt eine ganze Wissenschaft von lauter reinen Verstandesbegriffen. Es fragt sich aber: wie die Erkenntnisse *a priori* möglich sind? Die Wissenschaft, welche diese Frage beantwortet, heißt: Kritik der reinen Vernunft. Die Transscendentalphilosophie ist das System aller unsrer reinen Erkenntnisse *a priori*; gewöhnlich wird sie die Ontologie genannt. Die Ontologie handelt also von den Dingen überhaupt, sie abstrahirt von

Com isso, vê-se que a *Crítica da razão pura* é colocada como uma ciência que responde a questão "como é possível conhecer *a priori*", e isso é a filosofia transcendental em oposição à metafísica anterior, que estava calcada na ontologia. Seguindo a obra *Preleções* (V-MP-L 1, AA 28: p. 16), é possível notar que Kant aponta para um rompimento com a metafísica anterior, tentando mostrar de onde vem a correção da filosofia especulativa:

> *É difícil saber de onde provêm as correções da metafísica; talvez de Leibniz e Locke, também Wolff, mas são filosofias dogmáticas, repletas de erros, sendo preciso suspender o método. Locke até desmembrou o entendimento humano e mostrou o que pertence a cada faculdade de conhecimento, mas não consumou a sua obra, e seu método também era dogmático. No tempo atual, a filosofia natural está em estado de prosperidade, mas a metafísica está em estado de perplexidade. Nossa era é a "Era da Crítica", e é preciso ver o que irá se tornar essa experiência crítica, sendo esse um cenário que rompe com o antigo cenário inferior.*[206]

---

allem. Sie faßt zusammen alle reine Verstandesbegriffe und alle Grundsätze des Verstandes oder der Vernunft.

206 Es ist schwer zu bestimmen, von wo die Verbesserung der spekulativen Philosophie herkommt. Unter die Verbesserer derselben gehören Leibnitz und Locke. Das dogmatische Philosophiren, das Leibnitz und Wolff eigen war, ist sehr fehlerhaft; und es ist darin so viel Täuschendes, daß es nöthig ist, dieses Verfahren zu suspendiren. Das andere Verfahren aber, das man einschlagen könnte, wäre Kritik, oder das Verfahren der Vernunft, zu untersuchen und zu beurtheilen. Locke hat den menschlichen Verstand zergliedert, und gezeigt, welche Kräfte zu dieser oder jener Erkenntniß gehören; er hat das Werk aber nicht vollendet. Sein Verfahren war dogmatisch, und er hat den Nutzen gestiftet, daß man anfing, die Seele besser zu studiren. Zu jetziger Zeit ist Naturphilosophie (die am Leitfaden der Natur fortgeht) im blühendsten Zustande. In der Moral sind wir nicht weiter gekommen, als die Alten. Was Metaphysik betrifft: so scheint es, als wären wir bey der Untersuchung der Wahrheit stutzig geworden; und es findet sich eine Art von Indifferentismus, wo man es sich zur Ehre

Seguindo *Preleções* e lançando mão da *Crítica da razão pura* (KrV, B pp. 35-36), é possível observar que a *Crítica* vem para romper com o dogmatismo (um procedimento dogmático da razão sem uma crítica que preceda sua própria capacidade), que é propriamente oposto à crítica. Com a *Crítica*, a metafísica tem a possibilidade de se firmar como ciência, depurando os erros da razão, estabelecendo os limites do conhecimento e promovendo a filosofia transcendental, o modo de conhecer *a priori*.

Como se vê, o caminho percorrido entre os escritos anteriores à crítica, bem como o desenvolvimento da metafísica nos séculos XVII e XVIII, mostra que a filosofia de Kant, com a *Crítica*, constrói um novo modo de pensar, a partir do sujeito, ainda concedendo o conhecimento como racional, mas não inteiramente independente da experiência (como a metafísica tradicional e suas categorias lógico-formais). Entre os primeiros escritos e as obras *Críticas*, o que se vê, segundo Kant, pela *Reflexão 4964*, é que sua obra crítica aniquila por completo os escritos anteriores, no entanto, procurou-se salvar a justeza da ideia. O que nos leva a crer que, de fato, não há uma ruptura entre os primeiros escritos e as *Críticas*, mas sim um rompimento com a filosofia anterior, uma vez que Kant não abandonou por completo seus escritos, mas somente lhes emprestou uma nova roupagem.

---

macht, von metaphysischen Grübeleien verächtlich zu reden, obgleich Metaphysik die eigentliche Philosophie ist. Unser Zeitalter ist das Zeitalter der Kritik, und man muß sehen, was aus diesen kritischen Versuchen werden wird. Neuere Philosophie kann man eigentlich nicht nennen, weil alles gleichsam im Flusse geht; was der eine baut, reißt der andere nieder.

4- Síntese da investigação: o período pré-*Crítica da razão pura*

Durante toda a investigação, buscou-se, por um lado, mostrar o conteúdo de cunho crítico presente nos escritos da década de 1760, em especial, no escrito *Sonhos*; por outro lado, buscou-se uma aproximação entre as obras da década de 1760 (*Único argumento possível*, *Grandezas negativas*, *Escrito do prêmio*) com relação às questões presentes nesses escritos e que reapareciam em *Sonhos*. Ainda, tentou-se, sempre que possível, articular as obras entre os períodos crítico e pré-crítico mostrando a repetição ou aproximação dos problemas, com ênfase na crítica ao racionalismo e na caracterização da metafísica como ciência dos limites da razão ou como possível de ser, de fato, ciência.

Diante da caracterização de *Sonhos* como um escrito que encerra o período pré-crítico, em diversos momentos tentou-se aproximá-lo do contexto das obras posteriores, fazendo-se necessário um capítulo sobre a consequência da obra para o período considerado como crítico, tomando como ponto principal a questão do espaço e os limites do conhecimento.

Assim, antes de concluir toda a investigação, vejamos as últimas considerações acerca de *Sonhos* como o escrito que fecha o período pré-crítico e abre as portas para o criticismo.

Como vimos na opinião de Schönfeld, o Projeto Pré-crítico kantiano, apesar de buscar uma unificada filosofia da natureza com a junção da metafísica com a ciência, viu-se que tal projeto era, de fato, metafísico. Pois, as investigações kantianas sempre giravam em torno de questões concernentes ao plano metafísico, as quais buscavam uma "validade" ou "justificação" no plano empírico. Em outras palavras, em 1766 Kant começa a pensar a metafísica como ciência, uma ciência dos limites da razão, não mais uma unificação da metafísica com a ciência. Portanto, segundo Schönfeld, a década de 1760 mostra o rompimento do Projeto Pré-crítico de unificação e inaugura a possibilidade da metafísica como ciência no ano de 1766.

> Sonhos de um visionário, *composto no final 1765 e publicado no início de 1766, foi um marco no desenvolvimento (da filosofia) de Kant. Para nós, é a última etapa em nossa jornada de investigação.* Sonhos de um visionário *foi o término do Projeto Pré-crítico. Com* Sonhos, *Kant traçou a consequência das dúvidas que tinham tão terrivelmente o atormentado através dos anos. Ele se despediu de todas as suas primeiras esperanças. Mas, em vez de se afundar em depressão e desespero, ele dissolveu as esperanças pré-críticas em riso e ironia. Em alguma medida,* Sonhos *é o trabalho mais curioso que ele nunca concluiu.*[207] (SCHÖNFELD, 2000, p. 234, tradução nossa)

Para Caranti (2003), no mesmo sentido da citação acima, *Sonhos* seria um estágio final[208] de aprofundamento

---

[207] The *Dreams of Spirit-Seer*, composed in late 1765 and published in early 1766, was a landmark in Kant's development. For us, it is the last leg on our investigative journey. *The Dreams of Spirit-Seer* was the terminus of the precritical project. With the *Dreams*, Kant drew the consequence from the doubts that had so painfully tormented him over the years. He bade farewell to all of his earlier hopes. But instead of bottoming out in depression and despair, he dissolved the precritical hopes in laughter and irony. By any measure, the *Dreams* is the most curious work which he ever completed (SCHÖNFELD, 2000, p. 234).

[208] Let me recall that the *Dreams of Spirit-Seer* constitutes the final

e constituição do método da metafísica, caracterizado na expressão da figura de Swedenborg, uma vez que ele é um idealista e o idealismo, tal como apontado por Kant em 1766, e na opinião de Caranti, seria tão ridículo quanto Swedenborg.[209]

Tanto para Schönfeld quanto para Caranti, *Sonhos* possui uma caracterização de escrito que mostra, ao mesmo tempo, o fim e o início das investigações sobre a metafísica e os limites do conhecimento. Pois, por um lado, o racionalismo da escola Leibniz-wolffiana é criticado no âmbito da metafísica tradicional e, por outro lado, a metafísica é engendrada por um viés de fundamentação e preparação do terreno para o edifício da *Crítica da razão pura*.

Nesse sentido, *Sonhos* marcaria o fim das investigações kantianas acerca da metafísica que se encontra em embaraço e abre as portas para a *Dissertação de 1770*, com uma investigação melhor fundamentada, que permite construir um tribunal da razão engendrado na *Crítica*.

É interessante notar que na obra *Sonhos,* Kant aponta para a questão que se encontra no início do Prefácio à primeira edição de *Crítica* (1781), no que diz respeito "aos problemas naturais da razão que ela mesma não consegue resolver, mas que lhe é algo natural e inevitável"[210] (KrV, A VII); em 1766 ele diz: "Quantas coisas há, pois, que eu não compreendo!"[211] (TG, AA 02: p. 369). Isso nos leva a crer o quanto as argumentações se aproximam, bem como a acreditar que *Sonhos* e

---

stage of that process of profound rethinking of the method and of the possibility of metaphysics that started in the early 1760s. (CARANTI, 2003, p. 291, grifo do autor)

209   *Ibid*, p. 292.

210   Die menschliche Vernunft hat das besondere Schicksal in einer Gattung ihrer Erkenntnisse: daß sie durch Fragen belästigt wird, die sie nicht abweisen kann, denn sie sind ihr durch die Natur der Vernunft selbst aufgegeben, die sie aber auch nicht beantworten kann, denn sie übersteigen alles Vermögen der menschlichen Vernunft.

211   Wie viel Dinge giebt es doch, die ich nicht einsehe!

Dissertação de 1770 são escritos de passagem entre as argumentações de um Kant antes e depois de *Crítica*.

Nesse sentido, vejamos por um outro viés a questão da imposição de marcos que separam um Kant pré e crítico, tendo como ponto de partida a interpretação abaixo:

> Considerada no contexto da evolução filosófica de Kant, Dissertação de 1770 *representa um marco decisivo que assinala uma dupla viragem. Lida em confronto com* Sonhos de um visionário, *escritos quatro anos antes, ela representa a inequívoca reconciliação do seu autor com a metafísica. Não se deve, contudo, sobrevalorizar a ruptura existente entre* Sonhos *e* Dissertação. *Aquele ensaio, mais do que escrito contra a metafísica wolffiana ou leibniziana, foi, na verdade, contra as visões e o entusiasmo delirante (Schwärmerei) de Swedenborg.* (SANTOS, 2004, p. 12, grifo do autor)

Levando em consideração a afirmação de Santos acerca da não "sobrevalorização" da ruptura entre *Sonhos* e *Dissertação de 1770*, retomaremos a *Carta* a Tieftrunk de 1797 (onde Kant afirma que somente gostaria de ver publicado os escritos posteriores ao ano de 1770, pois é a partir dali, da *Dissertação de 1770*, que ele considera seu pensamento atual, ou seja, seu pensamento referente à *Crítica da razão pura*, já que em 1797 ele já havia publicado as duas edições de *Crítica*, respectivamente, em 1781 e 1787) e tiraremos outras conclusões.

Deve-se observar, na *Dissertação de 1770*, um certo dogmatismo mitigado, uma vez que Kant faz referência ao termo "inato". Aqui, Kant atribui a espaço e tempo uma aquisição originária, isto é, espaço e tempo são estruturas *a priori* do sujeito e adquiridas originariamente por meio de leis ínsitas à mente (inatas), ao passo que em *Crítica* tal formulação não será mais aplicada. O fato de Kant recorrer, aqui, ao termo inato ao se referir à aquisição de espaço e tempo, deixa em aberto a discussão acerca dos marcos que dividem a filosofia de Kant em período pré-crítico e crítico. Uma vez que inato diz respeito à metafísica tradicional que Kant busca combater contra as argumentações, especialmente, de Descartes e Leibniz acerca de conceitos e conhecimentos inatos. Nesse sentido, poder-se-ia considerar a *Dissertação de 1770* como um possível "prolongamento do pré-criticismo", o que poderia derrubar o marco divisório da filosofia kantiana.

Além disso, se *Sonhos de um visionário* é considerado como um escrito que encerra o período pré-crítico, em que lugar ficaria *Ensaio de 1768*? Portanto, não se deve questionar a existência de um marco que divide o pensamento kantiano e afirmar que existe um certo aprofundamento de suas investigações que culminaram na *Crítica da razão pura*? Com isso, pode-se dizer que há uma continuação das problemáticas entre o período de 1747 e 1770, dentro de um âmbito diferente. Não há mais textos que tratam, cada qual da sua maneira, um problema e sim uma obra que abarca as problematizações anteriores, que se propõe a responder a questão: como é possível a metafísica como ciência? Uma vez que a metafísica já havia sido definida por Kant, em *Sonhos*, como a ciência dos limites da razão; aqui, poderia ser colocada como principal diferença, conforme já foi dito antes, entre um período pré-crítico e crítico. No entanto, como propomos, *agora*, derrubar as barreiras entre um período e outro, tal caracterização da metafísica em *Sonhos* e a pergunta de sua possibilidade como ciência na *Crítica*, mostram a mesma problemática com outra roupagem: a metafísica necessita de uma base sólida tal como as ciências já possuem. Isso, tanto num momento quanto no outro, já era abordado com a problemática da metafísica e suas provas que não eram dadas *in concreto* e a necessidade de impor limites à razão.

No período anterior à *Crítica*, Kant buscava uma unidade de conhecimento no âmbito da metafísica e propôs, na *Crítica*, que a razão se mostra como uma razão que se coloca problemas que ela mesma não consegue resolver, mas é preciso colocar tais problemas para que ela mesma se autoexamine e perceba as contradições consigo mesma.

Nesse sentido, o uso de uma periodização é útil para melhor explicar a filosofia do autor, mas o pensamento de Kant pode ser tomado como amadurecimento e desenvolvimento de seu pensamento, já que cada um dos textos anteriores à *Crítica* aponta para uma questão que conduz a uma possível unidade de temas e teses (problematizações), que dizem respeito à metafísica, ou seja, Kant prepara sua *Crítica*. Assim, o que se vê é uma unidade de pensamento e problematizações em uma única obra, o que retrata um Kant de caráter crítico. O pré-crítico, nesse sentido, deverá ser considerado como anterior à *Crítica da razão pura* e não mais um período em que Kant não apresenta seu criticismo, já que em um texto ou outro há elementos que podem configurar tal criticismo, como ocorre especialmente em *Sonhos*.

Sobre a periodização e os subperíodos que agrupam as obras de Kant, algo que abordamos na presente pesquisa, é possível corroborar a questão da não "precisão" da periodização com um único exemplo, que mostra como tal recurso não é exatamente apropriado: o escrito *Nova Dilucidatio* (1755) está dentro de um período configurado como dogmático, levando em consideração a periodização de 1747 a 1760 como um período dogmático e após 1760 como um período de crítica ao dogmatismo; mas, lembremos, que tal escrito faz uma crítica a Leibniz (também a Wolff) e seus princípios de razão suficiente e de não contradição. Ou seja, a periodização nem sempre é levada a cabo, já que um escrito de cunho crítico está configurado dentro de um período considerado como dogmático.

Com isso, o período pré-crítico pode ser denominado, *agora*, como período pré-crítico, pré-*Crítica da razão pura*, pré-textos, que levaram à união das problemáticas de cunho metafísico reunidas em uma única obra. Será que não seria por isso que Kant não queria ver reunido seus textos anteriores à *Dissertação de 1770* em uma única obra? Talvez por acreditar que *Crítica da razão pura* seria a obra que conteria tais textos publicados em unidade e não em ensaios separados? Ou ainda, Kant temia vê-los publicados, por conta de em um ou outro conter informações que, de certo modo, poderiam divergir do que ele agora defende. Já que, por mais que tais escritos guardem algo de conteúdo crítico, eles apresentam teses antecipadas que seriam melhor trabalhadas no decorrer das obras posteriores, o que, mais uma vez, pode corroborar a tese da não ruptura do pensamento kantiano e sim um amadurecimento e desenvolvimento do mesmo.

Assim, não há fim e nem início. Há amadurecimento de problemas e possíveis soluções, o que mostra que a filosofia kantiana se desenvolveu desde seu primeiro escrito em 1747 e só parou em 1804 com a morte de Kant, já que nem mesmo o *Opus Postumus* conseguiu dar conta da unidade sistemática que Kant tanto buscava, ao menos, no contexto das três *Críticas*.

A unidade que Kant pretendia ao tratar em cada escrito do período tomado como *pré-crítica* pode ser estabelecida, em certo sentido, com *Crítica da razão pura* tendo em vista o Tribunal da razão, buscando fundamentar a metafísica como ciência. Sendo tal problema recorrente entre um período e outro, quando Kant tratava de problemas, em cada escrito, que abordava um ou outro lado da questão, mas em todos eles se referiam a problemas da metafísica.

Nesse sentido, retomando o início do trabalho, não podemos mais discordar da posição de Omar Perez, que afirmava que os escritos pré-críticos de Kant eram pré-textos, fragmentos. Mas, ainda podemos concordar parcialmente com Schönfeld, que constatava que os escritos kantianos anteriores à *Crítica*, em unidade, tinham por fim um Projeto de unidade da metafísica, ou unidade da natureza (projeto rompido, segundo o autor, com a *Dissertação de 1770*, ou seja, coloca-se um marco divisório da filosofia de Kant). Mesmo assim, Schönfeld afirma que há continuidade de problemas que passam de um período a outro. No entanto, sua tese acerca do rompimento do Projeto em relação à *Dissertação de 1770*, condiz com o marco divisório, mas não com a continuidade das problemáticas, que desembocam em *Crítica*.

Com isso, nossa interpretação configura-se no seguinte resultado: o período pré-crítico da filosofia kantiana pode ser caracterizado como pré-*Crítica*. Um período que reúne textos e diversas questões que se encaminham para a problemática principal da filosofia transcendental: se a metafísica for possível como ciência, como são possíveis os *juízos sintéticos a priori*? Como é possível um conhecimento *a priori* dos objetos?

Num mesmo sentido, Sgarbi aponta a possibilidade de considerar os progressos kantianos dentro de uma *não* ruptura radical com o passado, que coloca o novo como uma negação do antigo:

> *Os progressos kantianos no campo lógico e metafísico se expressam através de uma atitude de revisão parcial ou substancial refutação, ou de completa estrutura teórica e geral de uma tradição, ou de alguns elementos bem específicos e particulares. Tais atitudes não devem ser consideradas como uma ruptura radical com o passado e com uma tradição precisa de modo tal que essa seja completamente negada pelo novo pensamento. Assim, como afirma Tonelli: "Admitir levaria a uma completa falta de continuidade na história do pensamento", que é difícil de acreditar. O confronto com uma tradição deve ser visto como o ponto de partida perfeito para explicar a gênese e o desenvolvimento do*

*pensamento de Kant, embora ele se desvie disso.*²¹² (2010, p. 18, grifo do autor, tradução nossa)

Para Sgarbi (2010, pp. 26-27), quando se trata do rompimento entre um período e outro, além dos supostos germes da filosofia crítica de Kant, que se puderem ser colocados entre 1766 e 1772, não estariam nem em *Sonhos* e nem na *Dissertação de 1770*, mesmo considerando que tais obras tenham certa expressão, é preciso considerar todo o contexto da construção do edifício kantiano, não desconsiderando a história da evolução do seu pensamento desde suas primeiras reflexões até sua crítica ao racionalismo. Concordando com isso ou não, é, nesse mesmo sentido, que se pode pensar: ou numa ruptura entre um período pré-crítico e período crítico; ou num amadurecimento do pensamento kantiano sem um marco divisório entre os dois períodos. Se, por um lado, pode-se inclinar para a "virada crítica" calcada na interpretação da *Dissertação de 1770* como início do criticismo kantiano próximo da *Crítica*; por outro lado, pode-se inclinar para o fim do período pré-crítico com ênfase nos argumentos trazidos por *Sonhos* de 1766, como uma obra que marcaria o fim de um período, com o início de outro em 1770. Ou, o que poderá ser mais provável, que não há nem fim e nem início, que não há marco divisório nenhum, e sim, o desenvolvimento de uma filosofia partindo de escritos que tratam,

---

212   I progressi kantiani in campo logico e metafisico si esprimono attraverso un atteggiamento di parziale revisione o sostanziale rifiuto, o dell'intera struttura teorica generale di una tradizione, o di alcuni elementi ben specifici e particolari. Tali atteggiamenti non devono essere considerati come una rottura radicale con il passato e con una tradizione precisa in modo tale che questa venga completamente negata dal nuovo pensiero. Ciò – come osserva Tonelli – "condurrebbe ad ammetere una mancanza completa di continuità nella storia del pensiero" che è difficile da credere. Il confronto con una tradizione va visto come punto di partenza privilegiato per spiegare la genesi e lo sviluppo del pensiero di Kant, sebbene egli si allontani da essa (2010, p. 18, grifo do autor).

cada um do seu modo, de teses e argumentos voltados para a metafísica e que culminam numa obra que os reúne voltando-se para dois problemas centrais: como é possível a metafísica como ciência? Como são possíveis os juízos sintéticos *a priori*? Assim, tais escritos poderiam ser denominados de pré-crítica e isso romperia com o marco divisório entre os períodos pré-crítico e crítico.

Por fim, cito uma passagem da obra de Gérard Lebrun, que resume o empreendimento da filosofia crítica de Kant e o provimento de uma *metafísica futura*:

> *A ideia crítica foi animada, do começo ao fim, pela esperança de dar uma base à metafísica. E* Críticas *é mais do que uma investigação preliminar à fundação da metafísica: através dela, é a ideia da metafísica que desdiz um passado fraudulento e, ao mesmo tempo, traça o contorno do "país da razão" e dos caminhos sem saída onde os metafísicos penetraram, por terem confundido sub-repticiamente o "ser enquanto ser" e o "ser do sensível". A originalidade em* Crítica *provém do fato de que, nela, a metafísica não é criticada do exterior: é uma e a mesma coisa contestável enquanto ciência aparente, tal como ela surgiu na história, e começa a restituí-la em sua autenticidade sistemática, retificando seus princípios e recortando com exatidão seu campo de aplicação. Longe de haver um antagonismo entre crítica e sistema.* Crítica *desenha, espontaneamente, as articulações da metafísica futura.* (1993, p. 684, grifo do autor)

5- Considerações finais

A investigação permaneceu no estabelecimento da crítica à metafísica tradicional realizada por Kant no período pré-crítico de sua filosofia com ênfase na década de 1760, que supostamente caracteriza o criticismo kantiano dentro do período pré-crítico.

A pesquisa se estabeleceu em três momentos. O primeiro abordou a filosofia kantiana em meio ao contexto do século XVIII no que diz respeito às correntes opostas, a saber: o racionalismo da escola Leibniz-wolffiana e o empirismo influente de Hume; apresentando também os possíveis elementos de caráter crítico presentes nos escritos *O único argumento possível para uma demonstração da existência de Deus* e o *Ensaio para introduzir o conceito de grandezas negativas em filosofia*, bem como algumas considerações acerca de *Sonhos de um visionário explicados por sonhos da metafísica*, ambos da década de 1760. O segundo apresentou *Sonhos* como o escrito que poderia encerrar o período pré-crítico, apontando os elementos de cunho crítico presentes na obra, como: espaço e tempo como meios para abarcar coisas visíveis, os limites do conhecimento humano e a divisão do mundo em visível e invisível. Além disso, buscou-se aproximar *Sonhos* com outros escritos da década de 1760, mas também aproximá-los da *Crítica da razão pura*, bem como apresentar a passagem para *Dissertação de 1770*. Por fim, um terceiro momento, o qual apresentou a questão do espaço como consequência de *Sonhos*;

um panorama pelo *Ensaio de 1768* e *Dissertação de 1770* conjugando os aspectos da problemática acerca do espaço físico e geométrico, um espaço ideal-relativo e um espaço real-absoluto (*Monadologia física* – 1756), desembocando na caracterização do espaço como ideal e subjetivo.

Com efeito, a investigação se desenvolveu em torno das características que configuram a filosofia kantiana como antidogmática ou crítica da razão, ao ponto de ser afirmado que os escritos mencionados acima podem direcionar o criticismo da filosofia de Kant em meio às obras do período pré-crítico. Com isso, nossa preocupação estava em apontar as possíveis orientações que conduziram Kant ao que se pode chamar de criticismo, bem como as teses que ele mesmo utilizava e pretendia conciliar a fim de construir o seu próprio caminho. Buscou-se, portanto, delinear os argumentos encontrados no *Único argumento possível* a fim de estabelecer a crítica de Kant ao racionalismo com ênfase na crítica ao argumento ontológico cartesiano-leibniziano. Nesse contexto, relacionamos as teses dessa obra com o escrito de *Grandezas negativas* elaborado no mesmo ano para, enfim, traçar um contraponto com a obra posterior: *Sonhos de um visionário*.

Foram propostos três objetivos que se desdobraram a partir do objetivo principal, a saber: construir uma investigação tomando os escritos da década de 1760 que, em certo aspecto, encadeiam o pensamento kantiano em direção ao seu criticismo. Com isso, refletimos acerca da possibilidade de caracterizar o *Único argumento possível* e *Grandezas negativas* como escritos que guardam elementos de um criticismo mitigado, com o intuito de desembocar em *Sonhos* e apontá-lo como obra que poderia demarcar a virada crítica. Isso porque consideramos tal escrito como aquele que contém questões que serão desenvolvidas na *Dissertação de 1770* e na *Crítica da razão pura*. Nesse sentido, foi preciso dar mais um passo desenvolvendo uma reflexão acerca das consequências de *Sonhos* para o contexto da *Dissertação de 1770*, uma vez que afirmar o escrito de 1766 como a obra que pode configurar a virada crítica poderia mudar a perspectiva histórica que até o momento supõe a obra de 1770 como o marco dessa virada.

O conjunto da pesquisa assim se configura: tanto em *Único argumento possível* como em *Grandezas negativas* e *Sonhos,* o papel da experiência esteve presente, ou como base para a posição absoluta do existente (no espaço) ou como campo imprescindível para o conflito real e também como confirmação da existência de conceitos racionais, como espíritos, que os visionários buscavam abarcar com as estruturas espaçotemporais. Assim, pode-se observar a importância que era dada à experiência antes mesmo de Kant escrever a *Dissertação de 1770* e afirmar que espaço e tempo são condições *a priori* da intuição sensível, e que há uma distinção entre mundo sensível e mundo inteligível. Para enfim desembocar na *Crítica* e concretizar em partes seu pensamento que se desenvolvia desde 1747 (*Forças vivas*), com seu primeiro escrito ainda de cunho científico, o qual abriu o caminho para reflexões que iriam alcançar o patamar metafísico que se inicia, supostamente, em 1755 com a *Nova Dilucidatio*.

Pode-se concluir que a pesquisa chega ao seu fim com pelo menos uma conclusão positiva: a obra *Sonhos* pode ser configurada como escrito de cunho crítico. Essa afirmação pode ser verdadeira ao considerar os dois argumentos que foram tomados no decorrer da pesquisa como argumentos de cunho crítico, uma vez que os mesmos aparecem na *Dissertação de 1770*. Em *Crítica* eles aparecem novamente na Estética Transcendental e na Dialética Transcendental.

As questões que foram consideradas como argumentos pertencentes ao criticismo da filosofia kantiana, referem-se à teoria do conhecimento da filosofia transcendental de Kant. O espaço e tempo como estruturas para abarcar objetos sensíveis e os limites do conhecimento humano, foram abordados em *Sonhos* nos dois momentos: a passagem entre o mundo sensível e suprassensível com as histórias fantasiosas de Swedenborg (juntamente com a aproximação dessas com as provas da metafísica); e, a apresentação dos objetos suprassensíveis no campo da experiência sensível, com o auxílio das estruturas espaçotemporais que são utilizadas para o conhecimento sensível e não suprassensível. Aqui, tem-se a ilusão ou loucura daqueles que acreditam transpor ao sensível aquilo que eles acreditam ver no outro mundo (quimeras). Ou seja, o limite do conhecimento está naquilo que se pode conhecer no sensível e o espaço e tempo possibilitam esse conhecimento.

Nesse sentido, *Sonhos* pode ser caracterizado como a obra que antecipa problemáticas do período denominado como crítico, ao mesmo tempo em que fecha o período pré-crítico abrindo as portas para a *Dissertação de 1770*. Essa obra (como marco da "virada crítica") foi um assunto afirmado por Kant em *Carta a Tieftrunk* (1797), o que não deixa dúvida sobre o início do criticismo, por parte de Kant, mas também deixa margem para a interpretação de *Sonhos* como o escrito que fecha o período pré-crítico, já que a *Dissertação de 1770* é tomada como início de outra fase.

Além disso, é possível que alguém queira interpretar o ensaio *Acerca do primeiro fundamento da diferença das regiões no espaço* (1768) como um escrito que marca a passagem para o criticismo, uma vez que ela resgata a discussão sobre o espaço no contexto da problemática entre Leibniz e Newton (*Monadologia física* – 1756), além de apontar a possível subjetividade do espaço – de modo mitigado.

Dentro desse percurso, a pesquisa fez uma "viragem" dentro de si mesma, buscando responder ou, ao menos, refletir sobre a questão colocada na *Introdução* dessa: ainda é possível pensar em um marco que divide a filosofia de Kant em período pré-crítico e crítico? Tal questão se coloca, já que na *Carta a Tieftrunk* de 1797 Kant afirma que gostaria de não ver publicados em uma única obra seus escritos anteriores a 1770, pois considerava que *Dissertação de 1770* era a obra que representava seu pensamento atual, uma vez publicadas as duas edições da *Crítica*. Aqui, Kant anuncia o início de sua filosofia crítica, mas não afirma o fim do período anterior que o conduziu até a "virada crítica", o que deixa em aberto a discussão acerca dos marcos da sua filosofia, podendo dizer que *Sonhos* poderia ser configurado como o escrito que marca o fim do período pré-crítico, bem como o *Ensaio de 1768* que poderia ser considerado um escrito "de peso" para as constatações de Kant acerca do espaço subjetivo, e ter, assim, um caráter de escrito de cunho crítico e também ser um marco.

Além disso, as supostas divisões da filosofia kantiana, sendo dois subperíodos entre 1747 e 1770, em que, primeiro, tem-se um Kant de caráter dogmático até 1760 e, posteriormente, um Kant antidogmático, podem ser contestadas. Isso porque, a *Nova Dilucidatio* (1755) é um escrito que se dirige contra Leibniz, contra o princípio de razão suficiente e princípio de contradição; no entanto, essa obra está dentro do período em que Kant é considerado dogmático, porém o que ele faz é uma crítica a tal dogmatismo da razão. Isso nos leva a afirmar as dificuldades em demarcar a filosofia de Kant e contestar a imposição de marcos, uma vez que até mesmo a *Dissertação de 1770* que, comumente, é considerada o marco da "virada crítica" pode ser contestada, pois traz consigo uma argumentação acerca das origens de espaço e tempo no contexto do "inatismo", o que poderia ser resquício de uma filosofia dogmática ou, para soar melhor, um "prolongamento do pré-criticismo".

Nesse sentido, na quarta parte da pesquisa, buscou-se uma reflexão acerca dos marcos da filosofia kantiana com a seguinte conclusão: os primeiros escritos kantianos podem ser considerados escritos pré-*Crítica*, deixando de lado a periodização e o período pré-crítico, mostrando que a filosofia de

Kant se desenvolve e amadurece, passando por momentos dogmáticos e antidogmáticos, desembocando no criticismo. Tal como o próprio Kant afirma em *Progressos da metafísica* os três estádios da metafísica: dogmático, cético e crítico. Ou seja, será que ele mesmo não se colocou dentro desses três estádios, já que o último foi por ele mesmo criado e desenvolvido? Kant começa dogmático, conciliando teses de Descartes, Newton e Leibniz; passa a ser cético, contestando os pressupostos da metafísica tradicional e termina por ser crítico, calcado na crítica a tais pressupostos, colocando a razão para refletir sobre si mesma, propondo uma "crítica da razão pura".

Com isso, pode-se dizer que o campo de interpretações da filosofia kantiana é vasto, mas não se pode perder de vista o amadurecimento do pensamento de Kant, além de considerar que os escritos pré-críticos possuem sua importância. Por outro lado, traçar um marco de ruptura entre uma filosofia e outra, serve, em alguns aspectos, para melhor entender a intenção do filósofo e buscar, ao menos, traçar a linha de pensamento desse, a fim de compreender todo o contexto e ampliação de sua filosofia.

Por fim, a busca pela interpretação de *Sonhos* no contexto da filosofia crítica de Kant conduz a outras interpretações e aproximações. A pesquisa apontou a possível aproximação entre *Sonhos* e *Crítica* (Dialética Transcendental), no contexto da ilusão de conhecer o mundo suprassensível. Tal tentativa de aproximação abre as portas para uma pesquisa que fundamente a Dialética Transcendental como uma ampliação de *Sonhos* – compartilhando essa interpretação com Pons (1982, p. 44) –, passando ainda pela quinta seção da *Dissertação de 1770*, a qual também faz referência à Dialética Transcendental. Ou seja, existem relações entre essas obras, existem pontos em comum entre os argumentos em diferentes etapas do amadurecimento da filosofia kantiana. Isso é o que queremos investigar numa pesquisa futura.

Referências bibliográficas

ARANA, J. *Ciencia y Metafísica en el Kant Pré-crítico (1746-1764)*. Sevilla: Universidade de Sevilla, 1982.

ARRUDA, J.M. Leibniz e o idealismo alemão. *Cadernos UFS de Filosofia*. Sergipe, ano 4, vol. 4, fasc. 10, julho/dezembro de 2008, pp. 17-30. Disponível em: <www.posgrap.ufs.br/periodicos/cadernos_ufs_filosofia/revistas/ARQ_cadernos_4/josemaria.pdf>. Acesso em: 15 de dezembro 2010.

BRITO, A J. de. As recentes controvérsias sobre o argumento ontológico. *Revista Portuguesa de Filosofia*. Braga, T. 44, n. 2, abril/junho de 1988, pp. 249-286.

CAMPO, M. *La Genesi del Criticismo Kantiano*. Varese: Editrice Magenta, 1953.

CARANTI, L. The Problem of Idealism in Kant's Pre-critical Period. *Kant-Studien*. Berlim, n. 94, 2003, pp. 283-303.

CASSIRER, E. *Kant, Vida y Doctrina*. México: Fondo de Cultura Económica, 1948.

DAVID-MÉNARD, M. *A loucura na razão pura: Kant leitor de Swedenborg*. Rio de Janeiro: Editora 34, 1996.

DESCARTES, R. Razões: que provam a existência de Deus e a distinção que há entre o espírito e o corpo humano, em: *Objeções e respostas*. São Paulo: Nova Cultural, 1996. pp. 373-382 (Coleção Os Pensadores).

FISCHER, K. *Vida de Kant*. Disponível em: <www.esnips.com/doc/97ecf072-502b-43cc-830d-979e61f57232/Fischer,-

Kuno-Vida-de-Kant-(Ensayo-Biografía)>. Acesso em: 26 de setembro de 2007.

GIUSTI, E.M. *A filosofia da matemática no Preisschrift de Kant: um estudo sobre as interpretações de Parçons e Hintikka*. São Paulo: PUC, 2004.

JOSEPH MARECHAL, S.J. *El Punto de Partida de la Metafísica*. Madrid: Editorial Gredos, 1958. T. II e III.

KANT, I. *Kants Gesammelte Schriften*. 29 Band. Berlin: Georg Reimer, 1902.

_____. *Historia General de la Naturaleza y Teoria del Cielo*. Buenos Aires: Juarez Editor, 1969.

_____. *Prolegômenos*. São Paulo: Abril Cultural, 1980. (Coleção Os Pensadores, Kant II)

_____. *Crítica da razão pura*. 2ª ed. São Paulo: Abril Cultural, 1983 (Coleção Os Pensadores, Kant I).

_____. Nova explicação dos primeiros princípios do conhecimento metafísico (Nova Dilucidation), em: *Textos pré-críticos*. Porto: Rés, 1983. pp. 35-68.

_____. Acerca do primeiro fundamento da diferença das regiões do espaço, em: *Textos pré-críticos*. Porto: Rés, 1983. pp. 165-174.

_____. Uso da metafísica unida à geometria em filosofia natural cujo espécime I contém a monadologia física, em: *Textos pré-críticos*. Porto: Rés, 1983. pp. 79-97.

_____. *Pensamientos sobre la Verdadera Estimación de las Fuerzas Vivas*. Berna: Peter Lang, 1988.

_____. *Manuscrit de Duisbourg (1774-1775) Seguida de Choix de Réflexions des Années 1772-1777*. Paris: Vrin, 1988.

_____. *Opus Postumum*. Cambridge: Press, 1993.

_____. *Os progressos da metafísica*. Lisboa: Edições 70, 1995.

_____. O Legado de Duisburg. *Analytica*, Rio de Janeiro, v. 2, n. 2, 1999, pp. 65-119.

_____. *Crítica da razão pura*. 5ª ed. Lisboa: Fundação Calouste Gulbenkian, 2001.

_____. *L'Unique Argument Possible pour une Démonstration de l'Existence de Dieu*. Paris: Vrin, 2001.

_____. Acerca da forma e dos princípios do mundo sensível e inteligível, em: SANTOS, L.R. dos; MARQUES, A. *Dissertação de 1770 seguida de Carta a Marcus Herz*. 2ª ed. Lisboa: Casa da Moeda, 2004. pp. 23-105.

_____. Ensaio para introduzir a noção de grandezas negativas em filosofia, em: *Escritos pré-críticos*. São Paulo: Ed. Unesp, 2005. pp. 51-100.

_____. Investigação sobre a evidência dos princípios da teologia natural e da moral, em: *Escritos pré-críticos*. São Paulo: Ed. Unesp, 2005. pp. 101-140.

_____. Sonhos de um visionário explicados por sonhos da metafísica, em: *Escritos pré-críticos*. São Paulo: Ed. Unesp, 2005. pp. 141-218.

_____. *Kant im Kontext III* – Komplettausgabe – Werke, Briefwechsel, Nachlaß und Vorlesungen auf CDROM. Herausgegeben von K. Worm und S. Boeck. 1. Aufl., Berlin, 2007.

LANDIM FILHO, R. Juízos predicativos e juízos de existência. *Analytica*, Rio de Janeiro, v. 5, n. 1/2, 2000, pp. 83-108.

_____. Kant predicação e existência. *Analytica*, Rio de Janeiro, v. 9, n. 1, 2000, pp. 185-198.

LEBRUN, G. O aprofundamento da "Dissertação de 1770" na "Crítica da razão pura". *Cadernos da UNB: Kant*. Brasília, 1981. pp. 39-49.

_____. *Kant e o fim da metafísica*. São Paulo: Martins Fontes, 2002.

LEIBNIZ, G.W. *Essais de Théodicée Suivi de La Monadologie*. Paris: Aubier (Edições Montaigne), 1962.

_____. *Nouveaux Essais sur l'Entendement Humain*. Paris: Garnier-Flammarion, 1966.

_____. *Correspondência com Clarke*. 1ª ed. São Paulo: Abril Cultural, 1974 (Coleção Os Pensadores, XIX).

LINHARES, O.B., O despertar do sonho dogmático. *Trans/Form/Ação*, São Paulo, v. 28, n. 2, 2005, pp. 53-81.

_____. Ciência e metafísica na Dissertação de 1770. *Kant e-Prints*. Campinas, Série 2, v. 2, n. 2, julho/dezembro de 2007, pp. 143-163.

LOMBARDI, F. *La Filosofia Crítica*: la Formazione del Problema Kantiano. Tumminelli: Libreria dell'Universita' di Roma, v. 1, 1946.

MAGALHÃES, R. Introdução, em: *Textos pré-críticos*. Porto: Rés, 1983. pp. 28-29.

MARQUES, U.R. de A. Kant e o problema da origem das representações elementares: apontamentos. *Trans/Form/Ação*, São Paulo, n. 13, 1990, pp. 41-72.

_____. Notas sobre o "múltiplo" na primeira Crítica. *Doispontos*. Curitiba, São Carlos, v. 2, n. 2, outubro de 2005, pp. 145-156.

MARTINES, P.R. *O "argumento único" do Proslogion*. Porto Alegre: EDIPUCRS, 1997.

MARTINS, E.C. de R. Crusius e Kant: crítica do racionalismo. *Revista Portuguesa de Filosofia*. Braga, T. 50, v. 1/3, janeiro/setembro de 1994, pp. 253-260.

MORA, J. F. *Dicionário de filosofia*. São Paulo: Loyola, 2000/2001. T. I/II/IV.

MORAIS, A.D. O argumento ontológico de Leibniz. *Revista Portuguesa de Filosofia*. Braga, t. 18, n. 4, outubro/dezembro de 1962, pp. 379-400.

NEWTON, I. *Princípios matemáticos da filosofia natural*. 1ª ed. São Paulo: Abril Cultural, 1974 (Coleção Os Pensadores, XIX).

PANKNIN-SCHAPPERT. Les Ténèbres qui Précèdent la Lumière de 1769: le Changement de Paradigme du sens Interne, em: *Années 1747-1781: Kant Avant la Critique de la Raison Pure*. Paris: Vrin, 2009. pp. 185-192.

PATON, H.J. *Kant's Metaphysic of Experience*. USA: Thoemmes Press, v. 1, 1997.

PEREZ, D.O. *Kant pré-crítico: a desventura filosófica da pergunta*. Cascavel: Edunioeste, 1998.

_____. A predicação do ser. A análise kantiana no período pré-crítico: uma aproximação lógico-semântica do texto Principiorum Primorum Cognitionis Metaphysicae Nova Dilucidatio. *Modernos e Contemporâneos*. Campinas, v. 1, 2000, pp. 149-184.

_____. El Análisis del Concepto de Espíritu entre la Filosofia y la Literatura. Swedenborg entre Kant y Borges. Pontifícia Universidade Católica do Paraná. Disponível em: <www.pucp.edu.pc/eventos/congressos/filosofia/programa_general/miercoles/sesion 15_16.30/ PerezDaniel.pdf/>. Acesso em: 16 de fevereiro de 2008.

_____. *Kant e o problema da significação*. Curitiba: Champagnat, 2008.

PHILONENKO, A. *L'Oeuvre de Kant*. 3ª ed. Paris: Vrin, 1983. T. 1.

PONS, J.C. Kant: Assaig per Introuir en Filosofia el Concepte de Magnitud Negativa i Somnis d'un Visionari Explicats per Somnis de la Metafísica (comentari). *Enrahonar*, Barcelona, n. 4, 1982, pp. 37-45.

PRADO, L.L. *Monadologia e espaço relativo: o jovem Kant recepcionando Leibniz*. São Paulo: PUC, 2000.

ROCHA, A. Kant o "Hume da Prússia", em: SANTOS, L. R. dos. (Org.). *Kant: posteridade e actualidade*. Lisboa: CFUL, 2006. pp. 173-182.

SANTOS, L.R. dos. *A razão sensível*. Lisboa: Edições Colibri, 1994.

_____. Apresentação, em: MARQUES, A. *Dissertação de 1770 seguida de Carta a Marcus Herz*. 2ª ed. Lisboa: Casa da Moeda, 2004. pp. 11-22.

SCHÖNFELD, M. *Philosophy of the Yyoung Kant: the Precritical Project*. V. 1. New York: Oxford University Press, 2000.

SGARBI, M. *Logica e Metafisica nel Kant Precritico:L'Ambiente Intellettuale di Königsberg e la Formazione della Filosofia Kantiana*. Frankfurt am Main: Peter Lang, 2010 (Band 11).

TORRETTI, R. *Manuel Kant: Estudo sobre los Fundamentos de la Filosofia Crítica*. 2ª ed. Buenos Aires: Editorial Charcas, 1980.

TROBRIDGE, G.L. *Swedenborg, vida e ensinamentos*. Rio de Janeiro: Sociedade Religiosa A Nova Jerusalém, 1998.

Complementação bibliográfica

ABBAGNANO, N. *Dicionário de filosofia*. São Paulo: Martins Fontes, 2007.

AUDI, R. *The Cambridge Dictionary of Philosophy*. 2ª ed. Cambridge: Press, 2006.

BOOTH, W.J. Reason and History: Kant's Other Copernican Revolution. *Kant-Studien*. Berlim, n. 74, 1983, pp. 56-71.

CAPALBO, C. O conceito de grandezas negativas em Kant e a sobrevivência da filosofia. *Revista Brasileira de Filosofia*. São Paulo, v. 24, n. 96, outubro/novembro/dezembro de 1974, pp. 401-406.

CARRIER, M. Kant's Relational Theory of Absolute Space. *Kant-Studien*. Berlim, n. 83, 1992, pp. 280-293.

FARIAS, V. de O. As teorias espaciais de Leibniz e Newton: uma discussão entre o espaço ideal-relativo e o espaço real-absoluto. *Conjectura*. Caxias do Sul, v. 5, n. 1, janeiro/junho de 2000, pp. 80-108.

GIROTTI, M.T. A juventude kantiana e a virada crítica. *Revista de Iniciação Científica da FFC*. Marília, v. 7, n. 3, 2007, pp. 258-273. Disponível em: <www.portalppgci.marilia.unesp.br/ric/viewarticle.php?id=121&layout=abstract> Acesso em: 5 de março de 2009.

_____. Kant e o criticismo da década de 1760. *Filogênese*. Marília, v. 1, n. 1, 2008, pp. 113-125. Disponível em: <www.marilia.unesp.br/Home/RevistasEletronicas/FILOGENESE//

Marcio%20Tadeu%20Girotti%20-%2013%20_113-125_.pdf> Acesso em: 5 de março 2009.

_____. Kant e as "Grandezas negativas": uma crítica ao racionalismo dogmático e a oposição real como possibilidade da existência do simples possível. *Revista de Iniciação Científica da FFC*. Marília, v. 8, n. 3, 2008, pp. 274-288. Disponível em: <http://www.portalppgci.marilia.unesp.br/ric/viewarticle.php?id=161&layout=abstract> Acesso em: 5 de março de 2009.

_____. Os limites do conhecimento humano na filosofia kantiana: Beweisgrund e os Sonhos de um visionário. *Filogênese*. Marília, v. 2, n. 2, 2009, pp. 6-15. Disponível em:<http://www.marilia.unesp.br/Home/RevistasEletronicas/FILOGENESE//MarcioTadeuGirotti(6-15).pdf>. Acesso em: 6 de maio 2010.

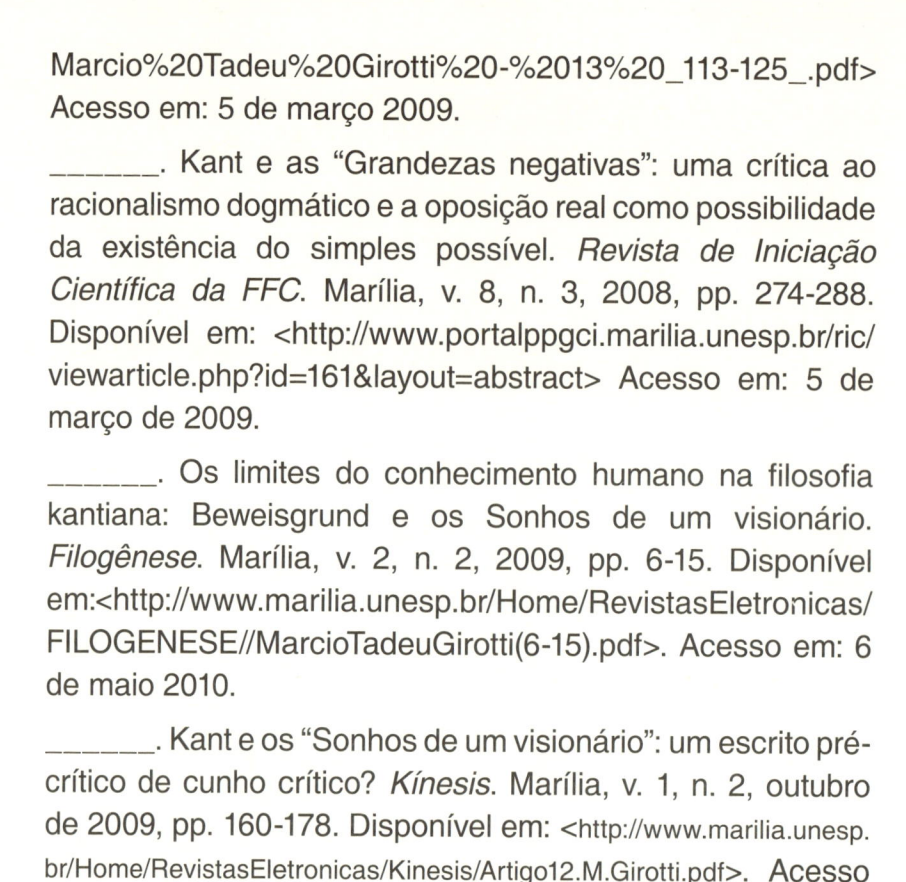

_____. Kant e os "Sonhos de um visionário": um escrito pré-crítico de cunho crítico? *Kínesis*. Marília, v. 1, n. 2, outubro de 2009, pp. 160-178. Disponível em: <http://www.marilia.unesp.br/Home/RevistasEletronicas/Kinesis/Artigo12.M.Girotti.pdf>. Acesso em: 06 de maio 2010.

GONZÁLEZ, C.C. *La Génesis de la Crítica de la Razón Pura de 1781*: Recepticismo y Espontaneidad del Sujeto Cognoscente en la Disertación de 1770 y en la Crítica de la Razón Pura de 1781 de Kant. Cádiz: Universidad de Cádiz, 1987.

JALLEY-CRAMPE, M. La Raison et ses Rêves Kant Juge de Swedenborg. *Reveu des Sciences Humaines*, T. 48, n. 176, 1979, pp. 9-21.

KERSZBERG, P. Two Senses of Kant's Copernican Revolution. *Kant-Studien*. Berlim, n. 80, 1989, pp. 63-80.

MAGNE, P. L'Espace et ses Différences sur l'Opuscule de 1768: du Premier Fondement de la Différence des Régions dans l'Espace, em: *Années 1747-1781*: Kant Avant la Critique de la Raison Pure. Paris: Vrin, 2009. pp. 177-184.

MARKET, O. La Génesis de la Crítica de la Razón Pura, em: SANTOS, L.R. dos. (Org.). *Kant: posteridade e actualidade.* Lisboa: CFUL, 2006. pp. 99-109.

THEIS, R. Aux Sources de l'Esthétique Transcendental. *Kant-Studien.* Berlim, n. 80, 1989, pp. 3-47.

VIEILLARD-BARON, J-L. L'Espace et lê Temps chez Kant: Difficultés et Critiques. *Kant-Studien.* Berlim, n. 89, 1998, pp. 129-144.

Esta obra foi composta em CTcP
Capa: Supremo 250g – Miolo: Pólen Soft 80g
Impressão e acabamento
Gráfica e Editora Santuário